2015 年四川外国语大学学术专著后期资助项目

# GATS 下教育服务市场准入问题研究

## Research on Market Access of Education Services under the GATS

唐海涛 著

中国财富出版社

**图书在版编目（CIP）数据**

GATS下教育服务市场准入问题研究/唐海涛著．—北京：中国财富出版社，2016.4

ISBN 978－7－5047－6120－0

Ⅰ.①G… Ⅱ.①唐… Ⅲ.①世界贸易组织—教育经济—服务贸易—市场准入—研究 Ⅳ.①D996.1

中国版本图书馆CIP数据核字（2016）第082208号

**策划编辑** 葛晓雯 **责任编辑** 葛晓雯
**责任印制** 何崇杭 **责任校对** 梁 凡 **责任发行** 斯 琴

---

**出版发行** 中国财富出版社
**社　　址** 北京市丰台区南四环西路188号5区20楼 **邮政编码** 100070
**电　　话** 010－52227568（发行部） 010－52227588转307（总编室）
010－68589540（读者服务部） 010－52227588转305（质检部）
**网　　址** http：//www.cfpress.com.cn
**经　　销** 新华书店
**印　　刷** 北京九州迅驰传媒文化有限公司
**书　　号** ISBN 978－7－5047－6120－0/D·0131
**开　　本** 710mm×1000mm 1/16 **版　　次** 2016年4月第1版
**印　　张** 11.5 **印　　次** 2016年4月第1次印刷
**字　　数** 213千字 **定　　价** 48.00元

---

# 前　言

在WTO（世界贸易组织）成立以前，教育服务早已存在，然而直到GATS（服务贸易总协定）的出现，才将教育服务真正纳入多边贸易法律体制之中，以经济和法律的语言确立了教育服务的可交易性。20多年来，GATS已经极大地改变了教育这种特殊服务行业的发展状况，使教育服务的国际化趋势不断加强。然而，目前在GATS中作出教育服务承诺的成员较少，而且大多成员对教育服务的市场准入承诺更是采取了极为谨慎的态度。面对教育服务全球流动的不断加强，不同的利益相关者存在不同的意见和争论，不同利益群体还存在很大的分歧，包括国家之间及国家内部的不同利益群体之间。面对教育服务市场的更加国际化，应该选择自由化，还是保守主义？教育服务的协商应在GATS框架内，还是在GATS框架外？当前各类成员在GATS中的教育服务市场准入承诺如何？代表性成员对待教育服务市场准入的态度和意见是什么？各成员在教育服务外资准入领域的做法和考量是什么？未来教育服务市场准入法律的可能突破方向又在哪里？我国对GATS中的教育服务也作出了承诺，目前有关教育服务，特别是外资准入领域的法律规范还有哪些不足？我们该以何种态度和准备来面对未来教育服务市场准入法律的发展？这些问题都值得思考和研究。

目前的研究中，除了国外的个别研究外，当前对教育服务的研究，包括教育服务市场准入问题的研究，大多是描述性的、定性的分析，通过具体数理分析方法进行的研究还很少见。通过总结国内外的研究现状，发现对教育服务问题的研究不少，但还没有从市场准入的角度来对教育服务法律问题进行专门研究。

本书旨在运用教育学、经济学及服务贸易、市场准入等理论，从教育服务市场准入的基本概念、理论基础、价值取向等问题入手，阐释GATS下教育服务市场准入的基本规则和基本理论问题。分析当前规制教育服务市场准入的国际法规定，并结合相关的数据分析，总结出当前教育服务市场准入的总体承诺水平，从不同角度分析不同类型成员在教育服务市场准入方面的承诺差异。选择不同文化背景和不同发展水平的成员，分析他们的教育服务开放政策及在GATS中的承诺情况，并总结出他们对待教育服务市场准入问题的态度，为我国的教育服务开放政策和相关的法规完善提供借鉴和参考。此外，从教育服务外资准入的基本形式和基本内容入手，分析各成员在GATS承诺表中作出的相应承诺与限制，并梳理出当前我国教育服务外资准入领域存在的法律问题，提出相应的法律对策。通过梳理GATS下教育服务市场准入的发展进程，总结出当前教育服务市场准入发展所面临的法律障碍，提出未来可能的突破方向及我国的应对之策。

本书的出版，首先要感谢四川外国语大学对后期学术专著的项目资助，同时，本书的完成有赖于恩师、朋友的指点和帮助，特别感谢西南政法大学国际法学院邓瑞平教授，恩师对本书的写作倾注了宝贵时间和精力，对本书的框架和内容进行点拨，使我受益良多，终身难忘。同时，感谢中国财富出版社参与本书出版的全体编辑人员，特别感谢葛晓雯编辑对本书出版的全程参与和指导。

由于编者学术功力有限，自知存在很多不足与疏漏，敬请各位同仁批评指正，提出宝贵意见，切磋交流，不甚感激与荣幸。联系邮箱：cqtanghaitao@126.com。

作　者

**2016年4月**

# 目 录

# 第一章　导　论

## 一、选题意义与目的

教育服务①已发展成为《服务贸易总协定》（*General Agreement on Trade in Services*，*GATS*）的约束对象，总体上体现了国际社会对教育服务营利现实的认可。虽然各国都把教育服务当作公益性事业，但社会是在发展和变化的，不同时期及相同时期的不同方面都在发生变化，教育也不例外。教育服务发展到今天，公益性和营利性并存，也反映了社会不同层面的需求。其实，营利性的教育服务早在 GATS 诞生以前就存在了，GATS 只不过确认了其客观存在，有学者甚至将教育服务的发展历史根源追溯到了中世纪。② 但教育服务进入快速的发展阶段还是从 20 世纪 80 年代开始，当时世界政治格局开始发生巨大变化，苏联解体和“冷战”的结束，使世界向多元化的方向发展，各国的交流与合作日益频繁。此前各国的教育合作与交流，还主要赋予了其意识形态和政治意义，在 20 世纪 80 年代后，教育的合作与交流开始逐渐强调其经济意义的一面。③ 因此，传统教育服务强国开始转变教育服务政策，英美等西方国家开始对留学生的收费政策进行调整。如英国从 1980 年开始，除欧共体的留学生外，其他国家的留学生被实行完全收费的政策，从而在教育服务

---

① 在 GATS 的相关文件和讨论国际教育服务的文章中，使用较多的是“教育服务贸易”（trade in educational services 或 trade in education services）和“教育服务”（educational services 或 education services），并没有直接使用“国际教育服务”的英文字样。这也许是为了简便，引文这里的教育服务当然是国际的。而 WTO 秘书处在有关教育服务贸易的统计中使用了“国际教育服务”（international trade in education services）。See WTO council for Trade in Services，Education Services，Background Note by the Secretariat. S/C/W/49，23 September，1998。此外，讨论教育服务的论著、联合国教科文组织（United Nations Educational，Scientific and Cultural Organization，UNESCO）、欧洲理事会（the Council of Europe，CE）的文件使用“跨国教育”（transnational education）。本书研究 GATS 下的教育服务，当然是指国际教育服务。

② 教育服务分为四个阶段：中世纪和文艺复兴时期、18 世纪至第二次世界大战、第二次世界大战至 20 世纪 80 年代、20 世纪 80 年代至今。参见胡焰初：“国际教育服务贸易的演变”，载《武汉大学学报（人文科学版）》，2006 年第 4 期，第 511－513 页。

③ 胡焰初：《国际教育服务贸易法律问题研究》，武汉：华中师范大学出版社，2007 年版，第 18 页。

中收获了巨额的经济利益。① 此外，20 世纪 80 年代以来的经济全球化，促使世界各国对培养国际化人才需求加大，教育服务的市场化和商品性特征日益明显，而教育的可交易性也在国际组织的相关文献中得到认可。在 1989 年 4 月，教育服务被“关贸总协定”（General Agreement on Tariffs and Trade，GATT）列为服务部门当中的参考清单。后来，教育服务正式被 GATS 纳入多边服务贸易的框架范围之内，并用经济、法律的语言明确了它的可交易性；为此，世界银行也发表了关于促进全球教育服务市场的投资报告，并积极呼吁各国，应当为推动教育服务市场的进一步自由化贡献自己的力量。②

而在近 20 年，GATS 的出现极大地改变了教育这种特殊服务行业的发展状况，教育规模不断扩大，更多的教育服务提供者进入世界各地，以满足日益增长的教育需求。教育服务也通过教育服务机构、项目和从业人员真正实现全球流通。因此，GATS 下的教育服务在市场结构、发展趋势等方面发生变化，教育服务的国际化在 GATS 的作用下变得更加明显和快速。近 10 年来，全球留学生人数不断增长，③ 预计到 2025 年达到 750 万人。④ 参与教育服务的海外教育机构数量不断上升，⑤ 各教育服务大国对外进行教育服务投资数额日益增加，全球教育资源正在不断整合，教育服务的全球化趋势正不断加强。与此同时，教育作为服务的可交易性却未被所有 WTO（世界贸易组织）成员认可，截至目前，共有 58 个 WTO 成员对教育服务作出了不同程度的承诺。⑥ 在这些成员中，大多数都采取了谨慎的态度，几乎所有参与教育服务开放承诺的成员，都通过市场准入、国民待遇或其他承诺等措施对本国的教育服务开放进行一定程

---

① 据 1991 年统计数据，英国从招收留学生市场就获得了 15 亿美元的经济收入，是其同年煤、电和天然气出口总额的两倍多。如果加上留学生的日常开支，英国从教育服务输出中获得的收入更为可观。See Hans de Wit，Strategies for Internationalisation of Higher Education，Cambridge：Cambridge University Press，1995，p. 56.

② 岑建君：加入 WTO，教育事业需主动应对，载《中国教育报》，2001 年 1 月 18 日，第 5 版。

③ 经济合作与发展组织（OECD）的一项调查数据显示，全球留学生人数在过去 10 年保持了高速增长的趋势，2013 年全球有 460 万名留学生出国接受高等教育，是 2000 年的两倍多。美国、英国、德国、法国、澳大利亚和加拿大等热门留学目的国招收了 320 多万名留学生，中国留学生人数成为全球第一。http：//www. shedunews. com/zixun/guoji/tashanzhishi/2014/06/18/652939. html. 2014 年 5 月 10 日访问。

④ Aik Hoe Lim and Raymond Saner，“Trade in education services：market opportunities and risks”，Lifelong Learning in Europe，Vol. 53，No. 1，February 2011，p. 21.

⑤ 根据无国界高等教育组织（OBHE）2012 年的报告，世界上有 183 所国际分校，大部分是在亚太和中东地区。http：//thepienews. com/news/tne – no – substitute – mobility – says – obhe – report/. 2014 年 8 月 10 日访问。

⑥ http：//www. wto. org/english/tratop_e/serv_e/serv_e. htm. 2014 年 5 月 10 日访问。

度的限制，使教育服务成为 WTO 各部门中承诺最少的部门之一。

面对教育服务全球流动的不断加强，不同的利益相关者存在不同的意见和争论，不同利益群体还存在很大的分歧，包括国家之间和国家内部的不同利益群体之间。[①] 面对教育服务市场的更加国际化，应该选择自由化，还是保守主义？教育服务的协商应在 GATS 框架内，还是在 GATS 框架外？当前各类成员在 GATS 中的教育服务市场准入承诺如何？代表性成员对待教育服务市场准入的态度和意见又是什么？各成员在教育服务外资准入领域的做法和考量又是什么？未来教育服务市场准入法律的可能突破方向又在哪里？我国对 GATS 中的教育服务也作出了承诺，目前有关教育服务的法律规范还有哪些不足？我们该以何种态度和准备来面对未来教育服务市场准入的问题？这些问题都值得思考和研究。

作为新兴的服务行业，目前的教育服务法律体系不甚成熟，国际上有约束力的统一规则主要是 GATS，各个国家对教育服务法律体系的建构还在不断摸索之中。目前，大部分国家主要通过行业规则或国家政策来调整教育服务，仅有少数教育服务发达国家制定了较为完善的教育服务法规。我国于 2001 年加入 WTO，对 GATS 下的教育服务作出了承诺，并积极履行承诺，出台了一些法律法规，使我国的教育服务有了一定的发展。但从世界范围内来看，我国教育服务的发展与发达国家相比还有很大的差距，与我国的国情有关，也与相关法律制度保障的缺失有关。

在前述的所有问题中，都会涉及教育服务的开放问题，特别对教育服务市场准入法律问题的研究。然而，目前对教育服务法律问题的研究，还没有专门针对教育服务市场准入法律问题。通过梳理当前教育服务的发展现状，结合相关服务理论的分析研究，可以丰富和发展教育服务和市场准入的相关理论；通过对当前各成员在 WTO 中对教育服务市场准入的承诺情况分析，特别是实际的数据分析，研究当前不同类型成员的教育服务市场准入承诺情况，对把握当前成员对教育服务的态度和政策有很大的参考价值；此外，通过选择不同的文化和不同发展水平成员，分析总结他们的教育服务市场准入政策和态度，对我国日后采取教育服务准入政策和制定相应法规提供参考和借鉴。因此，无论是当前教育服务发展现实的需要，还是教育服务法律理论发展的需要，对此问题的研究都具有一定的实践和理论价值。

---

① Aik Hoe Lim and Raymond Saner，“Trade in education services：market opportunities and risks”，Lifelong Learning in Europe，Vol. 53，No. 1，February 2011，p. 19.

本研究旨在运用教育学、经济学、服务贸易、市场准入等理论，从分析教育服务市场准入的基本概念、理论基础、价值取向等问题入手，阐释教育服务市场准入的基本规则和基本理论问题。分析当前规制教育服务市场准入的国际法规定，并结合相关的数据分析，总结出当前教育服务市场准入的总体承诺水平，分析不同发展水平成员在教育服务市场准入方面的承诺差异以及产生差异的原因。选择不同文化背景和不同发展水平的成员，分析他们的教育服务开放政策及在GATS中的承诺情况，并总结出他们对待教育服务市场准入问题的态度，为我国的教育服务开放政策和相关的法规完善提供借鉴和参考。此外，在教育服务的外资准入方面，各国在GATS承诺表中作出了相应的承诺与限制，对此问题进行分析总结，对照我国的教育服务外资准入问题，以梳理出我国当前教育服务外资准入领域存在的问题，提出相应的法律对策。通过梳理WTO中教育服务市场准入的发展进程，总结出当前教育服务市场准入谈判磋商存在的法律障碍与动因，提出未来可能的突破路径和我国的应对之策。

## 二、国内外研究现状

当前，随着教育服务的日益国际化，教育服务的相关法律问题日益受到国内外学者的关注，研究的范围和领域也在不断的拓展。教育服务市场准入的相关研究，主要体现在以下几个方面。

### （一）国内研究现状

#### 1. 对服务贸易市场准入的关联法律问题研究

第一，对服务贸易市场准入的理论研究。在已有的文献中，对服务贸易市场准入问题的理论研究还主要散见于一些专著和学位论文当中。石静霞老师在《WTO服务贸易法专论》① 一书中，对服务贸易的市场准入进行了专章论述，主要从基本理论的角度阐释了服务贸易中市场准入的含义与GATS的文本规定、服务贸易市场准入作为具体承诺义务的理解、市场准入与国民待遇限制规则的区别与联系、GATS市场准入具体承诺列表的方式以及存在的问题，最后从具体案例的角度分析了服务贸易的市场准入问题。而在《服务自由化进程中的市场准入》（冯其卫，2002）②、《GATS市场准入的若干

① 石静霞：《WTO服务贸易法专论》，北京：法律出版社，2005年版，第145-164页。

② 冯其卫：服务贸易自由化进程中的市场准入，广西大学硕士论文，2002年5月，第10-21页。

法律问题研究》（谷玉章，2004）①、《服务市场准入法律问题研究》（袁振华，2004）② 等硕士学位论文中，对服务市场准入相关概念进行了界定，对服务市场准入的理论基础进行了阐述，分析了市场准入限制在 GATS 中的地位以及各国在市场准入义务中的具体承诺，对我国的服务市场准入政策的完善提出了理论和法理方面的分析与建议。而《从美国赌博案看 GATS 市场准入制度》（王赤宇，2009）③ 等文章中，从 WTO 的具体争端入手，分析了 GATS 第 16 条有关市场准入的含义特点、条文解释的原则、市场准入与国民待遇及国内法的法律关系等问题，以具体案例来进行基本理论的阐释和分析。

第二，对其他部门服务贸易市场准入的研究。在已有的部门服务研究中，没有专门的教育服务市场准入研究，研究主要涉及商业服务、通信服务、建筑服务、金融服务、体育服务、运输服务等部门，特别是对金融服务部门中的银行业研究颇多，在近十年，有十几篇硕士学位论文对此领域进行了研究，主要涉及外资银行的市场准入问题。如《外资银行市场准入法律问题研究》（李冬荣，2004）④、《外资银行市场准入监管法律问题研究》（官万敏，2004）⑤、《论外资银行市场准入的法律制度》（邓楷凯，2006）⑥、《外资银行市场准入制度研究》（尚前名，2007）⑦、《论外资银行市场准入的法律规制》（李伟舜，2008）⑧、《论外资银行市场准入监管的法律制度》（余涛，2008）⑨、《我国外资准入若干法律问题研究》（张顺义，2009）⑩、《外资银行市场准入

① 谷玉章：GATS 市场准入的若干法律问题研究，华东政法学院硕士论文，2004 年 4 月，第 32 - 38 页。

② 袁振华：服务市场准入法律问题研究，四川大学硕士论文，2004 年 4 月，第 24 - 31 页。

③ 王赤宇：从美国赌博案看 GATS 市场准入制度，上海交通大学硕士论文，2009 年 12 月，第 10 - 56 页。

④ 李冬荣：外资银行市场准入法律问题研究，湖南大学硕士论文，2004 年 5 月，第4 - 39 页。

⑤ 官万敏：外资银行市场准入监管法律问题研究，西南财经大学硕士论文，2004 年 4 月，第 3 - 62 页。

⑥ 邓楷凯：论外资银行市场准入的法律制度，对外经济贸易大学硕士论文，2006 年 4 月，第 3 - 42 页。

⑦ 尚前名：外资银行市场准入制度研究，外交学院硕士论文，2007 年 5 月，第 3 - 60 页。

⑧ 李伟舜：论外资银行市场准入的法律规制，广西大学硕士论文，2008 年 6 月，第3 - 56 页。

⑨ 余涛：论外资银行市场准入监管的法律制度，华东政法大学硕士论文，2008 年 4 月，第 9 - 60 页。

⑩ 张顺义：我国外资准入若干法律问题研究，东北大学硕士论文，2009 年 6 月，第9 - 42 页。

监管法律制度研究》（王鹏，2010）①、《我国外资银行市场准入法律制度研究》（楚文华，2010）②、《外资银行市场准入监管法律问题研究》（公历，2011）③ 等，从历史、比较和案例等多个角度，探析了外资银行市场准入的法理基础、范围、条件及审核程序等问题，并对构建我国外资银行的监管体系提出了多维度的建议。此外，在保险、娱乐与体育、会计、建筑、运输、医疗等领域的服务部门或分部门也有一些文章的论述，如《外资保险公司市场准入法律制度研究》（盛枫，2005）④、《GATS 下境外视听服务市场准入制度研究》（任毅，2012）⑤、《我国体育服务业市场准入法律制度研究》（闫涛，2011）⑥、《会计服务业市场准入与法律监管机制研究》（王学军，2002）⑦、《我国建筑服务贸易市场准入法律问题研究》（李瑾，2011）⑧、《论我国海运服务市场准入法制的建构》（孙明月，2005）⑨、《我国医疗服务市场准入法律制度研究》（葛慧欣，2012）⑩ 等，主要对相关行业的市场准入的发展现状、GATS 规定与解读、基本原则与策略及完善我国相关法律的建议等问题进行了分析与总结。

2. 对教育服务市场准入基本法律问题的研究

在已收集的资料中，还没有直接研究这一问题的文章或著作，更多的研究是在讨论教育服务问题时偶有涉及，主要可以归结为以下两个方面：

---

① 王鹏：外资银行市场准入监管法律制度研究，西南财经大学硕士论文，2010 年 12 月，第 9－51 页。

② 楚文华：我国外资银行市场准入法律制度研究，中国石油大学硕士论文，2010 年 4 月，4－29 页。

③ 公历：外资银行市场准入监管法律问题研究，华东政法大学硕士论文，2011 年 4 月，第 5－59 页。

④ 盛枫：外资保险公司市场准入法律制度研究，西南财经大学硕士论文，2005 年 4 月，第 8－56 页。

⑤ 任毅：GATS 下境外视听服务市场准入制度研究，西南政法大学硕士论文，2012 年 4 月，第 3－32 页。

⑥ 闫涛：我国体育服务业市场准入法律制度研究，西南财经大学硕士论文，2005 年 4 月，第 7－42 页。

⑦ 王学军：会计服务业市场准入与法律监管机制研究，西南政法大学硕士论文，2002 年 4 月，第 3－36 页。

⑧ 李瑾：我国建筑服务贸易市场准入法律问题研究，中国政法大学硕士论文，2011 年 4 月，第 3－39 页。

⑨ 孙明月：论我国海运服务市场准入法制的建构，华东政法大学硕士论文，2005 年 4 月，第 3－36 页。

⑩ 葛慧欣：我国医疗服务市场准入法律制度研究，上海交通大学硕士论文，2012 年 5 月，第 7－41 页。

第一，对教育服务市场准入基本法律理论的研究。这个问题的研究主要集中于期刊和学位论文，《国际教育服务研究》（毕广书，2007）①、《国际教育服务法律问题研究》（姚佳，2010）② 等对教育服务的市场准入定义进行了简单阐述，主要从 GATS 的市场准入与 GATT 的市场准入差异性角度来进行分析，对教育服务市场准入的特点和成员的约束力进行了论述，并简单涉及了教育服务市场准入的例外原则。此外，还有一些文章对教育服务市场准入的理论基础进行了简单陈述，如《国际教育服务法律问题研究》（姚佳，2010）③。

第二，教育服务市场准入的范围。这方面的相关论述较多，主要是从 GATS 下教育服务的五个分部门和四种提供方式的角度进行阐释的，如《教育服务自由化之发展浅析》（张小菊、余华、李莉，2003）④、《WTO 框架下的国际教育服务》（王泽庆，2006）⑤ 等对教育服务市场准入的范围进行了阐述，但这种论述基本是对 GATS 中教育服务分部门和提供方式的简单罗列。在《我国教育服务法律问题研究》（官巍，2005）⑥ 等论文中，对教育服务四种提供方式的市场准入分别进行了陈述。而在《中国教育服务法律问题研究》（陈宏英，2010）⑦ 等论文中，对教育服务市场准入进行了简单的国别研究，主要对欧盟、美国、澳大利亚等主要教育服务出口国的市场准入国内法规进行了简单概述。

3. 对教育服务市场准入承诺的相关研究

对这一问题的研究几乎都是从 WTO 成员的角度进行，研究的对象主要是教育服务出口大国。如《美国教育服务发展态势述评》（刘常庆，2013）⑧、《美国教育服务公司进军英国大学》（王丹，2007）⑨ 等文章，对美国的教育服务承诺及市场准入限制政策进行了简单介绍。《略论欧盟国际教育服务立

---

① 毕广书：国际教育服务贸易研究，大连海事大学硕士论文，2007 年 9 月，第 2－4 页。

② 姚佳：国际教育服务法律问题研究，大连海事大学硕士论文，2010 年 9 月，第 2－3 页。

③ 姚佳：国际教育服务法律问题研究，大连海事大学硕士论文，2010 年 9 月，第 3－12 页。

④ 张小菊、余华、李莉：教育服务自由化之发展浅析，《湖北师范学院学报（自然科学版）》，2003 年第 4 期，第 33－36 页。

⑤ 王泽庆：WTO 框架下的国际教育服务，中国政法大学硕士论文，2006 年 4 月，第 9－10 页。

⑥ 官巍：我国教育服务法律问题研究，西南政法大学硕士论文，2005 年 4 月，第 4－5 页。

⑦ 陈宏英：中国教育服务法律问题研究，重庆大学硕士论文，2010 年 10 月，第 22－27 页。

⑧ 刘常庆：美国教育服务发展态势述评，载《外国教育研究》，2013 年第 6 期，第 112－120 页。

⑨ 王丹：美国教育服务公司进军英国大学，载《比较教育研究》，2007 年第 1 期，第 51－55 页。

法》（胡焰初，2004）[①]、《欧盟的高等教育与WTO》（吴志功，2003）[②] 等对欧盟的教育服务市场开放政策和法规进行了分析，特别是对高等教育的承诺进行了较为详细的阐述。《澳大利亚国际教育服务贸易探究》（郎伊朗，2009）[③]、《GATS与高等教育服务及对澳大利亚教育的影响》（李秀立，2008）[④]、《中国—澳大利亚自由贸易协定谈判中的教育服务》（静炜，2007）[⑤]等文章，对澳大利亚的教育服务市场准入承诺以及在区域贸易协定谈判中的教育服务市场开放报价进行了研究。除此之外，还有《新西兰教育服务研究》（洪成文，2006）[⑥]、《跨国教育服务的国际比较研究》（冯国平，2009）[⑦] 等文章，对新西兰、日本、新加坡等成员的教育服务市场准入开放政策进行了对比研究。以上基本都是从国别角度进行的研究，很少从当前整个教育服务承诺的角度来进行系统的研究，偶有对教育服务承诺情况的简单介绍，但以具体的数据统计和分析进行的研究是没有的，所以很多的研究都是一些定性的表述，缺乏翔实具体的第一手统计资料。因此，对当前各成员在GATS中的教育服务具体承诺和市场准入的分析也主要是概括性的，对不同发展水平成员的教育服务市场准入的分析没有具体化。

4. 对影响教育服务市场准入的因素的研究

对教育服务作出承诺的WTO成员数量不多，在所有服务部门中都是最少的，即使有的成员作出了承诺，其承诺的教育服务分部门也是很少的，而且大多在市场准入等方面设立了很多的限制。当前对成员教育服务市场准入的影响因素进行研究的成果主要有以下两个方面：

第一，教育主权因素。教育主权包含在国家主权之中，关系国家的安全，学者在这方面的论述较多。如《加入WTO对我国教育主权的影响》（陈鹏，

---

① 胡焰初：略论欧盟国际教育服务立法，载《法学评论》，2004年第6期，第65－69页。

② 吴志功：欧盟的高等教育与WTO，载《比较教育研究》，2003年第12期，第32－36页。

③ 郎伊朗：澳大利亚国际教育服务贸易探究，东北师范大学硕士论文，2009年6月，第15－34页。

④ 李秀立：GATS与高等教育服务及对澳大利亚教育的影响，载《比较教育研究》，2008年第5期，第41－45页。

⑤ 静炜：中国—澳大利亚自由贸易协定谈判中的教育服务，载《全球教育展望》，2007第6期，第49－54页。

⑥ 洪成文：新西兰教育服务研究，载《外国教育研究》，2006年第4期，第51－55页。

⑦ 冯国平：《跨国教育服务的国际比较研究》，上海：上海人民出版社，2010年版，第156－301页。

2003)[①]、《如何在开放教育市场中维护教育主权》(王建香，2002)[②] 等文章，对教育服务市场开放中教育主权的维护进行了探讨。而在《全球化背景下我国教育主权让渡问题研究与思考》(茹志宗，2008)[③]、《教育主权让渡问题研究》(茹志宗，2008)[④]、《全球化背景下我国教育主权问题思考》(郝媛，2013)[⑤] 等文章，对教育服务市场开放中的教育主权提出了新的思考角度，从全球化时代主权让渡理论的视角出发，探究教育主权让渡与教育市场开放的关系问题，从不同的视角来探寻教育主权与教育服务市场准入政策制定的平衡点，试图从各成员国内教育开放政策的视角来解读教育主权的影响力。

第二，民族文化因素。教育为文化的重要组成部分，对文化的发展、传承具有重要、特殊作用。因此，各成员在选择教育服务部门开放和对教育服务市场准入作出承诺时，都必须要考虑教育对本国或本民族的文化影响，必须考虑教育服务自由化对本国或本民族文化传承和保存带来的冲击。因此，有关学者对此问题也进行了一定的研究，在《世界贸易组织体制下中国教育服务开放研究》(金孝柏，2007)[⑥] 一书中，对文化保护和教育服务开放度的关系进行了阐述，从不同教育服务主体的角度阐释了文化保护的积极和消极影响，对处于文化弱势地位的广大发展中成员的文化保护路径进行了简单介绍，并指出了教育服务市场准入限制的具体规定对本国文化保护的重要意义。而其他相关研究主要散见于一些论文当中，如《国际教育服务法律问题研究》(姚佳，2003)[⑦]、《高等教育国际化背景下教育主权问题研究》(杨颖，2009)[⑧] 等文章，对本国文化在教育服务开放中的影响作用作了简单介绍。而

---

① 陈鹏：加入 WTO 对我国教育主权的影响，载《中国教育学刊》，2003 年第 4 期，第 25 - 28 页。

② 王建香：如何在开放教育市场中维护教育主权，载《开放教育研究》，2002 年第 5 期，第 41 - 44 页。

③ 茹志宗：全球化背景下我国教育主权让渡问题研究与思考，载《中国高教研究》，2008 年第 8 期，第 58 - 62 页。

④ 茹志宗：教育主权让渡问题研究，载《教育评论》，2008 年第 2 期，第 24 - 28 页。

⑤ 郝媛：全球化背景下我国教育主权问题思考，载《延安大学学报（社会科学版）》，2013 年第 4 期，第 45 - 49 页。

⑥ 金孝柏：《世界贸易组织体制下中国教育服务开放研究》，北京：对外经济贸易大学出版社，2007 年版，第 125 - 145 页。

⑦ 姚佳：国际教育服务法律问题研究，大连海事大学硕士论文，2010 年 9 月，第 4 - 6 页。

⑧ 杨颖：高等教育国际化背景下教育主权问题研究，云南师范大学硕士论文，2009 年 5 月，第 10 - 12 页。

《全球主义对高等教育的影响》（毛亚庆，2009）[①] 等文章，从文化安全的角度出发，分析了全球化时代各国如何协调教育市场开放与文化安全的关系。

5. 对教育服务市场的外资准入的研究

在教育服务的四种提供方式中，涉及外资准入的是商业存在（模式3），当前国内学者对此问题的研究还很少。《中国教育服务贸易市场准入承诺评析》（胡焰初、黄进，2003）[②] 等文章对教育服务外资准入作了一般理论陈述。《GATS框架下我国高等教育外资准入法律问题研究》（韩世鹏，2009）[③] 对教育服务外资准入方式、范围及我国教育服务外资准入存在的问题进行较为详细的分析。《国际教育服务贸易法律问题研究》（胡焰初，2007）[④] 对教育服务的外资准入有简单论述，主要涉及教育服务外资准入的类型和主要国家涉外教育立法对教育服务开放的相关规定，并对我国的教育服务外资准入的主要方式和存在的法律问题进行了简单分析。此外，就是对服务行业的外资准入制度的分析，如《国际服务贸易中的投资壁垒研究》（周礼光，2006）[⑤] 等文章，对国际服务中的外资准入壁垒进行了详细的罗列，对当前国际法中有关服务外资准入规则进行了解析，并对我国服务业外资准入立法提出建议。

总体而言，目前国内对教育服务进行的研究，主要集中在服务部门或教育服务这个较宽泛的层面和领域。内容既涉及对教育服务的基本概念、原则、范围和提供方式等基本问题的解读，也涉及对服务贸易中相关部门的专门研究，同时还涉及对教育服务部门的研究，但这些研究仅仅对教育服务市场准入及其法律问题的内容偶有涉及，都没有进行专门性、系统性的研究。

（二）国外研究现状

1. 对教育服务自由化涵盖的范围的研究

《GATS与教育服务：政策的力度与范围》（Susan L. Robertson，Xavier

---

① 毛亚庆：全球主义对高等教育的影响，载《教育发展研究》，2009年第19期，第45-48页。

② 胡焰初、黄进：中国教育服务贸易市场准入承诺评析，载《经济评论》，2003年第3期，第32-35页。

③ 韩世鹏：GATS框架下我国高等教育外资准入法律问题研究，西南政法大学硕士论文，2009年4月，第4-39页。

④ 胡焰初：《国际教育服务贸易法律问题研究》，武汉：华中师范大学出版社，2007年版，第73页。

⑤ 周礼光：国际服务贸易中的投资壁垒研究，中国政法大学硕士论文，2006年5月，第18-29页。

Bonal 和 Roger Dale，2004）①、《高等教育作为一种公共产品与 GATS：一种悖论?》（Frank Naert，2004）② 等文章，直接对 GATS 所涵盖的教育服务的范围进行了辨析，强调了高等教育所承载的社会公共价值属性，反对 GATS 所倡导的教育自由化意图。《请明示：何谓 WTO 与教育服务自由化?》（Gustavo Ferreira Ribeiro，2011）③ 一文，对教育服务自由化的相关规定进行了阐释，分析了教育服务自由化应该涵盖的范围。《国际教育服务：涵盖的范围及其自由化面临的挑战》（Emmanuel Nyahoho，2011）④ 一文，对教育服务的四种提供方式及其当前的发展趋势做了分析，特别是通过大量数据分析了主要教育服务出口国接受留学生的情况，同时对当前教育服务自由化存在的障碍进行了梳理。

2. 对教育服务自由化的影响的研究

《GATS 下的教育服务自由化：对公共教育的一种威胁?》（Ana Cristina Paulo Pereira，2003）⑤ 一文认为，GATS 所倡导的逐步自由化，可以在一定程度上提高教育服务市场开放度，并在教育资源、教育改革、教育观念等方面产生积极影响。但同时也可能会对公立教育和优质教育产生一定负面影响，对实现教育所承载的国家价值与文化产生冲击。《教育服务自由化》（Dave Hill，2006）⑥ 一文，从教育服务自由化对教师、其他教育工作者、就业市场安全、经济安全等产生的影响进行详细分析。《教育服务自由化及教育质量保障》（Arundhati Sarkar，2010）⑦ 一文，对教育服务自由化对教育服务所产生

① Susan L. Robertson, Xavier Bonal And Roger Dale, "GATS and the Education Service Industry: The Politics of Scale and Global Reterritorialization," Comparative Education Review, Vol. 46, No. 4, September 2004, pp. 89 –90.

② Frank Naert, "Higher Education As An International Public Good And GATS: A Paradox?", International Education Studies, Vol. 2, No. 1, February 2004. pp. 102 –104.

③ Gustavo Ferreira Ribeiro, "Please Enlighten Me: What Does the World Trade Organization Have to Do With the Liberalization of Higher Education?", Comparative Education Review, Vol. 53, No. 4, September 2011, pp. 12 –17.

④ Emmanuel Nyahoho, "International Trade in Education Services: ItsScope and Challenges Associated withLiberalisation", Journal of Economic and Social Policy, Vol. 14, No. 6, December 2011, pp. 1 –29.

⑤ Ana Cristina Paulo Pereira, The Liberalization of Education Under The WTO Services agreement (GATS): A Threat to Public Educational Policy, European Educational Research Journal, Vol. 3, No. 4, August, 2003, pp. 187 –193.

⑥ Dave Hill, " Education Services Liberalization ", Educational Management and Administration, Vol. 28, No. 1, February 2009, pp. 63 –76.

⑦ Arundhati Sarkar, "Liberalization of Education Services and Education Quality Assurance", Higher Education Managem –entand Policy, Vol. 6, No. 1, February 2010, pp. 11 –50.

的影响进行了分析，并对完善教育服务质量保障提出建议。

3. 对教育服务市场开放的不同态度的研究

《GATS 和高等教育服务》（Jane Knight，2009）① 一文，对未来高等教育服务的市场开放程度进行了分析，认为教育服务仍将是服务中最坚守的部门，不管是发达国家还是发展中国家，对本国教育服务的开放承诺都将是十分慎重的。在《WTO/GATS 背景下教育服务市场开放的谈判》（Raymond Sanera 和 Sylvie Faselb，2010）②、《教育服务自由化的不同观点》（Carolin Kreber，2009）③ 等文章中，更加详细的分析了教育服务市场准入谈判情形的复杂性，涉及国际、国内各层面和各利益团体的不同观点。《教育服务自由化的风险与挑战》（Aik Hoe Lim 和 Raymond Saner，2011）④ 一文，进一步对教育服务自由化的基本观点、动机和行为表现进行了梳理，并以实际的案例对各种观点进行了分析。

4. 对 WTO 成员方教育服务个案的研究

此类研究比较多，涉及的国家和区域也较多，主要有中国、印度、欧盟、美国、澳大利亚、新西兰、南非、拉美、亚太国家、非洲部分区域等，如《亚太地区的发展中国家的教育服务贸易的评估壁垒》（Ajitava Raychaudhuri，Mithilesh Kumar Singh，2012）⑤、《高等教育服务贸易壁垒：亚太国家的经验》（Ajitava Raychaudhuri 和 Prabir De，2007）⑥ 等文章，对亚太地区国家的高等教育服务的发展历程与趋势、可能遇到的现实障碍、当前教育服务面临的挑战与对策进行了分析。《中国当代教育服务贸易发展趋势及在开放背景下的对

---

① Jane Knight，"The Impact of Trade Liberalization on Higher Education：Policy Implications"，Journal for Critical Education Policy Studies，Vol. 9，No. 1，February 2009，pp. 127 – 136.

② Raymond Sanera and Sylvie Faselb，"Negotiating Trade in Educational Services within the WTO/GATS Context"，Akron Law Review，Vol. 3，No. 4，August 2010，pp. 238 – 295.

③ Carolin Kreber，"Different Perspectives on Internationalization in Higher Education"，New Directions for Teactions for Teaching and Learing，No. 118，Summer 2009，pp. 1 – 14.

④ Aik Hoe Lim and Raymond Saner，"Trade in Education Services：Market Opportunities and Risks"，Lifelong Learning in Europe，Vol. 49，No. 1，February 2011，pp. 449 – 464.

⑤ Ajitava Raychaudhuri，"Assessing Barriers to Trade in Education Services in Developing ESCAP Countries" Journal of International Education and Leadership，Vol. 2，No. 1，Spring 2012，pp. 1 – 22.

⑥ Ajitava Raychaudhuri and Prabir De，"Barriers to Trade in Higher Education Services：Empirical Evidence from Asia – Pacific Countries"，Asia – Pacific Trade and Investment Review，Vol. 3，No. 2，December 2007，pp. 65 – 88.

策》(Chen Aijuan 和 Yi Min, 2006)[①] 一文，对中国的教育服务发展存在的问题和将来的开放发展趋势进行了大胆的预测，并对未来可能遇到的挑战进行了简单的阐述。而 (Solomon Arulraj David 和 Danny Wildemeersch, 2006)[②] 等文章，主要对一些成员方的教育服务市场及政策进行了简单的对比。《GATS 对教育服务质量保障的影响》 (EditorsAntony Stella 和 Sudhanshu Bhushan, 2011)[③] 一书，主要以印度和澳大利亚的教育服务为例，对当前的教育服务贸易质量保证进行了系统的研究。

总体而言，国外也很少对教育服务市场准入进行专门性研究，主要是关联性的研究，更多是对教育服务自由化的范围与影响、GATS 对国内教育开放政策的影响、各种利益团体对开放教育服务的态度及产生的争论等问题进行研究。但研究的范围和涉及的领域显然比国内研究更广一些，甚至涉及了一些跨学科的研究，如借鉴经管学科的数理模型的研究 (Terence G A Frater, 2008)[④]，这些都是值得学习和借鉴的地方。

## 三、研究方法与视角

### (一) 研究方法

根据研究的具体情况，本书主要采取了以下三种研究方法：

(1) 规范分析法。本书将对图书、学术论文、学位论文、学术报告、报刊、会议资料、各种文件等中外各种文献资料进行查阅；借助网络信息平台，对 findlaw、westlaw、heinonline 等外文电子资源数据库、商务部的全球法律数据库、WTO 官网数据库以及世界著名法律专业数据库 LexisNexis、kluwer、World Trade Online 进行查阅，收集与本研究相关的国内外同类文献资料，加以梳理、分析、归纳和评述。在充分占有资料的基础上，掌握有关的科研动态、前沿进展，了解前人已取得的成果和研究现状。

---

① Chen Aijuan and Yi Min, "China's Contemporary Trends of Trade in Educational Services and It's Countermeasures under the Opening Environment", Canadian Social Science, Vol. 2 No. 3, June 2006, pp. 77 - 85.

② Solomon Arulraj David and Danny Wildemeersch, "Dealing with Cross - border Higher Education. Comparing the Chinese and the Indian Ways", The observatory on borderless higher education, Vol. 12, No. 2, April 2006, pp. 145 - 163.

③ EditorsAntony Stella and Sudhanshu Bhushan: "Quality assurance of transnational higher education: the experiences of Australia and India", New Delhi: Delhi University publication, 2011, pp. 25 - 275.

④ Terence G A Frater, "JAMAICA' S Higher Education Commitment Uuder The GATS: A Case Study of The Shaping of Policy", A thesis for the Degree of Doctor of Philosophy Department of the University of Toronto, 2008, pp. 185 - 213.

（2）实证分析法。市场准入作为GATS下教育服务的基本问题之一，各成员的具体承诺表就成为研究当前教育服务的最主要、最基础的文献之一。通过详尽的数据统计，运用一定的分析方法，掌握第一手资料，对当前各成员作出教育服务的具体承诺表进行数据的汇总、整理和统计，得出一些具体的结论，从多个角度来分析教育服务市场准入的法律问题。

（3）比较分析法。本研究将对教育服务作出承诺的成员分成几个大类，对每个类别的成员进行分析总结，然后进行对比研究，总结他们之间存在的差距及产生的原因。此外，通过对代表性成员的教育服务市场准入的现状和态度进行对比，展现不同文化背景、不同发展水平的成员的教育开放政策及对教育服务市场准入的态度，既为本研究提供支持，也为我国教育主管部门及教育服务提供者的决策计划提供借鉴和参考。

（二）研究视角

根据研究的具体情况，本书主要从以下几个视角来进行研究：

（1）教育学视角。本书主要研究教育服务的市场准入法律问题，其中涉及教育服务的基本理论问题，对于教育服务的基本含义和特征、教育服务的分类、教育服务的承诺分析等问题，都会涉及教育学本身的理论。因此，本书在分析教育服务市场准入问题时，必须要考虑教育服务本身的特殊性，必须结合相关教育学的理论知识进行具体阐释。

（2）经济学视角。本书在研究教育服务市场准入法律问题时，很重要的一个基础就是对各成员在GATS中的教育服务市场准入承诺水平分析。本书的分析不是传统的定性阐释，而是基于相关原始数据的汇集整理，利用计量经济学中的基本方法来进行量化分析，得出当前教育服务市场准入问题的一些基本结论。

（3）国际与国内视角。有关教育服务法律问题的研究可以从国内、区域组织和国际组织相关规则的角度入手，但本书主要从GATS的视角来研究教育服务市场准入的法律问题。以各成员在GATS中的具体承诺为基本出发点，结合GATS的基本规则，对当前教育服务贸易市场准入的法律问题进行阐释。同时，鉴于成员对GATS中的教育服务市场准入承诺情况，很多成员的国内政策和法规对教育服务市场准入也会产生重大影响，因此，在介绍代表性成员的教育服务市场准入时，也会结合一些成员的国内政策和法规进行分析。

## 四、研究思路与结构安排

本书具体的研究思路和文章结构安排如下：

第一章“导论”。主要介绍选题背景与意义，综述国内外学者对教育服务问题的研究成果，阐明本书的研究思路，列出文章的框架结构，阐释本书的主要研究方法，最后提出主要创新点和研究展望。

第二章“教育服务市场准入的基本法律理论问题”。主要对教育服务和教育服务市场准入的基本法律问题进行阐释。拟从一般意义、国内法和国际法的角度阐释教育服务，对教育服务的法律特征、教育服务的不同分类等问题进行阐释，同时从国内法、国际法的角度来解读市场准入的概念及GATS中市场准入规则的运用，阐释教育服务市场准入法律问题的特征和教育服务市场准入的法律价值。

第三章“GATS下教育服务市场准入的承诺水平”。主要结合GATS中的基本规则，从计量经济学角度，对各成员在GATS中的教育服务市场准入承诺进行定量分析。拟对教育服务市场准入承诺表的基本规则进行阐释，对GATS中教育服务市场准入列表进行基本解读。然后从简单的计量经济学入手，运用世界银行的简单计数和加权计数方法，对各成员的教育服务市场准入承诺表进行数据统计，对发达成员、发展中成员、最不发达成员进行分类，分别从总体承诺水平、分部门承诺覆盖率、分部门四种提供方式承诺情况等角度进行分析，得出一些研究结论。

第四章“GATS下代表性成员教育服务市场准入的现状与态度”。主要从成员的政治、经济、文化、教育服务贸易占有份额等角度来考量，选择了美国、澳大利亚、日本、法国、印度和中国等几个代表性成员。通过对比分析这些成员的教育服务开放政策与考量因素，分析GATS中对教育服务市场准入的具体承诺，总结成员在GATS范围内对教育服务市场准入开放的提议和态度等问题，梳理出当前不同发展水平、文化传统、国家利益考量的成员对教育服务市场准入的态度，并总结出教育服务市场开放的影响因素。同时对我国的教育服务市场准入承诺情况进行分析与总结。

第五章“GATS下教育服务市场的外资准入”。外资准入更多涉及成员国的教育主权和教育服务的发展，各成员国对教育服务的外资准入问题都十分谨慎，在GATS承诺中设置了诸多的限制。本章拟从WTO外资准入制度的相关规定入手，阐释GATS中各成员的教育服务外资准入的基本形式，对外资准入的范围、外资准入的比例、外资准入的履行要求、外资准入的审批制度等基本内容进行分析。同时结合我国在GATS中的承诺和国内法规定，对我国教育服务外资准入的相关法律问题进行分析，并提出完善建议。

第六章“GATS下教育服务市场准入的法律展望”。从历史和现实的角度，拟对WTO中教育服务谈判和承诺进程进行梳理，总结当前教育服务市场准入开放所面临的法律障碍和具体体现。分别从公立与私立、教育服务质量与认证、不同群体的利益分歧等角度来阐释当前教育服务市场准入的法律障碍的动因。从多边贸易法律体制、其他国际性公约或协议、国内法等角度提出可能解决的方案和路径。面对当前之情形，提出我国的应对之策。

## 五、本研究的创新

### （一）研究方法与视角的创新

（1）研究方法的创新。目前的研究中，除了国外的个别研究外，当前对教育服务的研究，包括教育服务市场准入问题的研究，大多是描述性的、定性的分析，通过具体数理分析方法进行的研究还很少见。本书运用计量经济学的基本原理，采用世界银行的统计方法，通过数据统计进行定量分析，然后再进行定性分析，用数据来阐述问题，得出结论，发现新的问题。

（2）研究视角的创新。通过总结国内外的研究现状，发现对教育服务问题的研究不少，但还没有从市场准入的角度来对教育服务法律问题进行专门研究。本书主要从GATS的角度，结合教育学、经济学、服务贸易等基本理论，专门研究教育服务市场准入的法律问题。初步分析出当前教育服务市场准入承诺的总体水平，梳理不同发展程度成员的具体承诺水平以及影响教育服务开放承诺水平的具体因素，专门对教育服务的外资准入问题进行研究，并对教育服务市场准入法律问题的发展困境、动因与突破方向进行展望。

### （二）观点创新

（1）成员在GATS中所作的教育服务市场准入承诺与该成员的经济发展水平、教育服务水平没有绝对的关联性。各成员的教育服务市场准入承诺水平的高低主要受国家利益、文化价值和教育发展水平等综合因素的影响，而国家利益应该是作出教育服务市场准入承诺最根本的决定因素。

（2）教育服务出口强国对待教育服务市场准入问题时存在双重标准。现有研究基本都认为发达成员的教育服务市场准入承诺水平远高于发展中成员和最不发达成员，并认为教育服务发达成员更倾向开放本国教育服务市场。但本书通过对各成员教育服务市场准入承诺进行分类对比，发达成员与发展中成员的教育服务市场准入水平没有明显的差异，甚至在有的教育服务分部门中，最不发达成员的市场准入程度是最高的。同时，一些发达成员在对待教育服务市场准入的态度方面，要求其他成员更多开放教育服务市场，采取自由化政策，对待本国教育服务市场却采取保守主义，存在双重标准。

(3) 教育服务市场准入法律发展的艰难与复杂。通过对教育服务市场准入法律障碍的梳理和动因分析，未来要在多边贸易法律体制下进一步寻求教育服务市场准入承诺磋商，存在很大的困难，也存在复杂的利益博弈。特别是当前多边贸易法律体制面临众多区域贸易协议的不断侵蚀，要想在多边贸易法律体制内完全解决教育服务市场准入的法律磋商是十分艰难和复杂的。

# 第二章 教育服务市场准入的基本法律理论问题

对教育服务市场准入法律问题的研究，须从教育服务、市场准入等基本概念入手，既要阐释其一般概念，也要从国内法、国际法的角度阐释其法律概念。从不同的角度阐释当前教育服务的分类对全面了解教育服务的内容有很大的帮助。探讨 GATS 中市场准入的基本规则和特征，阐释教育服务市场准入的基本含义和基本运用。结合教育服务的特征来对教育服务市场准入的法律价值进行阐述。

## 第一节 教育服务的概念、特征与种类

### 一、教育服务的法律概念

#### （一）一般概念

什么是教育服务？从不同的学科和不同的角度，可以有不同的理解。从教育学的视角来看，教育是一种社会实践，也具有服务性[①]。从经济学的角度来看，有人认为，教育服务是商品，有价值，也有使用价值；而这种特殊商品的交换，就形成了教育服务市场。[②] 因此，从商品的本质层面来看，教育服务和其他商品并无根本区别。而在产业的分类中，教育被归为第三产业，也即是服务业，作为一个行业，教育应当是可以进行市场化运行，但不同的人对此问题持有不同意见。赞成的人认为，教育产业化并不意味着教育商业化、企业化，而是将教育作为产业来运作。[③] 反对的人认为，教育应由政府和市场

① 韩晓峰、周文辉：论教育服务的不同视域，载《清华大学教育研究》，2013 年第 5 期，第 8 页。

② 靳希斌：《经济学》（第四版），北京：人民教育出版社，2008 年版，第 140 页。

③ 厉以宁：关于教育产业的几个问题，载《高教探索》，2000 年第 4 期，第 19 页。

共同提供，以政府提供为主，市场为辅，教育不应该被市场化。[①] 我们认为，教育是具有产业属性的，谈论教育产业并不是指教育被完全产业化，而是指在一定条件和范围内，市场机制参与了教育资源的配置和利用，市场参与下的教育服务能更多、更好的满足受教育者的多元化需求。

同时，基于教育在民族文化传承和社会经济发展中的特殊作用，教育服务需要政府的主导，以实现政府公共职能和公民的基本教育权利。国外有学者（Henry Levin）认为，教育是兼具公私属性的特殊产品；教育在社会的经济发展、文化科学的进步等方面具有不可替代的作用。[②] 国内也有学者认为，教育具有双重属性；教育活动的过程既体现了政府服务的职责，也体现了个体求知的需求，是公私双方利益实现的过程。[③]

依据经济学家保罗·萨缪尔森的公共产品理论，公共产品是与私人产品相对应的，而公共产品又可以细分为两类，即纯公共产品、准公共产品。其中，纯公共产品有两个特性：完全排他性、非竞争性；准公共产品也有两个特性：一定排他性、一定非竞争性。[④] 所以，从产品分类的角度来看，教育服务大体有三类。第一类：纯公共产品性质的教育服务，是向社会公众所提供具有公益性、普惠性、基础性的教育服务，由国家免费提供，不具有竞争性与排他性，如义务教育、特殊教育等。第二类：准公共产品性质的教育服务，介于公共教育服务和私人教育服务之间，具有一定的竞争性、排他性，非义务教育大都属于此类，典型的如中学后教育、学前教育等。第三类：私人性质的教育服务，是为满足受教育者的差异需求而提供的教育服务。这类教育服务是需要付费的，具有完全的竞争性与排他性，如市场上提供的各类教育培训。

### （二）法律概念

#### 1. 国内法上的概念

目前，各国的国内法并没有对教育服务的概念进行界定，也没有直接对教育服务的内容或涵盖的范围进行阐释。现存的国内法主要是对国与国之间的教育交流、教育质量保证、学历学位认证等方面进行规范，主要体现在各

---

① 王善迈：关于教育产业化的讨论，载《北京师范大学学报》（人文社会科学版），2000年第1期，第38页。

② Levin H. M.，"Education as a Public and Private Good"，Journal of Policy Analysis and Management，Vol. 26，No. 6，December 1987，pp. 628－630.

③ 劳凯声：面临挑战的教育公益性，载《教育研究》，2003年第2期，第45页。

④ ［美］保罗·萨缪尔森、诺德豪斯著，肖琛译，《经济学》，北京：商务印书馆，2013年版，第274页。

国的涉外教育立法、远程教育规则、留学生审批制度、教育机构的设立、私立教育制度等法律规范和相关制度准则中。当然，在这些具体的规范中，有很多是 GATS 出现后为了规范教育服务而进行的配套立法，也有些是在达成 GATS 前为了满足国际教育的交流与合作而进行的立法和规则制定，还有些是各国教育行业中的行业规范，对教育服务的发展也起到了很大的规范作用。

从各国国内有关教育服务的法规和行业准则的阐述来看，一般意义而言，教育服务应当包括各种教育服务机构向学生或受培训者提供的教育或培训，这些教育机构既包括公立教育机构，也包括私立教育机构，只要是带有商业性、营利性的教育，都应当被涵盖其中。其内容除了传统的教学形式外，还应当将测试服务和培训服务作为教育服务的一个组成部分。① 而我国一些学者根据 GATS 的相关条款对教育服务作了集中性描述："除了完全由政府公共资金支持的教学活动外，其他一切收取费用和带有商业性质的教学活动，都应当包含在教育服务的范围之内。"②

2. 国际法上的概念

调整教育服务的国际法包括规范和指导国际教育服务行为的各种法律、行政措施、政策和具有行业自律性质的行为准则等。与教育服务相关的全球性国际公约主要是由联合国教育科学及文化组织（UNESCO）指导并通过的。如《职业与技术教育公约》《汉堡成人学习宣言》《关于 21 世纪高等教育行动与目标的世界宣言》等，这些公约与宣言从教育服务的基本原则角度进行了规定，但是对教育服务的具体概念和范围都未进行界定。而在一些区域性的国际公约中，如《拉丁美洲和加勒比海高等教育学历、文凭和学位认可公约》《欧洲地区国家高等教育学历、文凭和学位认可公约》《关于非洲国家高等教育学历、文凭、学位及其他学术资格认可的区域公约》《亚洲和太平洋地区高等教育学历、文凭和学位认可的区域公约》等，主要是对学位和文凭的相互承认、教育服务的质量保证方面进行了规定。而在双边协议中，如我国与俄罗斯、白俄罗斯、匈牙利、德国、乌克兰等国签订的双边协议，主要集中在学术资格的相互认可方面。对教育服务的含义、范围、种类、特点等概念和问题都未涉及。

事实上，教育服务是早已存在的，但是将教育服务真正归入到国际服务

---

① Ajitava Raychaudhuri and Prabir De, "Barriers to Trade in Higher Education Services: Empirical Evidence fromAsia - Pacific Countries", Asia - Pacific Trade and Investment Review, Vol. 3, No. 2, December 2007, p. 66.

② 周满生：国际教育服务的新趋向及对策思考，载《教育研究》，2003 年第 1 期，第 22 页。

的范畴，则始于20世纪末。1994年WTO成立，GATS把包括教育服务在内的12种服务纳入其调整范围，而且对教育服务进行了具体的分类。这样，教育服务便在国际法中被正式确定，并且对参与承诺的成员具有真正的法律约束力。但是，即使是GATS将教育服务作为一个专门的服务部门进行了规定，但对教育服务的概念也是没有进行一个明确的定义。首先，GATS对自身规制的服务的概念进行了阐释，依据对GATS第1条第3款（B）规定的理解，GATS中的服务是不包括政府行使职权时提供的服务，除此之外，所有行业的服务都应当被包含在内。据此，GATS规则所包含和规制的教育服务，应当不包含政府公共资金所支持的公立教育。其次，GATS自身虽然没有对教育服务的概念进行直接的界定，但是对教育服务所涵盖的分部门（或称“次级部门”）和具体的提供方式进行了阐释。依据GATS的划分规定：教育服务涵盖了初等教育、中等教育、高等教育、成人教育和其他教育五个教育服务分部门，而以上几个教育服务分部门将通过跨境提供、境外消费、商业存在、自然人存在四种提供方式来实现。因此，GATS中的教育服务实际上是各成员之间所进行的以营利为目的教育、培训等服务活动。

（三）本书的概念

通过对相关规定的解读，我们认为，教育服务是带有商业性的服务活动，通常的形式是收取教育或培训费用。当然，教育服务分为国内教育服务和国际教育服务，由于本书研究的是GATS下的教育服务，所论及的教育服务当然是国际教育服务。因此，本书认为，在国际法上，教育服务的含义是指国家（地区）相互之间，带有营利性或商业性的教学活动或服务（完全被政府资金资助的除外），并且这种教学活动或服务是存在跨国流动的因素。同时，教育服务具有两个方面的特点。第一，教育服务一定含有涉外因素，这就区别于国内带有商业性质的教育活动。具体而言，教育服务的涉外性质表现为以下任意一个方面：教育服务的提供者具有外国①国籍；教育服务的消费者具有外国国籍；教育服务本身跨越国界。第二，教育服务是收取费用、具有商业目的的教育和培训活动，与公益性教育服务相区别，也与传统的教育服务相区别。②

---

① 为了表述的方便，独立关税区也称为外国。

② 公益性的教育服务并不排斥收取有关费用，但不带商业目的。传统的教育服务不掺杂商业目的的国际教育交流与合作。有的虽然收取费用，如一些国家对访问学者收取适当的旁听费用，但不是以营利为目的。参见胡焰初《国际教育服务法律问题研究》，武汉：华中师范大学出版社，2007年版，第11页。

## 二、教育服务的法律特征

与教育服务的概念一样，学界对教育服务的法律特征并未取得共识。目前，有关教育服务的论述，较为普遍认同的所谓特征有：统计和监管上具有复杂性和不确定性、生产和消费的同步性、发展的不均衡性、调整教育服务的国内法倾向性等。但研究教育服务的法律特征，必须更多地从教育服务的主体、客体等方面的特征进行研究。

（一）规制教育服务主体的法律的多样性

教育服务主体包括教育服务的提供者，也包括教育服务的消费者。在教育服务提供者方面，主要涉及教育服务机构和自然人的规定。从各国国内法或各成员在GATS中的承诺可以看出，对教育服务提供者的资格规定是不尽相同、各有差异的。对教育服务机构而言，比较复杂，也关系到各成员的教育主权的问题。因此，各成员对其规定比较详细，如对法人的专门规定、分支机构和办事处的专门规定等。对自然人的规定主要集中在自然人存在这种提供方式中的规制，主要是对提供教育服务的自然人的准入和资格限制。

在教育服务消费者方面，主要涉及不同层次和类别的主体。由于教育服务所涉及的范围很广，几乎涵盖了整个教育行业的所有阶段，从学前教育到高等教育、从学历教育到非学历教育、从学校教育到社会培训教育等。那么，在整个教育服务提供过程中，所涉及的教育服务消费者是十分宽泛的，但各个层次和各个类别的教育服务对各国的影响又是不一样的。因此，各国在制定国内法和在GATS中作出承诺时，对待五个教育服务分部门时表现出了不同的态度，采取了不同的法律规制或承诺，在更好吸收外国教育服务资源，以发展和提升本国教育质量的同时，能够保持本国的教育体系和制度的完整，实现教育在保护本国价值体系和文化传统中的基本功能。

（二）规制教育服务客体的法律的特殊性

教育服务是教育服务提供者向教育服务消费者提供的一种服务产品，是为了满足教育服务消费者（学生）对自己所追求的技能、知识的需求；而这些教育服务提供的产品，既不是有形的消费品，也和其他服务业产品有根本的不同。①

首先，教育服务产品的性质的特殊性。虽然目前对教育服务提供的产品

① Phlip G Albach, " Comparative Perspective on Higher Education for the Twenty - firstcentury," Higher Education Policy, Vol. 19, No. 2 , November 1998, p. 347.

的性质还存在不少的争论，但更多的观点认为，教育服务提供的产品是一种半官方的性质。虽然各国对教育服务所提供的产品有不同的理解，对其范围有不同的限定，但鉴于教育本身对一个国家教育主权、教育体系、民族文化和传统价值观等方面的影响，即使是对私立资金或带有营利性质的教育服务所提供的产品，也是要与一般的服务产品相区别的。因此，各国的立法中，对教育服务提供者设立教育服务机构、教育服务质量保证和认证等方面都进行了严格的法律规制。

其次，教育服务产品的无形性。同一般的服务产品相比，教育服务提供的产品内容更加容易消逝，在接受服务前和接受服务后，消费者难以用具体的感知来感受教育服务产品的存在，而更多是一种潜移默化的影响。此外，教育服务的进出口基本都具有无形、不定时、多形式等特点，由此，世界上所有的国家要对教育服务进行具体详细的监控和统计，是很困难的。① 因此，要对教育服务进行有效的监管，法律是极为重要的一种路径；但与此同时，法律监管的路径也有一些弊端，如见效慢、时间周期长等，因此，世界各国要想更加有效地对教育服务进行监管，还是一件比较复杂和不确定的事情。②

（三）规制教育服务提供路径的法律的多元化

按照传统方式，教育服务提供过程中教育服务产品的生产与消费基本是同时进行的，这种方式下的教育服务提供的路径主要是要有教育服务实体的存在，如设立教育服务机构，包括各类大学、分校、教育培训机构等。这种路径形式下，教育服务的提供者和消费者更多是一种面对面的形式，两者必须参与到教育服务的生产和消费过程中，具有同步性的特征。③ 但随着科技的发展和进步，越来越多的教育服务是通过电子信息和网络媒介的途径来提供，具体包括网络学习平台的建立、远程教育服务的开展、大量视频课程的提供、电子学习教材和资料的运用等。虽然这种变化目前来说还不是教育服务的主题，但是相对于传统的教育服务提供路径，已经发生了很大的变化，并会越来越多地被应用。因此，各国在面对教育服务提供路径多元化的背景下，特别注意加强远程教育服务方式的立法规制，在网络安全、教育服务的质量保

① 夏人青：高等教育国际化：从政治影响到服务，载《中国教育发展研究》，2004 年第 2 期，第 31 －32 页。

② Hey – Keung Koh，“Trends in International – student Flows to the United States”，International Higher Education，Vol. 46，No. 2，April 2002，pp. 62 –64.

③ 蔡贤榜：发达国家高等教育服务特点及其启示，载《高教探索》，2004 年第 2 期，第 91 页。

证和认证等方面都加强了立法，而且在一些行业规定中也制定了相关指导规则或原则。特别是欧美发达国家在相关研究和规则制定方面都走在了前面，如美国除了在相关立法方面对远程教育和电子学习进行规制，而且在20世纪90年代初就有一些教育服务机构和研究机构制定了远程教育的质量标准。[①]包括西部教育电信公司制定的《以电子方式提供学位和证书课程的良好行为准则》、美国远程教育集团制定的《远程教育指导原则》等。而美国的高等教育政策研究所和全美教育协会联合对远程教育服务的原则、指南和标准进行综合整理，制定了45条远程教育的标准，成为当前美国乃至世界各国制定远程教育服务的指导原则和范本。[②]

（四）教育服务法规的复杂性

当前，调整国际货物贸易的法律规范逐渐走向了统一化，而在教育服务领域，因各个国家（地区）的教育水平参差不齐、差距较大，各自的教育方针和政策也有很大的差异，所以反映在法律方面，各层面的法律规范也就存在很大的差异。在国际法层面，主要的规范是GATS中各成员的选择性承诺，这也是目前国际法层面唯一有直接约束力的法律规范。此外，还有部分国际组织的行业规范，如UNESCO制定的教育分类等方面的规范，再如UNESCO和欧洲理事会制定的《跨国教育服务良好行为准则》和《华盛顿协议》等行业规范。这些指导性的原则和行业规范虽然不像GATS那样对教育服务有直接的约束力，但对各国的教育服务立法和相关规则的制定具有指导意义。[③] 在区域和双边条约中，也有一些规制教育服务的条约和协议，如《拉丁美洲和加勒比海高等教育学历、文凭和学位认可公约》《欧洲地区国家高等教育学历、文凭和学位认可公约》《关于非洲国家高等教育学历、文凭、学位及其他学术资格认可的区域公约》《亚洲和太平洋地区高等教育学历、文凭和学位认可的区域公约》等，也主要是对学位和文凭的相互承认、教育服务的质量保证方面进行了规定。而在双边协议中，如我国与俄罗斯、白俄罗斯、匈牙利、乌克兰、德国等签订的双边协议。这些条约和协议对教育领域产生了重大的影响，特别是对教育服务的质量保证与认证方面的规则产生巨大影响。最后，

---

① 王亚飞：发达国家境外消费教育服务及其启示，载《河北经贸大学学报》，2006年第1期，第63页。

② Altbach, P. G. "Higher Education and the WTO: Globalization Run Amok", International Higher Education, Vol. 21, No. 3, June 2008, p. 24.

③ Altbach, P. G. "GATS Redux: The WTO Returns to Center State", International Higher Education, Vol. 19, No. 5, October 2004, p. 37.

调整教育服务法规中，国内法应该是十分重要的一环。由于当前各成员在GATS中所承诺开放的程度和水平有限，那么更广范围和更多使用的是教育服务的国内法规定。特别是未在GATS中作出承诺的成员，对其有约束力的基本是本国制定教育服务国内法规范。比如涉及教育服务人员和信息技术的自由流动，还涉及教育服务资本的准入程度，目前，这些问题都主要是由国内法来进行调整；GATS仅仅是在解决这些最基本的问题上迈出了尝试性的一小步。①

## 三、教育服务的种类

教育服务的种类因划分标准不同而不同，常见的分类标准有以下几种。

### （一）以是否涉外为标准分类

国内教育服务是指一国国界内的带有商业性的服务活动（政府公立资金支持的除外），通常的形式是收取教育或培训费用。这种教育活动的整个过程应当是不涉及国外因素，从提供教育服务的机构和人员，再到教育服务的消费者和教育服务本身都是没有涉外的因素。

而国际教育服务本身是一定含有涉外因素的，是要有跨越国境（或地区）的，这种涉外因素可以是教育服务的提供者，也可以是教育服务的消费者，还可以是教育本身跨越了国界。因此，从这些因素来看，国际教育服务实际上就是世界各国或各成员之间相互流动的教育服务活动，是输出或输入的教育服务产品。②

### （二）以GATS中的服务提供方式为标准分类

在GATS谈判中，鉴于服务贸易额巨大，加上新技术对服务业的不断推动，对服务的定义采取了更加广泛的视角。③ 于是，GATS第1条第2款就将“服务”具体界定为通过四种方式提供的服务，这些提供方式也都适用于教育服务领域。

模式1：跨境交付。这种方式是指“自一成员领土向任何其他成员境内提供服务”。在多数情况下，这是最直接的服务方式，在此种方式下，没有物理上的移动的提供者和消费者，类似于传统的货物贸易方式，服务提供者和消

① 张国忠：抢夺留学生：一场没有硝烟的战争，载《国际人才交流》，2001年第4期，第17页。

② 顾永才：论国际教育服务贸易，载《对外经济贸易大学学报》，1998年第3期，第35页。

③ Phedon Nicolaides: “Economic Aspects of Services: Implications for a GATT Agreement”, World Trade, Vol. 125, No. 3, June 1999, pp. 127 -128.

费者在地域上分别处于不同成员境内，只有服务本身跨越国境。这种提供方式不涉及人员、物资的流动。① 在教育服务中，这种方式主要通过邮件、电视、电话等远程、虚拟教育或基于网络的教育和培训计划来提供教育服务。例如，许多美国大学在其他国家通过互联网和其他电子媒体、光盘、DVD 光盘提供培训课程和学位教育。② 因此，跨境提供方式的特点是资料与项目的流动性，而不是服务提供者和消费者的流动。在现实操作中，由于跨境远程教育方式会涉及一主权国家对教育服务市场和资源的监管等问题，因此，许多成员国在 GATS 承诺中持谨慎态度。然而，就未来发展来看，新信息技术的不断发展和应用，使教育服务的模式 1 在未来将会有巨大的发展空间和美好的前景。

模式 2：境外消费。这种方式是指：在一成员领土范围内，向任何其他成员的服务消费者提供服务。境外消费是教育服务的传统方式，在全球教育服务市场中占有最大的份额；而且，从当前的发展可以预测，教育服务模式 2 的发展还有很大的空间，将会长时间呈扩大增长的态势。主要形式是一国人员到他国的学校或科研机构留学、进修与学术访问等。在教育服务出口方面，大部分的国际学生历来只集中在少数几个地点，比如，美、英、澳、法、德长时间来都是世界 5 大教育服务出口国，近年来接纳了全世界 70% 左右的留学生。③ 在教育服务进口方面，排在前几位的包括中国、韩国、美国、德国等。④

模式 3：商业存在。这种方式是指：一成员国内的服务提供者，通过在其他成员领土内的商业存在提供服务。在教育服务中，其主要的形式是：一国教育服务提供者通过在他国设立分校园、语言培训公司、私人培训公司等形式，来为东道国的教育服务消费者提供服务。目前，全世界很多的知名大学或其他教育机构通过各种形式来实现商业存在，主要形式包括：投资建立分

---

① 虽然跨境提供不直接涉及资金转移和资本流动，但跨境的资金转移和资本流动往往构成提供各种服务的辅助方式。资本流动本身也是一个重要行业，并影响到国民经济政策和社会政策。尽管 GATS 与投资有密切关系，但其仅限于为取得商业存在而进行的投资，并非专门的投资协定。另外，GATS 所涉及的资本流动，仅限于支持成员所承诺的服务部门的贸易活动。

② Jandhyala B G Tilak，“International of Higher Education GATS：Illusory Promises and Daunting Threats”，Journal of Indian School of Political Economy，vol. 19，No. 3. September 2007. p. 374.

③ Vincent – Lancrin，S. Cross – Border Higher Education：Trends and Perspectives，in OECD（2009），Higher Education to 2030，Vol. 2：Globalization. Paris：OECD. 2009，p. 65.

④ Vincent – Lancrin，S. Finance and Provision in Higher Education：A Shift from Public to Private?，in OECD（2009）. Higher Education to 2030，Vol. 2，Globalization. Paris：OECD. 2009，p. 69.

校或其他分支机构，与东道国的教育机构开展合作、设立项目或拓展性质的课程等。① 此种方式涉及教育服务进口国的特别许可和审批，通常是外国教育服务提供者和国内教育服务伙伴的合作，外国教育服务提供者设计教育方案，国内教育服务提供者提供场地、设施和部分人员等必要硬件。此种方式也不存在消费者的跨国移动，但涉及外国直接投资。② 当前，出现了众多的大型跨国教育集团，如美国桂冠国际大学集团（The US Group of Laureate International University）、③ 阿波罗集团（The Apollo Group）拥有的凤凰城大学（the University of Phoenix）④ 等都是典型代表。

模式4：自然人存在。这种方式是指：一成员国内的服务提供者，通过在其他成员领土内的自然人存在提供服务。在教育服务中，它指的是作为教师或教育机构的一般临时教师和教育管理人员到其他国家工作。换言之，它可以被称为人的流动性，但不像模式2，不存在学生的流动。主要形式包括：一国教师或教育机构研究人员到另一国进行短期工作，既包括讲学授课，也包括参加会议或科学研究的合作活动。目前，通过模式4提供的教育服务所占的份额很小。由于这些外国提供者既会与国内的教育提供者进行直接的竞争，也会存在教育主权和意识形态的担忧。因此，目前各成员对模式4的开放承诺是很少的，即使有部分的开放承诺，也往往会通过移民政策，如在临时签证、工作许可证等方面进行严格限制，因此，从商业意义的角度来看，模式4

---

① 无国界高等教育观察组织（Observatory on Borderless Higher Education，OBHE）是系统地收集国际分校数据的几个组织之一。虽然目前对国际分校没有普遍认同的定义，但在OBHE报告中，国际分校是指通过机构或合资企业运作的离岸高等教育机构实体。学生完全在国外机构实体学习并成功完成课程的计划，将被授予外国机构学士学位。在OBHE调查中列出的一些国际校园包括小的中心，而不是广泛的校园。See Becker，R. J. International Branch Campuses：Markets and Strategies，The Observatory on Borderless Higher Education，September 2009，p. 1.

② 姊妹计划/结对安排（Twinning arrangements）项目中，学生在外国教育机构入学，但主要的学习和安排主要在当地机构进行，学生一般在最后1年再到国外教育机构完成最后的学业。当地机构提供基础设施、招募人员并按外国教育机构提供的方案教学，但不授予任何的学位或学历。而国外教育机构不需要进行任何实体投资，可以通过提供教学形式、材料，进行质量控制、监督和评价来参与。这样的安排可以提高当地教育机构的教学水平，也可以为学生获得外国学历降低成本。See Jandhyala B G Tilak，"International of Higher Education GATS：Illusory Promises and Daunting Threats"，Journal of Indian School of Political Economy，vol. 19，No. 3. July – September 2007. p. 374. 而有关这种情况的分类，目前还未有定论，本书将其归为模式3。

③ 桂冠国际集团是在纳斯达克证券交易所的上市公司。2004年，本集团拥有的入学学生155000名，80%的收入在美国以外获得。参见 Becker，R. J. International Branch Campuses：Markets and Strategies，The Observatory on Borderless Higher Education，September 2009，p. 72.

④ See Marginson，S. &Wende，van der M.（2007）. Globalization and Higher Education. OECD Education Working Paper，No. 8，EDU/WKP 3，6 July 2007.

远逊于其他3种模式，但随着全球教育资源流动性的加强和各国科研活动交流的日益频繁，模式4的规模将会不断的扩大。[①]

尽管GATS对服务自由化的真正影响取决于成员的具体承诺程度，但并不能因此否定GATS上述四种提供方式的重要意义。当成员进行教育服务的市场开放承诺时，GATS要求有关成员应考虑影响每种提供方式的措施，因为成员的具体承诺表就是按这种提供方式来制作的。[②] 从监督权力的角度考虑，教育服务提供方式之间应当有明确的区分，以方便各国采取不同的教育服务监控措施；但在具体的实践操作中，对这四种模式的区分又会产生困难，鉴于GATS规则的初步性和协定框架性的特点，这样的困难也许是不可避免的，而随着多边服务贸易规则的不断发展，对教育服务四种提供方式的阐释也应当会越来越清晰。

（三）以GATS承诺表中的分部门为标准分类

有关服务的类别划分，不同的组织有不一样的划分标准；按照WTO的标准，把全世界的服务划分为12个大类，一共细分为143个服务项目，教育服务属于12大类服务中的第5大类。而GATS在制定教育服务分部门的分类清单时采用了《联合国主要产品临时分类法》（简称“CPC”）[③]，教育服务部门被分为以下五个分部门：第一，初等教育服务[④]（CPC921），此分部门既包括了幼儿园、托儿所等学前教育机构提供的服务（CPC92110），也包含其他教育目的提供的不同科目的基本教育服务（CPC92190），但此分部门将儿童照顾服务（CPC92231）排除在外，认为该种类型的服务属于社会服务；第二，中等教育服务（CPC922），此部门既包括一般意义上的初级、高级（我国原称的“初中”“高中”）教育（CPC92220、CPC2220），也包含以理论和技术为导向的职业技术中等教育（CPC92230，含专门针对残障学生的职业技术教育）；第三，高等教育服务（CPC923），此部门既包括一般意义的高等学历教育，即大学层面的教育（CPC92390），也包括中等后的职业技术教育（CPC92310）；第四，成人教育服务（CPC924），此部门主要是指大学或学校正规教育体系之外的教育；第五，其他教育服务（CPC929），此部门的分类

① 世界银行、联合国教科文高等教育与社会特别工作组编著，蒋凯主译：《发展中国家的高等教育：危机与出路》，北京：北京科学出版社，2001年版，第15页。

② P. Sauve：“Assessing the General Agreement on Trade in Services：Half－Full or Half－Empty?” Journal of World Trade，Vol. 29，No. 5，October 1995，p. 125.

③ 又称《临时产品分类法》，并在1997年进行了版本的更新。

④ WTO和CPC在该分部门的名称有所差异，CPC称“基础教育”。

和范围还没有准确的界定，理论上包括前面四个分部门没有包含的所有教育服务，但排除了体育和其他娱乐服务（CPC964）[①]。在这两种分类中，因为WTO的分类太简单和模糊，未对教育服务分部门的具体含义和范围进行详细的阐释，WTO成员在教育服务的分类和各类教育应该包括什么具体内容上存有不同的看法[②]，所以各国在制定部门服务承诺一览表时大多都使用了联合国的CPC分类方法和相关代码。

需要指出的是，CPC划分的教育部门与GATS关于教育服务部门的划分只是在种类上相同，在内容上是部分重叠关系。也就是说，教育服务的五个分部门中，只有一部分服务是可以用来交易的。对于不同的WTO成员来说，哪一部分可以在国际范围内进行交易，完全取决于该成员在GATS中所做的具体承诺。从理论上讲，只要成员承诺开放教育市场，就没有不可以进行交易的教育服务。但事实上，由于教育服务的特殊性，WTO成员对其开放承诺都持十分谨慎的态度。从教育服务的实际来看，主要集中在中等教育第二阶段、高等教育、成人教育和其他教育服务领域。

（四）国际标准教育分类法的划分

为了收集、汇编和整理各种教育统计数据，UNESCO在20世纪70年代早期就设计一套既适用于成员国，又适用于UNESCO目的的国际教育分类法（The International Standard Classification of Education，ISCED）。1975年，《国际教育标准分类法》草案在国际教育大会上通过，后来历经多次的修改。1997年版的ISCED将教育划分为七级。零级为学前教育；一级为初等教育（或者是基础教育的第一阶段）；二级为初级中等教育（或者是基础教育的第二阶段）；三级为高级中等教育（在实行义务教育的国家，此级继义务教育之后）；四级为中等教育后非高等教育；五级为高等教育第一阶段（不以直接取得高级学术资格为目标）；六级为高等教育第二阶段（以获得高级学术资格为目标）。ISCED还对每一级的特点、标准及级与级之间的关系附有详细的说明。

ISCED是国际教育统计领域唯一具有世界意义的专门教育分类法，其制定的过程漫长而复杂，具有广泛的国际性。但也许是ISCED过于细致和复杂，因而没有被GATS所采用。然而在CPC对教育的分类中也存在许多概念模糊

---

① 陈至立：我国加入WTO对教育的影响及对策研究，载《中国教育报》，2002年1月9日第3版。

② 在遵从CPC分类的大前提下，有的成员还在承诺表中使用了私立教育和公立教育、义务教育和非义务教育、国际教育（international education）和国家教育（national education）等概念。

的地方，对教育服务进行承诺开放的成员对这些概念也有不同的理解。在各成员真正注意到教育服务重要意义的时候，对相关概念的统一理解是十分重要的，ISCED 给一些教育概念赋予的更加明确的内涵，也许会在教育服务概念统一的过程中扮演重要的角色。[①]

## 第二节　教育服务市场准入的含义与GATS的适用

### 一、市场准入的概念

对市场准入的确切含义，没有一个被广泛接受的通说。[②]《贸易政策术语词典》将“市场准入”解释为在国际贸易领域最重要的一个概念，它是指一货物或服务在另外一个市场中可能与当地产品相竞争的程度。“市场准入”一词来源于英文“Market Access”或“Market Entry”，那么英文的原义是什么呢？英文中该词的产生是在第二次世界大战后的关税与贸易谈判过程中，发达国家为了实现全球的贸易自由化、打破各国贸易壁垒，要求各国开放本国市场，从而进入一国而使用的一个词汇。

#### （一）市场准入的经济学概念

经济学中的市场准入主要是从政府规制经济学的角度研究，它是政府规制的核心内容。政府对各种微观经济主体进入某些部门或行业进行规制，一是旨在将微观经济主体纳入依法经营、接受政府监督的范围；二是控制进入某些行业，主要是自然垄断领域及存在明显信息不对称部门的企业数量。因此，有的学者认为市场准入制度是国家对市场主体资格审核和确认的法律制度，包括市场主体资格的实体条件和取得主体资格程序条件，其表现是国家通过立法，规定市场主体资格的条件及取得程序，并通过审批和登记程序执行。[③] 但是应注意的是，市场准入包括市场进入但不能简单地等同于市场进入。市场准入还包括与进入相关的各种制度。如市场开放度、进入市场的标准、市场的公平环境等。根据诺贝尔经济学奖获得者斯蒂格勒的政府规制理论，所谓市场准入包括四个方面。一是政府补贴要取消，二是减少行政许可，

---

① Steven Loomis，Jacob Rodriguez，“Developing into Similarity：Global Teacher Education in the Twenty – first Century” European Journal of Teacher Education，Vol. 31，No. 3，August 2008，p. 237.

② 余劲松：《中国涉外经济法律问题新探》，武汉：武汉大学出版社，1999 年版，第 15 页。

③ 赵庆庆：市场准入制度理论基础的新视角，http：//lunWen. kxzx. com. cn/thesis/html/2004 – 12/13057. htm. 2014 年 5 月 18 日访问。

三是配套条件要公平，四是价格，这四个方面都会影响市场准入。[①]

（二）市场准入的法律概念

虽然对市场准入的理解有不同的角度，但从法律的角度来理解市场准入，不外乎包括国内法和国际法两方面的内容。

1. 国内法上的概念

从字面理解，“市场准入”即是“准许进入市场”的意思，而国内法意义上的市场准入完全不同于国际法意义上的市场准入。国内法上主要体现在经济法的领域，市场准入是作为市场主体规制法律制度的一个部分。[②]。目前对这一概念的争议较大，并没有统一的说法。李昌麒主编的《经济法学》认为：市场准入制度是有关国家和政府准许公民和法人进入市场，从事商品生产经营活动的条件和程序规则的各种制度和规范的总称。市场准入制度体系包括一般市场准入制度、特殊市场准入制度、涉外市场准入制度。[③] 从该书内容规定来看，主要是指针对市场主体（包括国内、国外）进入市场的条件和程序规定，即主要是指工商登记和审批许可制度。中山大学的程信和也持类似观点，[④] 认为市场准入更多的体现为一种资格认定。有的学者对此持不同观点，认为企业设立登记不属于企业市场准入的范畴，企业市场准入的实质是国家对企业自由进入市场的限制。企业市场准入的形式和程序是特许或许可。[⑤] 有的认为“作为市场主体必须具备的基本条件和要求，有赖于民商事法律制度的确认，并不属于经济法的作用范围”。[⑥] 还有的学者认为，“市场准入制度是关于市场主体和交易对象进入市场的有关准则和法规，是政府对市场管理和经济发展的一种制度安排”，[⑦] 即认为市场准入不仅限于市场主体进

① 成思危：解析改善民企发展环境四大重点，http：//www. hzgcc. org/dynamic/classify. asp? page = 2} cate =48} id =901. 2014 年 5 月 20 日访问。

② 如李昌麒主编的《经济法学》（2002 年修订版）第二编“市场主体规制法律制度”的第八章即为“市场准入法律制度。北京：中国政法大学出版社，2002 年版，第 2 页。

③ 李昌麒：《经济法学》，北京：中国政法大学出版社，2002 年版，第 149 页。

④ 程信和认为：市场准入实际上就是资格认定，法律上称为民事权利能力和民事行为能力……资格认定的做法，第一步是市场活动主体本身应当具备必要的条件，第二步是经国家有关主管机关批准或者核准，发放相关许可证和营业执照。……关于程序，有的采取直接登记，有的采取先审批、后登记制。对外贸易中也碰到市场准入问题，许多商务谈判均要突破这一关。参见程信和：《经济法与政府经济管理》，广州：广东高等教育出版社，2000 年版，第 257 页。

⑤ 吴志攀：《经济法学家》，北京：北京大学出版社，2005 年版，第 571 页。

⑥ 赵万一：对经济法若干基本理论问题的重新思考，载《现代法学》，2002 年第 4 期，第 65 页。

⑦ 盛世豪：试论我国市场准入制度的现状与改革的取向，载《中共浙江省委党校学报》，2001 年第 3 期，第 18 页。

入市场，还包括交易对象进入市场。

2. 国际法上的概念

关于市场准入的概念，目前国际法也没有统一的概念和解释。在英文中，1970 年 11 月 30 日欧洲理事会（European Council）颁发的关于在欧共体内部煤炭产业中的批发贸易和雇佣问题的法律文件中曾提到“Market Access”，市场准入原则作为专门词汇来使用最早可见于 20 世纪 70 年代末所签订的多边和双边协议。如 1979 年的《国际橄榄油协议》和《澳大利亚—日本渔业协定》中就明确使用了“市场准入（原则）”（Market Access）一词。在美国国内的成文法中最早提到“Market Access”是在 1982 年的天然气法（Natural Gas Act），判例法最早提到是在 1984 年联邦国际贸易法庭对“澳大利亚肉类与牲畜公司诉布洛克案”（Australian Meat and Live - stock Corporation，ETAL.，V. Block AL.）的判决中。① 而美国的参议员 Dan Quayle 早在 1983 年的文章《透视美国 80 年代的国际竞争和贸易政策》（Perspective：United States International Competitiveness and Trade Polcies for the 1980s）中就使用了这一词语。

在 20 世纪 80 年代以前，尤其是在中国申请恢复关贸总协定之前，中国官方文件、理论学术界、汉语词汇中并没有市场准入这个词语。它是中国在申请恢复关税与贸易总协定谈判（GATT）过程中，理论和学术界介绍研究有关法律文件和他国的相关制度时逐渐翻译过来使用的。与中国有关的该词语，最早出现在正式的法律文件中是 1992 年的《中美市场准入谅解备忘录》，此后该词语被广泛运用于经济学界和法学界。

在 WTO 框架下，市场准入指在非歧视的前提下，一国政府针对一可能的外国产品或服务进入其市场时所施加条件的法律术语。② 在国际立法实践中，WTO 文件中的《农业协定》和《服务总协定》《实施卫生与植物卫生措施协定》直接使用了“市场准入”。WTO《农业协定》第三部分第 4 条标题即“市场准入”，还使用了“市场准入机会”的概念。市场准入的承诺体现在减让表中。《服务总协定》第三部分第 16 条标题即为市场准入。从规定的内容看，WTO 中的市场准入是指成员方在某些方面开放市场的承诺情况或不得维持或采取违背市场准入的措施。这些措施包括关税、数量、配额、垄断、专营服务、限制投资类型、投资方式等。即这些措施会影响市场准入或者说是构成了市场准入的壁垒。

---

① 见 70/523/EEC，official journal L 267，10/12/1970 P. 0018 - 0019.

② Walter Goode，Dictionary of Trade Policy Term（$2^{nd}$ed.），July 2003，p. 176.

加入 WTO 后，我国学者对市场准入的概念进行了阐释，主要是指市场的开放及自由的情况、WTO 有关市场准入的规定、一国市场准入的壁垒、国内外某个行业、产品、投资等对市场开放的情况等。如李金泽著的《跨国银行市场准入法律制度》① 一书即论述了跨国银行市场准入的监管问题，颇具代表性。车丕照先生认为：市场准入是指政府向外国商品（包括服务）和外国资本开放国内市场，以便利国际贸易和国际投资；是 GATT/WTO 所倡导的贸易与投资自由化的重要内容，世贸组织各成员通过各项协议和议定书的签署，已承担起市场准入的国际法义务。② 他认为一国政府之所以会在市场准入方面承担法律义务，是因为该政府通过条约的缔结而对他国政府作出了允诺。此外，还有国际投资的市场准入、服务的市场准入等文章和书籍不一而足。而在此，市场准入一般意义上是指一国允许外国货物、技术、服务和资本参与国内市场的范围和程度。它体现通过实施各种法律和规章制度对本国市场对外开放及其程度进行的宏观掌握和控制。

而国外学者的研究大多是立足于在某个具体的领域或条约而谈市场准入，如“服务市场准入”“农产品市场准入”“中美市场准入协议”“欧盟的市场准入”等。实践中，目前西方国家主要使用在国际贸易领域中。目前有一些比较有代表性的解释：如 Joel P. rachtman 教授认为市场准入是：①一国市场的自由度；②实质上是国民待遇表现出来的自由市场准入；③结果上是一国市场份额被瓜分的程度。③ 该观点有一定的代表性，欧洲及其他西方国家一些学者也持此观点。而日本学者石黑一宪指出，“市场准入”同当年的“非关税壁垒”一样，是一个非常巧妙的战略用语，“什么都成了非关税壁垒，因为没有概念的界定，以至出现概念范围无限扩大的现象”。④ 有的学者认为“市场准入”的概念极不明确，词义暧昧，以至国际上的许多通商问题专家都无法弄清其准确定义，这是有其险恶用心的，认为“市场准入”一词主要是为了配合美国的服务战略而出笼的。正因为如此，所以有的学者深刻地指出，市场准入这个词语创造者的战略意图是明确的，就是突破对方国民待遇原则的防线。即使一国实施了国民待遇，但只要外国的企业“在结果上”未能打入

① 李金洋：《跨国银行市场准入法律制度》，北京：法律出版社，2003 年版，第 89 页。

② 车丕照：“市场准入”、“市场准出”与贸易权利，载《清华大学学报》，2004 年第 4 期，第 89 页。

③ Joel P. rachtman，Trade in Financial Services under GATs，NAFTA and the EC：A Regulatory Jurisdiction Analysis，Columbia Journal of Transnational Law，Vol. 34，No. 2，April 1995，p. 199.

④ 石黑一宪：《乌拉圭回合后的问题》，社团法人日本调查研究所资料，1994 年。

该国市场，或业绩不理想，均能以“市场封闭”为由而逼迫该国实施歧视本国，优待外国的“内外倒歧视”。因为“市场准入”不那么咄咄逼人，使人感到似乎有一种“排除市场参与障碍，鼓励竞争”的语义。其实质就是为本国企业打入对方市场鸣锣开道。[①] 有的学者也将“Market Entry”（市场进入）与“Market Access”一样都翻译为“市场准入”。美国政府推行 Market Access Program（MAP），即“市场准入计划”，该计划曾被称为市场推进计划，隶属美国农业服务机构并使用商品信贷公司的基金。它帮助生产者、出口商、私人公司和其他为美国农业产品贸易组织进行融资推进的活动。因此，国际法意义上的市场准入是指一国允许外国货物、技术、服务和资本参与国内市场的范围和程度。它体现的是国家通过实施各种法律和规章制度对本国市场对外开放程度的一种宏观掌握和控制。市场准入原则目前在世贸组织体系内是以成员方已经认可的市场准入特许和承诺为基础，而尚未赋予成员方要求其他成员方扩大市场准入范围和程度的权利。

（三）本书的概念

综上可以看出，其实市场准入内容纷繁复杂，不同国家、不同学者从不同的角度均会有不同的理解，如何给市场准入一个明确的定义，需着重于研究者的研究范围和重点。[②] 笔者认为，市场准入制度作为一个新的课题，随着国际经济一体化的发展，其中必然存在有规可循的制度规则和体系。目前从理论和实践中的含义来看，它已不仅是早期的狭义上单纯的一个市场进入、一个企业的工商登记、一种标准，还涉及广义上的一国的开放程度及测量、市场壁垒的设置、投资环境的改善、市场的监管、国家的微观管理与宏观调控等相互关联、内在有机联系的一个独立的制度。

## 二、教育服务市场准入的含义

与 GATT 所不同的是，GATS 中的市场准入不是普遍的原则义务，而是一种特定或专门的义务，只有一成员在其 GATS 承诺表中明确列出，该成员才对这一部门或分部门的市场准入承担相应的开放义务，否则就不承担任何的市

---

① 郑海东：市场准入下国民待遇原则的理解和应用，载《财经研究》，2001 年第 3 期，第 54 页。

② 一些学者提出严格市场准入，另外一些学者提出放宽市场准入，其实严格准入与放宽准入两者并不矛盾，主要是宽和严的对象不同。前一种表达可以是针对社会性规制而言的，比如，严格按环境标准实行准入制度，严格食品市场进入市场；后一种表达则是指针对市场竞争结构而言的经济性规制。如放宽外资企业的市场准入，放宽非公有经济的市场准入。

场准入义务，这类似于货物贸易的关税减让制度。[①] 但是，货物贸易的关税减让表一般可以涵盖所有产品，并不专门列明市场准入限制，而服务承诺表只列出成员愿意开放的服务部门或分部门。GATS 中的市场准入与 GATT 中的一般取消数量限制义务的区别更明显。在货物贸易中，取消数量限制原则是一条普遍适用的基本原则，无须具体谈判即可统一适用于 WTO 所有成员。除了通过援用“豁免”（waive）条款或相关例外条款外，[②] 成员不能通过列举方式来继续保留对某一产品的数量限制措施。

从贸易自由化角度而言，GATS 谈判结果是否成功在很大程度上取决于服务市场的开放以及对服务提供者施加尽可能少的限制，对市场准入“点菜式”的自主承诺方式并不利于达到这一目的。但与国民待遇的情况一样，这反映了 GATS 服务业谈判的现实考虑和各国的利益协调，是发达国家和发展中国家服务业发展水平的巨大差距在 GATS 中的客观反映。[③] 即使服务业非常发达的美国，也是一面主张贸易自由化，另一面对其服务市场准入设置障碍，尤其是在运输、广播、金融及专业服务等方面；[④] 而日本法律也有类似规定，对港口装卸货物的相关商业性服务都进行了严格的禁止，[⑤] 还有不少国家对服务业务的进入也都存在种种限制。[⑥] 虽然服务市场准入的目标是世界市场的日趋融合和公平竞争，但鉴于目前各成员参差不齐的服务业发展水平，期望市场准入的步调一致是不现实的，尤其是某些特定行业的准入限制在短期内更难消除。因此，只能采取一种渐进的态度，由各成员根据本国国情确定服务市场

---

① 货物贸易的关税减让制度是各成员通过谈判达成相关产品的关税税率并写入该成员的关税减让表，成员按照关税减让表的税率来对其他成员的进口产品承担义务。但 GATS 成员修改和撤销承诺的义务比较严格。根据 GATS 第 21 条，成员一旦作出了承诺便很难修改或撤销，但提高贸易自由化水平的措施除外。有学者将承诺比喻为鱼钩，任何成员只要上了鱼钩便很难全身而退。参见王贵国：“从服务贸易总协定看经济一体化的法律渗透”，载陈安主编：《国际经济法论丛》（第 1 卷），北京：法律出版社，1998 年版，第 110 – 115 页。

② 豁免程序包括 GATT 第 25 条第 5 款和《建立 WTO 的协定》第 9 条第 3 款、第 4 款和第 5 款等；例外条款包括 GATT 第 12 条和第 18 条（B）项国际收支平衡例外、第 20 条一般例外、第 21 条安全例外以及第 11 条第 2 款数量限制例外等。

③ 石静霞：《WTO 服务贸易法专论》，北京：法律出版社，2005 年版，第 150 页。

④ 如在航空运输领域，美国在要求他国开放市场的同时，对外国航空服务进入美国设置了一些严格限制，如规定外国航空公司需要符合安全和维修保养标准，外资对美国航空公司的参股权不得超过 25% 等。参见汪尧田、周汉民主编：《世界贸易组织论》，上海：上海远东出版社，1995 年版，第 83 – 86 页。

⑤ 陈已昕：《国际服务贸易法》，上海：复旦大学出版社，1997 年版，第 150 页。

⑥ 例如韩国对专业服务市场的严格限制，新加坡对外国保险公司在本国保险服务市场的详细规定，巴西对服务业实行的差异化限制措施。参见陈已昕编著：《国际服务贸易法》，上海：复旦大学出版社，1997 年版，第 155 页。

准入的规模、程度和时间。各国的具体承诺表正反映了服务自由化不能一蹴而就的现实状况。①

从前述可以看出，GATS 中的市场准入是作为各成员的具体承诺义务而不是普遍的一般义务。同理，教育服务的市场准入也是成员的一种具体承诺义务，是各成员依据自己的教育服务发展水平、国家利益的考量、民族传统文化和自身教育体系的发展规划等因素而进行的选择性承诺。只有当成员在 GATS 中对具体的教育服务分部门和对不同的教育服务提供方式进行市场准入承诺时，才对该成员具有约束力。而成员对教育服务市场准入承诺的选择，首先是对五个教育服务分部门进行选择，然后是在每个教育服务分部门中，对跨境提供、跨境消费、商业存在、自然人存在四种提供方式的具体市场准入限制。总之，教育服务市场准入是指一成员允许其他成员的教育服务提供者、资本等进入和参与本国教育服务市场的范围和程度，它体现的是国家通过实施各种法律和规章制度对本国教育服务市场对外开放程度的一种宏观把握和监管。作为 GATS 成员具体承诺的义务，教育服务市场准入一般是对等互惠的，在某种程度上相当于一把“双刃剑”，换取进入外国市场的同时须开放本国市场，以此促进各成员权利义务的总体平衡。但因发达国家和发展中国家服务业之间存在的巨大差异，GATS 第 4 条的宗旨，要求发达国家采取一些措施，以增强发展中国家国内服务部门的实力和竞争力。因此，对发展中国家的教育服务出口提供有效市场准入，在对发展中国家有切身利益的教育服务出口部门和教育服务提供方式中，放宽市场准入条件。

### 三、GATS 市场准入的适用

前面已经对服务贸易领域中的市场准入和教育领域的市场准入进行了具体的阐释，作为具体承诺义务的市场准入，在 GATS 谈判中，服务贸易的相关规则也必须在针对服务业特点的同时，借鉴和参照已存在多年的、比较完备的货物贸易多边协定，制定适合服务贸易的规则。② 因此，教育服务市场准入也是一个逐步开放的过程，不同教育服务发展水平的成员应该体现一种差别待遇的原则。GATS 第 16 条对服务贸易中的市场准入问题进行了专门的规定，该条款规定了一成员在国际服务贸易中对自己在具体承诺表中所作出具体承

① GATS 明确承认服务业的市场准入是一种目标。第 19 条第 1 款规定，希望通过继续谈判，减少或取消各种措施对服务的不利影响，并因此作为提高有效市场准入的手段。

② 王贵国：《世界贸易组织法》，北京：法律出版社，2003 年版，第 158 页。

诺的履行和适用要求①；也规定和罗列了前言和六项原则上禁止成员采取的市场准入限制措施，并对适用这些限制措施的例外情形进行了说明②。以下结合教育服务的具体情况分述之：

第一，数量限制措施。服务的独特性决定了在国际服务贸易的市场准入几乎不存在关税壁垒，从而使得数量限制成为阻碍市场准入的主要措施。③ 对此，GATS 第 16 条第 2 款规定专门罗列出了禁止成员采取的四种数量限制措施；这四种列明的限制主要体现在以数量配额或经济需求测试要求的形式，对服务交易或资产价值、服务活动和服务产出以及对服务提供者人数的限制。GATS 是第一个承认非歧视性的监管体制可能限制市场准入的多边贸易协定。④ 但值得注意的是，市场准入和非歧视原则不同，当在某一行业采取发放许可证的准入方式时，只要外国提供者被给予同等条件来竞争许可证的发放，则这种限制并非歧视性的。从 GATS 第 16 条的规定来看，服务领域的数量限制明显是 GATS 规制的重点。实际上，在服务的多边纪律初创时期，如果不从数量限制入手，相关纪律可能会缺乏确定性，从而损害有效的市场准入对贸易自由化可能带来的利益。⑤

在 GATS 中，很多成员特别是发达成员在作出教育服务市场准入承诺时，往往要对数量限制条款进行专门的说明和限制。其主要关注的焦点是外国教育服务提供者被允许进入本国教育服务市场后对本国的教育服务市场的影响，为避免这种冲击和影响，一成员国政府一般要进行教育服务市场竞争的测试和本国教职人员的就业测试，也会从宏观上考虑本国教育服务产业的发展等因素。而这些相关的限制除了在 GATS 的承诺中进行规定，同时也会体现在成员的国内法律法规或行政措施当中。

第二，对提供服务的企业实体形式限制。GATS 第 16 条第 2 款（e）项规定，此种情形下服务贸易市场准入的限制措施主要体现在以下几个方面：一是对外国服务提供者必须通过规定的企业实体形式提供服务；二是专门对某些形式的机构进行专门的限制或禁止性的规定，如对分支机构或办事处的限制性规定。这样，也会在具体的实践操作中给予本国该行业领域的服务提供

---

① 该条款在结构和部分措辞上类似于 GATT 第 2 条（减让表）第 1 款（a）项的规定，即“每一成员对其他成员的贸易所给予的待遇不得低于本协议所附有关关税减让表所规定的待遇”。

② 石静霞：《WTO 服务贸易法专论》，北京：法律出版社，2005 年版，第 147 页。

③ 同上。

④ R. Grondine, “Foreign Law Firms in Japan Thwarted”, International Law Review, Vol. 7, No. 2, April 1994, p. 451.

⑤ 石静霞：《WTO 服务贸易法专论》，北京：法律出版社，2005 年版，第 148 页。

者以更多的机会，形成事实上的歧视和限制措施。

教育服务市场准入有关企业实体问题的限制性规定是很多的，主要是一个成员通过在GATS中对商业存在提供方式的具体限制承诺来体现的。主要涉及外资参与本国教育服务可以设立企业或机构的形式，很多成员都对关于法人以及具体法人形式、分支机构、办事处等进行了明确的限定。而有的成员也将承诺的表述结合到了本国的国内法规定，即设立教育服务机构的形式与国内法规定相符合。

第三，对外资提供特定服务参与程度的限制。按照GATS第16条第2款（f）项规定的理解，此种限制措施主要表现为对外资参与某一特定行业领域的资本数额规定，限制的方式主要有两种：一是对外资最高比例的限制；二是对单个外资或总体外资额度的限制。这种对外资股权的限制与对企业法律实体的限制往往结合在一起，尤其对一些敏感的服务部门或幼稚产业而言，这样的限制是非常普遍的。保留本国企业在这类公司中的最低股份，一方面是出于经济安全、保护幼稚产业的考虑；另一方面也可以对当地企业提供一定机会从而支持其发展。但对于那些通过直接投资在东道国设立商业存在，并期望扩大其服务提供市场的外国提供者而言，这种限制的不利影响比较明显。

在GATS中，各成员在教育服务承诺中对有关的教育服务外资准入进行了限制性承诺，而对外资准入的比例问题进行了具体的限制，从承诺的情况来看，主要分为三种类型，第一种情况是外资只可占少数比例，即不超过教育机构或企业份额的50%。第二种情况是虽然也规定了外资的具体比例，但随着时间的推移，可以将外资的比例提高，是一种渐进式的外资准入方式。第三种情况是仅仅进行了概括式的多数比例规定，既没有规定详细的比例数字，也没有渐进式的比例调整，而是一个笼统的多数比例承诺。此外，各成员在自教育服务的外资准入方面，还对外资准入的审批程序、准入的履行要求、准入的形式等方面做出了具体的规定。关于本问题的详细研究，本书将在第四章专门阐释。

## 第三节　教育服务市场准入的法律价值

鉴于市场准入问题对一国经济主权和服务业保护的重要作用，不论是在GATS的谈判磋商中，还是在各成员对服务行业市场准入的承诺中，其争论的激烈程度和开放态度的谨慎都显露无遗。特别是教育服务本身的特殊性质，

它不仅仅关系到一国对本国教育服务业的保护程度，更关系到本国教育主权的维护和传统文化价值的传承问题。因此，教育服务成为GATS谈判中争执最为激烈、矛盾最为尖锐的领域之一。但GATS最终能够达成，众多成员能够在教育服务市场准入作出一定的承诺，本身也体现了各成员的相互妥协与合作的态度。[①]

## 一、经济主权安全

主权的概念是法国学者博丹（Jean Bodin）首先提出的，经过不同时期诸多法学家的丰富与完善，已成为国家对外关系中的基本概念。经济主权原则是国家主权在经济领域的体现，是当代国际经济法的一项基本原则。[②] 第二次世界大战以后，联合国大会通过了系列决议，促使国家经济主权原则能够最终得以确立，尽管这些决议没有强制性的约束力，[③] 但对经济主权在国际社会的形成和确立起到很大的推动作用，并使经济主权成为习惯国际法规则。目前学界对国家经济主权的概念界定众说纷纭，[④] 但一般而言，经济主权是主权国家行使独立自主权利的一种重要体现，包括对内和对外两个方面：[⑤] 其一，从对外经济主权方面来看，依据国际公法的一般原理来看，一主权国家与其他国家签订双多边条约、协议，或者加入一些国际组织，成为其成员，这都是行使国家主权的最明显表现方式。因此，各主权国家在进行多边贸易谈判、加入WTO或签署相关协议，正是实现其经济主权的表现。依据GATS的规则，成员可以根据自身发展情况，逐步扩大市场准入范围及附加条件方面获得适当灵活性。因此，各成员依据自己的教育政策和发展目标来自由决定在GATS中教育服务市场准入承诺水平，也可以在教育服务市场准入中进行必要的限制和保留，尤其是教育服务水平和经济发展水平不高的成员，这些都是为了维护自身教育服务行业经济安全的重要表现。其二，从对内经济主权方面来看，各成员国家可以依据自身的经济发展需要，独立自主地制定国内和涉外方面的经济政策及经济立法。因此，在教育服务的国内法规和相关制度的制定方面，各成员可以就自己的承诺情况和本国的发展需要来对本国的教

---

① 王贵国：从服务总协定看经济一体化的法律渗透，载《国际经济法论丛》（第1卷），陈安主编，北京：法律出版社，1998年版，第91页。

② 曾华群：《国际经济法导论》，北京：法律出版社，1997年版，第162页。

③ 陈安：《国际经济法》，北京：北京大学出版社，2004年版，第65页。

④ 徐泉：《国家经济主权论》，北京：人民出版社，2006年版，第10页。

⑤ Peter Van den Bossche. “The Law and Policy of the World Trade Organization: Text, Cases and materials”, Cambridge University Press, 2005, p. 94.

育服务市场准入进行国内立法，也可以采取一些鼓励或限制的措施，保证本国教育服务行业的经济安全。

WTO 的成立，使全球贸易的自由化趋势不断加强，GATS 的出现要求服务行业逐步实现贸易自由化的目的。而教育服务与其他很多服务部门相比，具有更大的特殊性。教育服务部门更多会涉及一成员的经济主权、国家安全、意识形态和文化传统等，对各成员都具有重要战略意义。[①] 因此，各成员在教育服务的承诺开放中都保持十分谨慎的态度，包括发达成员。因此，许多成员都通过教育服务的市场准入承诺限制来保证本国教育服务行业的安全，在各个层面都对教育服务行业进行准入限制，实现自己的经济主权安全的目的。

## 二、教育主权安全

在主权理论中，国家主权是上位概念，教育主权则是国家主权的下位概念，教育主权的取得与实现必须以国家主权为前提。[②] 应当说无论是发达国家，还是发展中国家，都非常重视教育主权的维护。但不同发展水平的国家还是有所差异，如欧美等西方国家也非常重视将教育服务与国家安全、国家利益相联系，但因其在教育服务和整体经济发展所带来的优势地位，这些国家会更多从文化、经济的输出角度来关注教育服务，而不会太多考虑到本国教育主权如何维护的问题。[③] 因此，有学者就认为教育主权是发展中国家的一个专属概念。[④] 当然，此话虽有绝对之嫌，但却客观地道出了发展中国家在维护教育主权安全方面所面临的挑战。

目前，学界虽然基本同意教育主权是国家主权的下位概念，但关于教育主权的内涵，尚无统一的看法。有学者认为，教育主权仅指教育的立法、行政、司法权。[⑤] 也有学者认为，教育主权是一主权国家独立处理国内和国际教育事务的权利，细分为教育的立法权、投资权、学校审批权及教育监察权。[⑥]

---

① Michal R. Czinkota, "Academic Freedom for all in Higher Education: The role of the General Agreement on Trade in Services", Journaal of World Business, Vol. 41, No. 2, April 2006, p. 160.

② 茹宗志：论全球化趋势下中国教育主权思想的发展与创新，载《高教探索》，2005 年第 4 期，第 29 页。

③ 郑晓明：发展中国家的主权安全：现实挑战与对策思考，载《国际关系学院学报》，2005 年第 3 期，第 25 页。

④ 冯国平：《跨国教育的国际比较研究》，上海：上海人民出版社，2010 年版，第 218 页。

⑤ 徐广宇：试论 WTO 背景下的国家教育主权问题，载《教育研究》，2002 年第 8 期，第 21 页。

⑥ 汪国培：全球化进程中对高等教育主权的重新审视，载《扬州大学学报》，2006 年第 12 期，第 11 页。

还有学者从教育主权的核心与外围的关系来阐述，认为教育主权的核心层面是不可让渡或不可改变的，包括立法和司法权等；而在外围层面一些权利是可以让渡或改变的，包括信息、投资和产权等权利。① 总之，教育主权是包括了主权国家在管理教育事务时享有的对内和对外的所有权力，具有最高性、固有性和排他性的特征。

但随着经济全球化的不断发展，教育服务也面临全球性流动的问题，各成员之间的教育服务流动更加频繁，各种意识形态和文化价值观念也互相碰撞。② 各成员在 GATS 中对教育服务市场的开放承诺，必将进一步加快全球教育服务市场的开放。各成员之间可以进一步加强教育资源的相互整合和利用，促进本国教育服务质量的发展，同时可以促进本国教育体制的改革。但国外教育服务机构带来先进教育服务资源的同时，也会对本国教育主权带来一定程度的冲击。从已有的发展经验来看，发展中成员存在过度依赖发达成员教育资金、先进设备、先进技术的问题，这种依赖可能会使这些成员失去教育服务发展的主动权。再有，一些成员在开放教育服务市场的过程中，对教育服务发达成员的教育体系、教学方法、教育思想的生搬硬套，不加区分的加以利用，也会对本国教育行业的健康发展产生不良影响。还有，各成员相互开放教育服务市场，因各自教育服务水平的不平衡，容易造成资金、人才、传统思想文化的流失，也极易危及教育主权，对维护教育主权带来不利。

鉴于开放本国教育服务市场可能对本国教育主权带来的影响和冲击，各主权国家在开放本国教育服务市场时，基本都设置了相应的限制措施，并通过立法或行政措施的方式来捍卫本国的教育主权，以抵消外国教育服务进入本国教育服务市场时所造成的冲击，防止对本国国家利益、教育主权安全造成损害。而教育服务市场准入法律制度成为维护教育主权安全的重要一环。首先，各成员在 GATS 的承诺中普遍都设置了教育服务市场准入限制，特别是在商业存在方式中，对教育服务的外资准入形式、资格、比例、履行要求等方面都进行了限制性承诺。其次，各成员也在国内教育服务市场准入的相关法律、法规和基本政策的制定方面，展示出对教育主权安全的维护。再次，依据教育行政权，各成员对教育服务的具体管理、监督，包括对设置教育服务机构的审批许可、对教育服务质量的督导和检查、对教育服务从业人员的资格认证和基本教育事务的决策等方面。最后，教育服务市场准入法律制度

① 梁家顺：国家主权与教育主权，载《学术问题研究》，2008 年第 1 期，第 39 页。

② 王建香：开放教育市场与维护教育主权，载《河北师范大学学报》(教育科学版)，2002 年第 6 期，第 5 页。

对教育发展权的维护产生重要作用①，因此，各国对教育服务的投资范围、收益、责任等具有不同的规定，对本国教育服务的输出和输入都有相应的立法和规范。

## 三、文化安全

文化是一个民族的灵魂，而文化主权将对一个国家、一个民族的凝聚力产生重要影响，独立的文化主权也将使一个国家更加强大并带来强烈的认同感。② 文化安全主要是指一主权国家的主流文化价值体系不受到本国内部或外部文化的渗透、破坏或颠覆。③ 当一个国家的民族传统文化的传承、价值观受到扭曲、意识形态受到影响，这种影响将会冲击到国家文化安全，甚至危及整个国家安全。当前，经济全球化促使教育与文化全球化的趋势不断加强，而教育服务与文化的传播又十分的紧密，特别是教育服务贸易大国在输出教育服务的同时，也在输出自己的文化习惯、价值观和意识形态。

教育是一个国家传承民族文化、价值观和意识形态最主要、最有效的途径和方式，文化既可以约束社会公民，也可以影响法律和法规的制定，还可以影响社会市场，使法律和法规难以实行，至少在某种程度上能产生作用。④ 在教育服务贸易中，保证文化安全的关键是如何处理不同文化之间的关系。在教育服务贸易的过程中，不同文化的交流和碰撞，将会使处于非主流的文化受到极大的冲击和动摇，因此，各国在开放教育服务市场的过程中，都会寻求对自己文化的保护，确保自己的文化安全。与此同时，教育服务市场的国际化也会破坏文化的多样性，会在努力寻求经济一体化的过程中逐渐失去本民族的习惯、本土特色。⑤ 教育服务应当承担起主权国家文化或亚文化的传承任务，而关于文化多样性和文化安全的话题也在世界各国之间展开讨论。全球化的批评者认为，教育服务市场的全球化将会破坏文化的多样性，各国

---

① 张卫国：跨国高等教育背景下教育主权新论，载《国家教育行政学院学报》，2011 年第 3 期，第 15 页。

② 逯维娜：全球化、文化全球化与文化主权，载《理论导刊》，2002 年第 3 期，第 48 页。

③ 殷小平：高等教育国际交流中的教育主权与文化安全，载《现代大学教育》，2005 年第 6 期，第 3 页。

④ Barblan A.，"The International Provision of Higher Education：Do Universities Need GATS?" Higher Education Management and Policy，Vol. 14，No. 3，June 2002，p. 82.

⑤ Barblan A.，"The International Provision of Higher Education：Do Universities Need GATS?" Higher Education Management and Policy，Vol. 14，No. 3，June 2002，p. 77.

应寻求文化保护。[①]

当然，在全球化的今天，各国之间的文化交流和教育服务市场的开放是客观存在的，无论是经济还是文化，任何国家都不可能完全和外部世界相隔绝。尽管教育服务市场的开放会对某些国家的传统文化造成巨大冲击，威胁到国家的文化安全，但各国在GATS中的教育服务市场准入限制性承诺的选择和国内法律、法规和相关制度的设立，都会对本国的国家安全起到保护作用。因此，目前在GATS中对教育服务市场准入作出承诺的国家，也是在开放本国的教育服务市场和保护本国的文化安全之间进行了平衡的选择。[②] 例如，在教育服务市场准入承诺中，因基础教育或义务教育阶段对本国公民的意识形态、价值观和文化传承的重要作用，很多成员在该领域的市场准入承诺中都进行了严格的限制。而有的成员也在GATS的具体市场准入承诺中具体阐释了文化保护的目的。如俄罗斯在商业存在方式的市场准入中就明确，只允许俄罗斯联邦的法人企业参与设立教育服务机构，而且是非商业性的投资。因为这样的授权可能会关系到俄罗斯文化遗产和文化财产的传承，也关系到俄罗斯的国家文化安全。[③] 体现了俄罗斯在教育服务市场准入中对本国文化和精神财产的保护意识。

## 本章小结

教育服务的提法和论述越来越多，目前没有统一定义，从教育学、经济学的角度进行阐释的学者较多，其基本认定教育服务具有商品属性，兼有公共属性、私人属性和准公共属性。而目前的各国立法对教育服务没有直接的采用和定义，更多是对教育服务提供方式进行法律、规则和行业规范的制定与阐释。在国际法中，最主要的是GATS对教育服务进行了较为详细的规定，但对其也没有直接的定义，而是从教育服务分部门和四种提供方式的角度来阐释和理解教育服务。

规制教育服务的法律规范主要有国际法、国内法和行业规范几个方面，体现出多元和复杂的特征；而从教育服务主体、客体和路径的角度来看，规

---

① Scott Hemphill, “The Law, Culture, and Economics of Fashion”, Stanford Law Review., Vol. 61, No. 1, March 2009, p. 132.

② Werner Zdouc, “WTO Dispute Settlement Practice Relating to the GATS”, Journal of International Economic Law, Vol. 3, No. 2, February 2009, p. 305.

③ RUSSIAN FEDERATION Schedule of Specific Commitments, GATS/SC/149, 5 November 2012, p. 35.

制教育服务主体的法律具有多样性的特征，规制教育服务客体的法律具有特殊性的特征，规制教育服务提供路径的法律具有多元化的特征。

从不同的角度和标准，可以对教育服务的种类进行不同划分。以是否涉外为标准，可以划分为国内教育服务和国际教育服务；以 GATS 的提供方式为标准，可以分为四种教育服务提供方式；以 GATS 中分部门为标准，可以分为五个教育服务分部门；而按其他国际组织的标准，也有不同的划分。

市场准入的概念也可以从经济学、国内法和国际法等角度来进行阐释，而 GATS 中市场准入与 GATT 中的市场准入原则有很大的区别，其“菜单式”的义务承担方式也会应用于教育服务的市场准入承诺。教育服务市场准入所体现的更多是国家通过制定和实施各种法律和规章制度在本国教育服务市场外开放过程中的一种宏观掌握和控制。此外，教育具有区别于其他服务领域的特殊性，教育服务既具有可交易性的经济功能，又在维护国家主权、保护民族文化和历史传统方面具有重要作用。因此，教育服务市场准入制度在维护教育服务进口国的国家经济主权安全、教育主权安全、文化安全等方面具有重要的法律价值。

# 第三章　GATS 下教育服务市场准入的承诺水平

GATS 的出现使国际服务贸易领域的自由化进程有了更加明晰的法律框架，但服务贸易的减让程度不像货物贸易那样量化和具体，可以更直观的看出各国的减让程度，而作为服务贸易领域中更加敏感和复杂的教育服务部门就更是如此。当前对教育服务的研究主要采取的是定性的评估方法，其中有的研究还存在很多基本的错误，如教育服务成员的具体承诺情况分析。有鉴于此，本章先从基本法理入手，对教育服务市场准入承诺表①进行解读和分析，再运用一定的计量方法，对当前各成员的教育服务市场准入承诺表进行不同角度、不同类别的分析，力图比较清晰地了解目前各成员在多边贸易体制下的教育服务市场准入承诺水平，并对我国在 GATS 中的教育服务市场准入承诺进行解析。

## 第一节　GATS 中教育服务市场准入承诺表的解读

### 一、GATS 中教育服务市场准入的列表方式

根据 GATS 第 20 条，每一成员应在承诺表中列明它承担的市场准入义务。对于作出此类承诺的部门，承诺表应列明市场准入的条款、限制和条件。与国民待遇一样，GATS 市场准入列表采取的也是一种混合方式。一方面，成员在其承诺表中列明开放的服务部门及分部门，这是“肯定清单”（positive list）的方式，凡是成员没有在其具体承诺表中列明某个服务部门，该成员就不会对该服务部门承担市场准入的开放义务。很明显，这种方法能够使成员进行广泛的部门保留。同时，这种列表方法提供了一定的灵活性，从而缓解

① 在 GATS 中，本来没有“教育服务市场准入承诺表”这一名称，但为了表述的方便，本书就将各成员对教育服务具体承诺表中所涉及的市场准入称为“教育服务市场准入承诺表”，其所涉及的内容就是各成员对教育服务部门中“市场准入”一栏的具体承诺与限制。

了有“要么列举，要么失去”（list it or lose it）要求所带来的市场开放压力。[①]另一方面，成员也可以在自己承诺开放的服务部门中进行一些限制和保留，如果没有列出任何的限制条件，那么该成员就不得对自己承诺开放的服务部门采取贸易限制，这就是“否定清单”（negative list）的方式。[②] 对这两种清单方式，也有人称为“自下而上”（bottom - up）和“自上而下”（top - down）的方式。[③]

可见，就教育服务市场准入义务的承担方式而言，GATS兼采了“肯定清单”和“否定清单”方式，但以前者为主。而对两种清单方式，长期以来，众多学者对此展开了激烈的争论。

其一，赞成“肯定清单”方式的学者认为：各成员在作出服务部门的市场准入时，可以充分体现独立自主的原则，选择开放什么样的服务部门是依据本国的服务发展水平作出的客观选择，而不是外在压力产生的结果。[④] 此外，正面列出各成员的承诺能够使他们承担的条约义务处于较为确定的状态，这将有利于GATS在具体实践中能够得到更好的执行。[⑤]

其二，反对“肯定清单”方式的学者认为，成员可以在未作出市场准入承诺的服务部门任意的保留既有的或采用新的限制措施、歧视性措施，从而导致成员会采取较高的市场准入限制，不利于服务的自由化。此外，“肯定清单”方式被发达国家所利用，把发展中国家很有优势的服务部门划在了清单之外，而且会使成员在谈判具体服务部门时耗费大量时间和精力，讨价还价的结果会延缓整个服务谈判的进程。[⑥]

也有学者对这种争论不以为然，认为两种清单方式的真实区别就是成员对市场准入或国民待遇限制列出的精确度的问题。所以争论此问题没有任何

---

① Christopher Arup, The New World Trade Organization Agreements - Globalizing Law Through Services and Intellectual Property, Cambridge University Press, 2000, p. 106.

② Geza Feketekuty, Assessing and Improving the Architecture of GATS, in Pierre Sauve and Robert M. Stern ed. , GATS 2000: New Directions in Services Trade Liberalization, Brooking Institution Press, 2000, p. 98.

③ Scott Sinclair and Jim Grieshaber - Otto, “Facing the Facts: Aguide to the GATS Debate”, Canadian Centre for Policy Alternatives, Vol. 23, No. 4, November 2002, p. 12.

④ 徐崇利：经济全球化与国际经济条约谈判方式的创新，载《比较法研究》，2001年第3期，第70页。

⑤ 王贵国：从服务贸易总协定看经济一体化的法律渗透，载陈安主编：《国际经济法论丛》第1卷，北京：法律出版社，1998年版，第96页。

⑥ 武成贤：GATS对承诺方式的选择及其分析，载《国际经贸探索》，2001年第4期，第15页。

实际意义，应将关注的焦点放到如何提高市场准入或国民待遇限制的精确性上来。[①]

在GATS谈判中，成员的态度也存在较大分歧。多数发达成员主张用“否定清单”方式进行市场准入承诺，即只将本国不愿意作出市场准入承诺的服务部门或分部门列表，并承诺在一定时期内逐渐减少列表的服务部门或分部门数量。这意味着如果成员没有将某服务部门列入清单，则须承担市场准入义务。这种列表方式对发展中成员不利，尤其是让发展中成员确定是否将尚未建立起来的服务部门列表十分困难，而且也不公平。[②] 发展中成员提出“肯定清单”方式，即只将同意承担市场准入义务的服务部门或分部门列表，并根据国内服务业发展水平逐步增加到列表的服务部门或分部门。但“肯定清单”方式不可避免地造成按部门“选择认购式”的义务承诺，可能会导致保守主义或对等主义倾向。而且，发展中成员提出的“肯定清单”方式在某种程度上被发达成员不当利用，因其打着“对等”的旗号，在开放本国市场方面作了很多保留，无视发展中成员具有比较优势的服务部门或提供方式，而只承诺那些发展中成员目前技术和资金能力上尚无竞争力的服务部门，使得发展中成员从贸易自由化中获益甚少。[③] 由此可见，两种承诺列表方式均存在弊端。如何寻求能够符合贸易自由化的同时又能适当平衡发达成员和发展中成员利益的更合适方式，仍是GATS未来面临的任务之一。

虽然多数学者从不同的角度来阐述自己的观点，WTO各成员在协商谈判时也持有不同的态度和立场，但从服务贸易自由化的角度来看，特别是考虑到教育服务的特殊性，各成员在进行教育服务市场准入承诺的时候，“肯定清单”的方式还是很好的体现了“因人而异”“参差不齐”的现实情况，将市场准入设定为特定义务正是逐步自由化的体现。许多发展中成员由于教育服务总体水平偏低，如果将市场准入设为普遍义务的话，发展中成员国内的教育

① Geza Feketekuty, Assessing and Improving the Architecture of GATS, in Pierre Sauve and Robert M. Stern ed., GATS 2000: New Directions in Services Trade Liberalization, Brooking Institution Press, 2000, pp. 98 –99.

② 这方面尤其突出的一个问题是，随着电子商务的迅速发展，基于联合国核心产品分类体系的GATS服务分类越来越不能适应实际的需要。这些新出现的服务部门或分部门因归类不明，可能在很大程度上影响到成员的市场准入承诺，甚至可能与GATS基本原则之间产生矛盾。See William J. Drake and Kalypso Nicolaidis: “Global Electronic Commerce and GATS: The Millennium Round and Beyond”, in GATS 2000: New Directions in Services Trade Liberalization, Pierre Sauve and Robert M. Stern (ed.), Brookings Institution Press, 2000, pp. 399 –402.

③ 刘笋：对GATS主要缺陷的评析，载《法学评论》，2001年第1期，第80页。

服务提供者要与外国教育服务提供者在同一条件和水平上进行竞争，其对国内教育产业的发展是十分不利的，其对发展中成员产生的影响将是不可估量的。①

## 二、GATS 中教育服务市场准入承诺表的解读

根据各项具体承诺的适用范围，可以将其分为两类：一是适用于承诺表所列的所有服务部门或分部门的“水平承诺”（Horizontal Commitments）；二是适用于所列的具体服务部门或分部门的“具体承诺”(Specific Commitments)。GATS 成员所列举的所有现存的市场准入限制属于“静止性的承诺”(stand - still commitment)，或称为“维持现状的承诺”。② 如果一个服务部门或分部门没有在该列表中列举，则表明成员并未承担相应的市场开放义务。对于列入承诺表的服务部门，成员通过区分四种服务提供方式进行承诺，并根据 GATS 第三部分关于市场准入、国民待遇及额外承诺的纪律具体列明相关限制措施。

如表 3 - 1 所示，GATS 服务承诺表分为四栏。第一栏标明了服务部门或分部门（并伴有该部门的 CPC 代码）。第二栏列出了对该部门或分部门的市场准入限制，这些措施多属于 GATS 第 16 条所列举的六种限制类型。这里用 1 ~4 的数字来分别代表四种服务提供方式。第三栏以同样方式列明根据 GATS 第 17 条国民待遇对该部门或分部门施加的限制。最后一栏用来列明基于 GATS 第 18 条的额外承诺。

**表 3 - 1　　A 成员的具体承诺**

| 部门或分部门 | 市场准入限制 | 国民待遇限制 | 额外承诺 |
| --- | --- | --- | --- |
| 一、水平承诺 | | | |
| 包括在该列表中的所有行业 | （1）没有限制<br>（2）不受约束 | 外国人获得土地需要授权 | |

① 从乌拉圭回合谈判的历程来看，采用“肯定清单”方式也是发展中成员首先提出来的。1990 年 2 月，巴西、智利、哥伦比亚、古巴、墨西哥等十一国提出了“拉美十一国提案”；1990 年 5 月，中国、印度、喀麦隆、肯尼亚等七国向联合国提交了“服务贸易多边框架原则和规则”提案。这两提案都共同提出服务贸易的市场准入应寻求逐步自由化的过程，必须是各成员自愿达成的承诺结果，而不是 GATS 中的普遍义务。而按美国最初的设想，市场准入和国民待遇都是成员的普遍义务。See John Croome: “Reshaping the World Trading System: A History of the Uruguay Round,” Kluwer Law International, Vol. 12, No. 5, November 1999, pp. 107 - 108, 211 - 212.

② Christopher Arup, The New World Trade Organization Agreements - Globalizing Law Through Services and Intellectual Property, Cambridge University Press, 2000, p. 104.

续　表

| 部门或分部门 | 市场准入限制 | 国民待遇限制 | 额外承诺 |
| --- | --- | --- | --- |
| 包括在该列表中的所有行业 | （3）据A国的外资法通知和审查。除另有规定外，部门或分部门的商业存在只允许通过在A国注册的符合下列条件的有限责任公司：<br>（a）外商参股不得超过注册资本的49%；<br>（b）外资股东人数必须少于总数的一半。<br>（4）不受约束 | 外国人获得土地需要授权 | |
| 二、具体部门承诺<br>部门或分部门 | 市场准入限制 | 国民待遇限制 | 额外承诺 |
| 教育服务<br>高等教育服务<br>（CPC 923） | （1）没有限制<br>（2）不受约束<br>（3）外商投资比例不能超过企业注册资本的49%，并且要事先得到公共教育部的授权或满足国家教育机构的要求<br>（4）除水平承诺中内容外，不做承诺 | （1）没有限制<br>（2）没有限制<br>（3）没有限制<br>（4）不做承诺 | |

服务提供方式：（1）跨境提供；（2）境外消费；（3）商业存在；（4）自然人存在。

在理解教育服务部门或分部门的市场准入承诺表时，需要注意关键术语的含义，一是“无”（none），这表明该成员承担了在外国提供者通过某种模式提供教育服务的市场准入方面不施加任何限制。与此相反，“不受约束”（unbound）则意味着该成员对通过某种方式提供教育服务的市场准入方面未作任何承诺。介于两者之间的则是详细列明针对每种提供方式对教育服务市场准入施加的具体措施。所以，教育服务的承诺水平可以分为三个层次：①“完全承诺”（Full Commitment），相应地，在市场准入或国民待遇限制措施栏内标明“无”（none），即“无限制”；②“部分承诺”（Partial Commitment），相应地，在市场准入或国民待遇限制措施栏内标明具体的限制措施。在这两种情况下，成员都是“受约束的”（bound）；③“不作承诺”，如果未在某教育服务分部门中作出承诺的话，就会标明“不受约束”（unbound），即是“不作承诺”。

从表3－1来看，其中的水平承诺表明，A国对通过跨境提供方式（模式1）进行的服务提供，对市场准入没有限制，但对境外消费（模式2）和自然人存在（模式4）这两种方式提供服务的市场准入未作承诺。关于商业存在（模式3），任何希望在A国设立的商业存在，提供所列服务的外国提供者，必须符合相关的通知和审查要求，并且要求所有部门或分部门的商业存在，只允许通过在A国注册的符合下列条件的有限责任公司：①外商参股不得超过注册资本的49%；②外资股东人数必须少于总数的一半。在国民待遇方面，存在限制的则是外国服务提供者在购买土地的时候需要获得合适的授权。关于列出的教育服务中的高等教育服务，A国对通过自然人存在方式（除了所列明的外）提供的服务未作承诺。而对通过跨境提供和境外消费方式进行的服务提供并无限制。

而在教育服务部门的具体承诺中，从表3－1可以看出，在教育服务部门中的高等教育服务领域，A国在境外消费（模式1）方式中作出了完全承诺，即没有任何市场准入限制。而对境外消费（模式2）和自然人存在（模式4）两种方式的市场准入未作承诺。在商业存在（模式3）方面，就需要结合水平承诺来进行解读。A国高等教育服务市场准入的限制表现为：外商投资可以设立高等教育服务机构，但其形式为在A国注册的有限责任公司，外商投资比例不能超过企业注册资本的49%，外资股东的人数必须少于总数的一半，并且要事先得到公共教育部的授权或满足国家教育机构的要求。

当然，从成员提交的承诺表所涵盖的行业数量，包括对教育服务部门或分部门的承诺情况来看，各成员所提交的部门或分部门承诺是不多的，发达国家总体要好于发展中国家，但一些重要的行业连发达国家也没有包含进去。[①] 此外，尽管成员提交了具体承诺表，但由于服务的多样性和复杂性以及GATS规则的初步性，成员根据承诺表承担的具体义务在实践中可能并不明确。这不但涉及对承诺表本身的解释，还涉及对有关GATS承诺表制定规则的理解。[②]

---

① Pierre, Sauve: “Assessing the General Agreement on Trade in Services: Half－Full or Half－Empty?”, Journal of World Trade, Vol. 29, No. 4, August 1995. pp. 125－126.

② L. Altinger and A. Enders: “The Scope and Depth of GATS Commitments”, The World Economy, Vol. 19, No. 5, October 2003, pp. 307－310.

## 第二节　教育服务市场准入的总体承诺水平

乌拉圭回合不仅将服务贸易议题第一次纳入了多边贸易谈判，而且还形成了国际服务贸易领域的第一次多边减让。但是服务贸易的减让不像货物贸易的关税减让一样那么量化，可以直观的看出各国的减让程度。就教育服务而言，当前的很多研究主要采取的是定性评估的方法，缺乏具体的数据统计，致使分析的结果不够具体细致，缺乏一定的说服力和参考价值。因此，对于当前的教育服务而言，要想准确的把握各成员国教育服务市场准入承诺水平，就必须在对 GATS 中各成员的教育服务市场准入承诺表进行量化分析，这样能比较清楚和详细地了解各成员的教育服务市场准入的承诺水平。

### 一、教育服务市场准入承诺的简单计数分析

#### （一）世界银行的简单计数方法

世界银行在对乌拉圭回合服务减让谈判进行评估时，[①] 运用计量经济学理论，采用了一种计数方法来对各国的减让程度进行量化。先把各成员的减让分为三类：第一类是“无限制”（None），即完全自由化或完全承诺，计数为1；第二类是“不受约束”（Unbound），即不作承诺或不开放，计数为0；第三类是“其他”，即部分承诺（Partial Commitment），但有一定的限制条件，计数为0.5。

应用这种计数方法，世界银行对各国减让的总数进行了计算。具体的计算方法是：每个成员在 GATS 框架谈判使用的“分类目录”中，分别对各服务部门或分部门（共 155 项）中的四种不同提供方式作出减让，应该有 620 项减让，把这 620 项减让分别按三类计数全部相加，即得出一成员减让的总计数。显然，一成员所做的完全自由化承诺越多，总计数就会越高；反之，一成员不作承诺的部门越多，总计数也就越少。世界银行的计数方法在一定程度上解决了各成员国服务减让程度的比较问题。

由于教育服务涉及国家主权的维护和民族文化的继承等重大问题，再加上各国的经济发展水平和教育体制的差异，许多成员对开放本国的教育服务市场都保持相当谨慎的态度，包括发达成员。目前，在 160 个 WTO 成员中，[②]

---

① Bernard Hoekman，《乌拉圭回合服务协定评估》，世界银行，1995 年，英文版。

② 截至 2014 年 6 月。http：//www. wto. org/english/thewto_e/whatis_e/tif_e/org6_e. htm，2014 年 7 月 10 日访问。

对教育服务作出承诺的成员国共58个。① 按世界银行的减让计数方法，计算各成员国教育服务市场准入的承诺水平计数，就可以按照每个成员在五个教育服务分部门中所做的承诺进行统计。首先考虑一成员是否在教育服务部门中作出了承诺，其次考虑该成员在五个教育服务分部门中都作出承诺的情况，最后看该成员在每个教育服务分部门按四种提供方式所作出承诺的具体类型（见表3-2）。

**表3-2　58个成员的教育服务市场准入承诺减让详表②**

| 成员 | 教育服务分部门 | 四种提供方式的统计与计数 | | | |
|---|---|---|---|---|---|
| | | 跨境提供 | 境外消费 | 商业存在 | 自然人存在 |
| 美国 | D. 成人教育服务③ | 完全承诺 1 | 完全承诺 1 | 部分承诺 0.5 | 不作承诺 0 |
| | E. 其他教育服务 | 完全承诺 1 | 完全承诺 1 | 完全承诺 1 | 不作承诺 0 |
| 欧盟 | A. 初等教育服务 | 部分承诺 0.5 | 完全承诺 1 | 完全承诺 1 | 部分承诺 0.5 |
| | B. 中等教育服务 | 部分承诺 0.5 | 完全承诺 1 | 完全承诺 1 | 部分承诺 0.5 |
| | C. 高等教育服务 | 部分承诺 0.5 | 完全承诺 1 | 部分承诺 0.5 | 部分承诺 0.5 |
| | D. 成人教育服务 | 完全承诺 1 | 完全承诺 1 | 完全承诺 1 | 部分承诺 0.5 |
| 索莱托 | A. 初等教育服务 | 完全承诺 1 | 完全承诺 1 | 完全承诺 1 | 不作承诺 0 |
| | B. 中等教育服务 | 完全承诺 1 | 完全承诺 1 | 完全承诺 1 | 不作承诺 0 |
| | C. 高等教育服务 | 完全承诺 1 | 完全承诺 1 | 完全承诺 1 | 不作承诺 0 |
| | D. 成人教育服务 | 完全承诺 1 | 完全承诺 1 | 完全承诺 1 | 不作承诺 0 |
| | E. 其他教育服务 | 完全承诺 1 | 完全承诺 1 | 完全承诺 1 | 不作承诺 0 |

① 具体为：美国、索莱托、老挝、列支敦士登、卢旺达、马里、摩尔多瓦、墨西哥、尼泊尔、挪威、马其顿、日本、瑞士、萨摩亚、塞拉利昂、沙特、塔吉克斯坦、泰国、汤加、特立尼达和多巴哥、土耳其、瓦努阿图、乌克兰、新加坡、新西兰、牙买加、约旦、越南、刚果（金）、亚美尼亚、中国台湾、阿尔巴尼亚、阿曼、澳大利亚、欧盟（法国、德国、意大利、荷兰、比利时、卢森堡、英国、丹麦、爱尔兰、希腊、葡萄牙和西班牙12国作为一个成员）、爱沙尼亚、奥地利、保加利亚、捷克、克罗地亚、拉脱维亚、立陶宛、斯洛伐克、斯洛文尼亚、匈牙利、波兰、柬埔寨、加纳、吉尔吉斯坦、黑山、格鲁吉亚、海地、哥斯达黎加、冈比亚、佛得角、中国、俄罗斯、巴拿马。（其中爱沙尼亚、奥地利、保加利亚、捷克、克罗地亚、拉脱维亚、斯洛伐克、斯洛文尼亚、匈牙利、立陶宛、波兰11国虽然后来加入欧盟，但其教育服务承诺目前还未纳入其一体化进程中，在WTO官网中还是单独列出的）。See http：//www. wto. org/english/tratop_e/serv_e/serv_commitments_e. htm，2014年7月27日访问。

② 本表源于对WTO官网各成员的具体承诺表整理而成。具体详见 http：//www. wto. org/english/tratop_e/serv_e/ serv_Commitments_e. htm. 2014年5月10日访问。

③ 飞行指导除外。

续　表

| 成员 | 教育服务分部门 | 四种提供方式的统计与计数 | | | |
|---|---|---|---|---|---|
| | | 跨境提供 | 境外消费 | 商业存在 | 自然人存在 |
| 老挝① | A. 初等教育服务 | 不作承诺　0 | 完全承诺　1 | 部分承诺　0.5 | 不作承诺　0 |
| | B. 中等教育服务 | 不作承诺　0 | 完全承诺　1 | 部分承诺　0.5 | 不作承诺　0 |
| | C. 高等教育服务 | 完全承诺　1 | 完全承诺　1 | 部分承诺　0.5 | 不作承诺　0 |
| | D. 成人教育服务 | 完全承诺　1 | 完全承诺　1 | 部分承诺　0.5 | 不作承诺　0 |
| | E. 其他教育服务② | 部分承诺　0.5 | 部分承诺　0.5 | 部分承诺　0.5 | 不作承诺　0 |
| 列支敦士登 | A. 初等教育服务 | 完全承诺　1 | 完全承诺　1 | 完全承诺　1 | 不作承诺　0 |
| | B. 中等教育服务 | 完全承诺　1 | 完全承诺　1 | 完全承诺　1 | 不作承诺　0 |
| | C. 高等教育服务 | 完全承诺　1 | 完全承诺　1 | 完全承诺　1 | 部分承诺　0.5 |
| | D. 成人教育服务 | 完全承诺　1 | 完全承诺　1 | 完全承诺　1 | 不作承诺　0 |
| | E. 其他教育服务 | 完全承诺　1 | 完全承诺　1 | 完全承诺　1 | 不作承诺　0 |
| 摩尔多瓦 | A. 初等教育服务 | 完全承诺　1 | 完全承诺　1 | 完全承诺　1 | 不作承诺　0 |
| | B. 中等教育服务 | 完全承诺　1 | 完全承诺　1 | 完全承诺　1 | 不作承诺　0 |
| | C. 高等教育服务 | 完全承诺　1 | 完全承诺　1 | 完全承诺　1 | 不作承诺　0 |
| | D. 成人教育服务 | 完全承诺　1 | 完全承诺　1 | 完全承诺　1 | 不作承诺　0 |
| | E. 其他教育服务 | 完全承诺　1 | 完全承诺　1 | 完全承诺　1 | 不作承诺　0 |
| 卢旺达 | D. 成人教育服务 | 完全承诺　1 | 完全承诺　1 | 完全承诺　1 | 完全承诺　1 |
| 马里 | D. 成人教育服务③ | 完全承诺　1 | 完全承诺　1 | 完全承诺　1 | 完全承诺　1 |
| 墨西哥 | A. 初等教育服务 | 完全承诺　1 | 完全承诺　1 | 部分承诺　0.5 | 不作承诺　0 |
| | B. 中等教育服务 | 完全承诺　1 | 完全承诺　1 | 部分承诺　0.5 | 不作承诺　0 |
| | C. 高等教育服务 | 完全承诺　1 | 完全承诺　1 | 部分承诺　0.5 | 不作承诺　0 |
| | D. 成人教育服务 | 完全承诺　1 | 完全承诺　1 | 部分承诺　0.5 | 不作承诺　0 |
| | E. 其他教育服务④ | 完全承诺　1 | 完全承诺　1 | 部分承诺　0.5 | 不作承诺　0 |

① 限于私立教育服务，教育课程和内容，必须由老挝人民民主共和国教育部批准。对于高等教育服务和成人教育服务，承诺只涉及技术、自然科学和技术、企业管理和商业研究、经济学、会计、国际法律和语言培训领域。民办教育服务的关注范围只能完全由私人资助的服务。

② 仅限于短期的外语培训服务。

③ 仅限于手工艺领域的成人教育服务。

④ 仅限于语言教育、专业教育和商业培训。

续 表

| 成员 | 教育服务分部门 | 四种提供方式的统计与计数 | | | |
|---|---|---|---|---|---|
| | | 跨境提供 | 境外消费 | 商业存在 | 自然人存在 |
| 尼泊尔 | C. 高等教育服务 | 完全承诺 1 | 完全承诺 1 | 部分承诺 0.5 | 不作承诺 0 |
| | D. 成人教育服务 | 完全承诺 1 | 完全承诺 1 | 部分承诺 0.5 | 不作承诺 0 |
| | E. 其他教育服务 | 完全承诺 1 | 完全承诺 1 | 部分承诺 0.5 | 不作承诺 0 |
| 挪威 | A. 初等教育服务 | 部分承诺 0.5 | 完全承诺 1 | 部分承诺 0.5 | 不作承诺 0 |
| | B. 中等教育服务 | 部分承诺 0.5 | 完全承诺 1 | 部分承诺 0.5 | 不作承诺 0 |
| | C. 高等教育服务 | 部分承诺 0.5 | 完全承诺 1 | 部分承诺 0.5 | 不作承诺 0 |
| | D. 成人教育服务 | 部分承诺 0.5 | 完全承诺 1 | 部分承诺 0.5 | 不作承诺 0 |
| 马其顿① | B. 中等教育服务 | 完全承诺 1 | 完全承诺 1 | 完全承诺 1 | 不作承诺 0 |
| | C. 高等教育服务 | 完全承诺 1 | 完全承诺 1 | 完全承诺 1 | 不作承诺 0 |
| | D. 成人教育服务 | 完全承诺 1 | 完全承诺 1 | 完全承诺 1 | 不作承诺 0 |
| 日本② | A. 初等教育服务 | 不作承诺 0 | 部分承诺 0.5 | 部分承诺 0.5 | 不作承诺 0 |
| | B. 中等教育服务 | 不作承诺 0 | 不作承诺 0 | 部分承诺 0.5 | 不作承诺 0 |
| | C. 高等教育服务 | 完全承诺 1 | 完全承诺 1 | 部分承诺 0.5 | 不作承诺 0 |
| | D. 成人教育服务③ | 完全承诺 1 | 完全承诺 1 | 部分承诺 0.5 | 不作承诺 0 |
| | E. 其他教育服务 | 完全承诺 1 | 完全承诺 1 | 完全承诺 1 | 不作承诺 0 |
| 瑞士 | A. 初等教育服务 | 不作承诺 0 | 不作承诺 0 | 完全承诺 1 | 不作承诺 0 |
| | B. 中等教育服务 | 完全承诺 1 | 完全承诺 1 | 完全承诺 1 | 不作承诺 0 |
| | C. 高等教育服务 | 完全承诺 1 | 完全承诺 1 | 完全承诺 1 | 不作承诺 0 |
| | D. 成人教育服务 | 完全承诺 1 | 完全承诺 1 | 完全承诺 1 | 不作承诺 0 |
| 萨摩亚 | A. 初等教育服务 | 完全承诺 1 | 完全承诺 1 | 完全承诺 1 | 不作承诺 0 |
| | B. 中等教育服务 | 完全承诺 1 | 完全承诺 1 | 完全承诺 1 | 不作承诺 0 |
| | C. 高等教育服务 | 完全承诺 1 | 完全承诺 1 | 完全承诺 1 | 不作承诺 0 |
| | D. 成人教育服务 | 完全承诺 1 | 完全承诺 1 | 完全承诺 1 | 不作承诺 0 |

① 仅限于私人资助的教育服务，安全、国防领域和马其顿人民与民族的历史、文化的教育服务也被排除在外。

② 所有教育服务由日本设立的正式教育机构提供（正式教育机构包括小学、初中、高中、大学、技术学院、聋哑和盲人学校、残疾学校和幼儿园）。

③ 仅限于成人外语学费服务（日本设立的正式教育机构提供的此种服务除外）。

续　表

| 成员 | 教育服务分部门 | 四种提供方式的统计与计数 | | | |
|---|---|---|---|---|---|
| | | 跨境提供 | 境外消费 | 商业存在 | 自然人存在 |
| 萨摩亚 | E. 其他教育服务① | 完全承诺　1 | 完全承诺　1 | 完全承诺　1 | 不作承诺　0 |
| 塞拉利昂 | A. 初等教育服务 | 完全承诺　1 | 完全承诺　1 | 完全承诺　1 | 不作承诺　0 |
| | B. 中等教育服务 | 完全承诺　1 | 完全承诺　1 | 完全承诺　1 | 不作承诺　0 |
| | C. 高等教育服务 | 完全承诺　1 | 完全承诺　1 | 完全承诺　1 | 不作承诺　0 |
| | D. 成人教育服务 | 完全承诺　1 | 完全承诺　1 | 完全承诺　1 | 不作承诺　0 |
| | E. 其他教育服务 | 完全承诺　1 | 完全承诺　1 | 完全承诺　1 | 不作承诺　0 |
| 沙特阿拉伯 | A. 初等教育服务 | 完全承诺　1 | 完全承诺　1 | 完全承诺　1 | 不作承诺　0 |
| | B. 中等教育服务 | 完全承诺　1 | 完全承诺　1 | 完全承诺　1 | 不作承诺　0 |
| | C. 高等教育服务 | 完全承诺　1 | 完全承诺　1 | 完全承诺　1 | 不作承诺　0 |
| | D. 成人教育服务 | 完全承诺　1 | 完全承诺　1 | 完全承诺　1 | 不作承诺　0 |
| | E. 其他教育服务② | 完全承诺　1 | 完全承诺　1 | 完全承诺　1 | 不作承诺　0 |
| 塔吉克斯坦 | A. 初等教育服务 | 完全承诺　1 | 完全承诺　1 | 部分承诺　0.5 | 不作承诺　0 |
| | B. 中等教育服务 | 完全承诺　1 | 完全承诺　1 | 部分承诺　0.5 | 不作承诺　0 |
| | C. 高等教育服务 | 完全承诺　1 | 完全承诺　1 | 部分承诺　0.5 | 不作承诺　0 |
| | D. 成人教育服务 | 完全承诺　1 | 完全承诺　1 | 部分承诺　0.5 | 不作承诺　0 |
| | E. 其他教育服务③ | 完全承诺　1 | 完全承诺　1 | 部分承诺　0.5 | 不作承诺　0 |
| 泰国 | A. 初等教育服务 | 不作承诺　0 | 完全承诺　1 | 部分承诺　0.5 | 不作承诺　0 |
| | B. 中等教育服务 | 完全承诺　1 | 完全承诺　1 | 部分承诺　0.5 | 不作承诺　0 |
| | C. 高等教育服务 | 完全承诺　1 | 完全承诺　1 | 部分承诺　0.5 | 不作承诺　0 |
| | D. 成人教育服务④ | 部分承诺　0.5 | 完全承诺　1 | 部分承诺　0.5 | 不作承诺　0 |
| 汤加 | A. 初等教育服务 | 完全承诺　1 | 完全承诺　1 | 完全承诺　1 | 不作承诺　0 |
| | B. 中等教育服务 | 完全承诺　1 | 完全承诺　1 | 完全承诺　1 | 不作承诺　0 |

① 仅限于培训（如语言、驾驶、设计、技术等）、教育测试服务、社会课程、学校教育项目、辅导和预备课程服务。

② 仅限于技能培训、泰国烹饪和语言培训服务。

③ 仅限于培训（如语言、驾驶、设计、技术等）、教育测试服务、社会课程、学校教育项目、辅导和预备课程服务。

④ 仅限于专业短期培训。

续 表

| 成员 | 教育服务分部门 | 四种提供方式的统计与计数 | | | |
|---|---|---|---|---|---|
| | | 跨境提供 | 境外消费 | 商业存在 | 自然人存在 |
| 汤加 | C. 高等教育服务 | 完全承诺 1 | 完全承诺 1 | 完全承诺 1 | 不作承诺 0 |
| | D. 成人教育服务 | 完全承诺 1 | 完全承诺 1 | 完全承诺 1 | 不作承诺 0 |
| | E. 其他教育服务 | 完全承诺 1 | 完全承诺 1 | 完全承诺 1 | 不作承诺 0 |
| 特立尼达和多巴哥 | E. 其他教育服务① | 完全承诺 1 | 完全承诺 1 | 不作承诺 0 | 部分承诺 0.5 |
| 土耳其 | A. 初等教育服务 | 部分承诺 0.5 | 完全承诺 1 | 部分承诺 0.5 | 部分承诺 0.5 |
| | B. 中等教育服务 | 部分承诺 0.5 | 完全承诺 1 | 部分承诺 0.5 | 部分承诺 0.5 |
| | C. 高等教育服务 | 完全承诺 1 | 完全承诺 1 | 部分承诺 0.5 | 完全承诺 1 |
| | E. 其他教育服务 | 部分承诺 0.5 | 完全承诺 1 | 部分承诺 0.5 | 部分承诺 0.5 |
| 瓦努阿图 | A. 初等教育服务 | 完全承诺 1 | 完全承诺 1 | 部分承诺 0.5 | 不作承诺 0 |
| | B. 中等教育服务 | 完全承诺 1 | 完全承诺 1 | 部分承诺 0.5 | 不作承诺 0 |
| | C. 高等教育服务 | 完全承诺 1 | 完全承诺 1 | 部分承诺 0.5 | 不作承诺 0 |
| | D. 成人教育服务 | 完全承诺 1 | 完全承诺 1 | 部分承诺 0.5 | 不作承诺 0 |
| | E. 其他教育服务 | 完全承诺 1 | 完全承诺 1 | 部分承诺 0.5 | 不作承诺 0 |
| 乌克兰 | A. 初等教育服务 | 完全承诺 1 | 完全承诺 1 | 部分承诺 0.5 | 不作承诺 0 |
| | B. 中等教育服务 | 完全承诺 1 | 完全承诺 1 | 部分承诺 0.5 | 不作承诺 0 |
| | C. 高等教育服务 | 完全承诺 1 | 完全承诺 1 | 部分承诺 0.5 | 不作承诺 0 |
| | D. 成人教育服务 | 完全承诺 1 | 完全承诺 1 | 完全承诺 1 | 不作承诺 0 |
| | E. 其他教育服务 | 完全承诺 1 | 完全承诺 1 | 完全承诺 1 | 不作承诺 0 |
| 新加坡② | C. 高等教育服务 | 完全承诺 1 | 完全承诺 1 | 部分承诺 0.5 | 不作承诺 0 |
| | D. 成人教育服务 | 完全承诺 1 | 完全承诺 1 | 部分承诺 0.5 | 不作承诺 0 |
| | E. 其他教育服务 | 完全承诺 1 | 完全承诺 1 | 部分承诺 0.5 | 不作承诺 0 |
| 新西兰③ | A. 初等教育服务 | 完全承诺 1 | 完全承诺 1 | 完全承诺 1 | 不作承诺 0 |

① 仅限于专家教师。
② 包括传统中医教育、中文培训及中文教育测试服务。
③ 仅限于私立教育机构。

续　表

| 成员 | 教育服务分部门 | 四种提供方式的统计与计数 | | | |
|---|---|---|---|---|---|
| | | 跨境提供 | 境外消费 | 商业存在 | 自然人存在 |
| 新西兰① | B. 中等教育服务 | 完全承诺　1 | 完全承诺　1 | 完全承诺　1 | 不作承诺　0 |
| | C. 高等教育服务 | 完全承诺　1 | 完全承诺　1 | 完全承诺　1 | 不作承诺　0 |
| 牙买加 | A. 初等教育服务 | 完全承诺　1 | 完全承诺　1 | 部分承诺　0.5 | 不作承诺　0 |
| | B. 中等教育服务 | 完全承诺　1 | 完全承诺　1 | 部分承诺　0.5 | 不作承诺　0 |
| | C. 高等教育服务 | 完全承诺　1 | 完全承诺　1 | 部分承诺　0.5 | 不作承诺　0 |
| 约旦 | A. 初等教育服务 | 不作承诺　0 | 完全承诺　1 | 完全承诺　1 | 不作承诺　0 |
| | B. 中等教育服务 | 完全承诺　1 | 完全承诺　1 | 完全承诺　1 | 不作承诺　0 |
| | C. 高等教育服务 | 完全承诺　1 | 完全承诺　1 | 完全承诺　1 | 不作承诺　0 |
| | D. 成人教育服务 | 完全承诺　1 | 完全承诺　1 | 部分承诺　0.5 | 不作承诺　0 |
| | E. 其他教育服务② | 完全承诺　1 | 完全承诺　1 | 部分承诺　0.5 | 不作承诺　0 |
| 越南③ | B. 中等教育服务 | 不作承诺　0 | 完全承诺　1 | 不作承诺　0 | 不作承诺　0 |
| | C. 高等教育服务 | 不作承诺　0 | 完全承诺　1 | 部分承诺　0.5 | 不作承诺　0 |
| | D. 成人教育服务 | 不作承诺　0 | 完全承诺　1 | 部分承诺　0.5 | 不作承诺　0 |
| | E. 其他教育服务④ | 不作承诺　0 | 完全承诺　1 | 部分承诺　0.5 | 不作承诺　0 |
| 刚果（金）⑤ | C. 高等教育服务 | 完全承诺　1 | 完全承诺　1 | 完全承诺　1 | 不作承诺　0 |
| 亚美尼亚 | C. 高等教育服务 | 完全承诺　1 | 完全承诺　1 | 完全承诺　1 | 不作承诺　0 |
| | D. 成人教育服务 | 完全承诺　1 | 完全承诺　1 | 完全承诺　1 | 不作承诺　0 |
| 中国台湾 | B. 中等教育服务 | 完全承诺　1 | 完全承诺　1 | 部分承诺　0.5 | 不作承诺　0 |
| | C. 高等教育服务 | 完全承诺　1 | 完全承诺　1 | 部分承诺　0.5 | 不作承诺　0 |
| | D. 成人教育服务 | 完全承诺　1 | 完全承诺　1 | 部分承诺　0.5 | 不作承诺　0 |
| | E. 其他教育服务 | 完全承诺　1 | 完全承诺　1 | 部分承诺　0.5 | 不作承诺　0 |

① 仅限于私立教育机构。

② 专指文化中心。

③ 仅限于技能、自然科学技术、商业管理与研究、经济、会计、国际法和语言等培训领域，对于高等教育、成人教育和其他教育的服务能容，必须经国家的教育与培训部同意方可。

④ 包括外语培训。

⑤ 在WTO官网中，其称谓还是旧名——扎伊尔，本书用现在的名称——刚果（金）。

续 表

| 成员 | 教育服务分部门 | 四种提供方式的统计与计数 | | | |
|---|---|---|---|---|---|
| | | 跨境提供 | 境外消费 | 商业存在 | 自然人存在 |
| 阿尔巴尼亚 | A. 初等教育服务 | 不作承诺 0 | 完全承诺 1 | 完全承诺 1 | 不作承诺 0 |
| | B. 中等教育服务 | 部分承诺 0.5 | 完全承诺 1 | 完全承诺 1 | 不作承诺 0 |
| | C. 高等教育服务 | 完全承诺 1 | 完全承诺 1 | 完全承诺 1 | 不作承诺 0 |
| | D. 成人教育服务 | 完全承诺 1 | 完全承诺 1 | 完全承诺 1 | 不作承诺 0 |
| 阿曼 | B. 中等教育服务 | 完全承诺 1 | 完全承诺 1 | 完全承诺 1 | 不作承诺 0 |
| | C. 高等教育服务 | 完全承诺 1 | 完全承诺 1 | 完全承诺 1 | 不作承诺 0 |
| | D. 成人教育服务 | 完全承诺 1 | 完全承诺 1 | 完全承诺 1 | 不作承诺 0 |
| | E. 其他教育服务 | 完全承诺 1 | 完全承诺 1 | 完全承诺 1 | 不作承诺 0 |
| 澳大利亚 | B. 中等教育服务 | 完全承诺 1 | 完全承诺 1 | 完全承诺 1 | 不作承诺 0 |
| | C. 高等教育服务 | 完全承诺 1 | 完全承诺 1 | 完全承诺 1 | 不作承诺 0 |
| | E. 其他教育服务 | 完全承诺 1 | 完全承诺 1 | 完全承诺 1 | 不作承诺 0 |
| 爱沙尼亚 | B. 中等教育服务 | 完全承诺 1 | 完全承诺 1 | 完全承诺 1 | 不作承诺 0 |
| | C. 高等教育服务 | 完全承诺 1 | 完全承诺 1 | 完全承诺 1 | 不作承诺 0 |
| | D. 成人教育服务 | 完全承诺 1 | 完全承诺 1 | 完全承诺 1 | 不作承诺 0 |
| | E. 其他教育服务① | 完全承诺 1 | 完全承诺 1 | 完全承诺 1 | 不作承诺 0 |
| 奥地利 | A. 初等教育服务 | 完全承诺 1 | 完全承诺 1 | 完全承诺 1 | 不作承诺 0 |
| | B. 中等教育服务 | 完全承诺 1 | 完全承诺 1 | 完全承诺 1 | 不作承诺 0 |
| | D. 成人教育服务② | 完全承诺 1 | 完全承诺 1 | 完全承诺 1 | 不作承诺 0 |
| 保加利亚 | A. 初等教育服务③ | 不作承诺 0 | 完全承诺 1 | 部分承诺 0.5 | 不作承诺 0 |
| | B. 中等教育服务④ | 不作承诺 0 | 完全承诺 1 | 部分承诺 0.5 | 不作承诺 0 |
| | D. 成人教育服务⑤ | 完全承诺 1 | 完全承诺 1 | 完全承诺 1 | 不作承诺 0 |
| 捷克 | A. 初等教育服务 | 完全承诺 1 | 完全承诺 1 | 部分承诺 0.5 | 不作承诺 0 |
| | B. 中等教育服务 | 完全承诺 1 | 完全承诺 1 | 部分承诺 0.5 | 不作承诺 0 |

① 政府提供的教育服务除外。
② 通过收音机和广播电视进行的成人教育除外。
③ 仅限于私立教育。
④ 同上。
⑤ 同上。

续　表

| 成员 | 教育服务分部门 | 四种提供方式的统计与计数 | | | |
|---|---|---|---|---|---|
| | | 跨境提供 | 境外消费 | 商业存在 | 自然人存在 |
| 捷克 | C. 高等教育服务 | 完全承诺　1 | 完全承诺　1 | 部分承诺　0.5 | 不作承诺　0 |
| | D. 成人教育服务 | 完全承诺　1 | 完全承诺　1 | 部分承诺　0.5 | 不作承诺　0 |
| | E. 其他教育服务 | 完全承诺　1 | 完全承诺　1 | 部分承诺　0.5 | 不作承诺　0 |
| 克罗地亚 | B. 中等教育服务 | 不作承诺　0 | 完全承诺　1 | 部分承诺　0.5 | 不作承诺　0 |
| | C. 高等教育服务 | 完全承诺　1 | 完全承诺　1 | 完全承诺　1 | 不作承诺　0 |
| | D. 成人教育服务 | 完全承诺　1 | 完全承诺　1 | 完全承诺　1 | 不作承诺　0 |
| | E. 其他教育服务 | 部分承诺　0.5 | 完全承诺　1 | 完全承诺　1 | 不作承诺　0 |
| 拉脱维亚 | A. 初等教育服务 | 完全承诺　1 | 完全承诺　1 | 完全承诺　1 | 不作承诺　0 |
| | B. 中等教育服务 | 完全承诺　1 | 完全承诺　1 | 完全承诺　1 | 不作承诺　0 |
| | C. 高等教育服务 | 完全承诺　1 | 完全承诺　1 | 完全承诺　1 | 不作承诺　0 |
| | D. 成人教育服务 | 完全承诺　1 | 完全承诺　1 | 完全承诺　1 | 不作承诺　0 |
| 立陶宛 | A. 初等教育服务 | 完全承诺　1 | 完全承诺　1 | 完全承诺　1 | 不作承诺　0 |
| | B. 中等教育服务 | 完全承诺　1 | 完全承诺　1 | 完全承诺　1 | 不作承诺　0 |
| | C. 高等教育服务 | 完全承诺　1 | 完全承诺　1 | 完全承诺　1 | 不作承诺　0 |
| | D. 成人教育服务 | 完全承诺　1 | 完全承诺　1 | 完全承诺　1 | 不作承诺　0 |
| 波兰 | A. 初等教育服务 | 部分承诺　0.5 | 部分承诺　0.5 | 部分承诺　0.5 | 不作承诺　0 |
| | B. 中等教育服务 | 部分承诺　0.5 | 部分承诺　0.5 | 部分承诺　0.5 | 不作承诺　0 |
| | C. 高等教育服务 | 部分承诺　0.5 | 部分承诺　0.5 | 部分承诺　0.5 | 不作承诺　0 |
| | D. 成人教育服务 | 部分承诺　0.5 | 部分承诺　0.5 | 部分承诺　0.5 | 不作承诺　0 |
| 斯洛文尼亚 | B. 中等教育服务① | 完全承诺　1 | 完全承诺　1 | 完全承诺　1 | 不作承诺　0 |
| | C. 高等教育服务② | 完全承诺　1 | 完全承诺　1 | 完全承诺　1 | 不作承诺　0 |
| 匈牙利 | A. 初等教育服务 | 完全承诺　1 | 完全承诺　1 | 部分承诺　0.5 | 不作承诺　0 |
| | B. 中等教育服务 | 完全承诺　1 | 完全承诺　1 | 部分承诺　0.5 | 不作承诺　0 |
| | C. 高等教育服务 | 完全承诺　1 | 完全承诺　1 | 部分承诺　0.5 | 不作承诺　0 |
| | D. 成人教育服务 | 完全承诺　1 | 完全承诺　1 | 部分承诺　0.5 | 不作承诺　0 |

① 仅限于私立教育。

② 同上。

续 表

| 成员 | 教育服务分部门 | 四种提供方式的统计与计数 | | | |
|---|---|---|---|---|---|
| | | 跨境提供 | 境外消费 | 商业存在 | 自然人存在 |
| 斯洛伐克 | B. 中等教育服务① | 完全承诺 1 | 完全承诺 1 | 完全承诺 1 | 不作承诺 0 |
| | C. 高等教育服务② | 完全承诺 1 | 完全承诺 1 | 完全承诺 1 | 不作承诺 0 |
| | D. 成人教育服务 | 完全承诺 1 | 完全承诺 1 | 完全承诺 1 | 不作承诺 0 |
| 柬埔寨 | C. 高等教育服务 | 完全承诺 1 | 完全承诺 1 | 完全承诺 1 | 不作承诺 0 |
| | D. 成人教育服务 | 完全承诺 1 | 完全承诺 1 | 完全承诺 1 | 不作承诺 0 |
| | E. 其他教育服务 | 完全承诺 1 | 完全承诺 1 | 完全承诺 1 | 不作承诺 0 |
| 加纳 | B. 中等教育服务 | 完全承诺 1 | 完全承诺 1 | 完全承诺 1 | 不作承诺 0 |
| | E. 其他教育服务 | 完全承诺 1 | 完全承诺 1 | 完全承诺 1 | 不作承诺 0 |
| 吉尔吉斯斯坦 | A. 初等教育服务 | 部分承诺 0.5 | 完全承诺 1 | 部分承诺 0.5 | 不作承诺 0 |
| | B. 中等教育服务 | 部分承诺 0.5 | 完全承诺 1 | 部分承诺 0.5 | 不作承诺 0 |
| | C. 高等教育服务 | 部分承诺 0.5 | 完全承诺 1 | 部分承诺 0.5 | 不作承诺 0 |
| | D. 成人教育服务 | 部分承诺 0.5 | 完全承诺 1 | 部分承诺 0.5 | 不作承诺 0 |
| 黑山 | A. 初等教育服务 | 完全承诺 1 | 完全承诺 1 | 完全承诺 1 | 不作承诺 0 |
| | B. 中等教育服务 | 完全承诺 1 | 完全承诺 1 | 完全承诺 1 | 不作承诺 0 |
| | C. 高等教育服务 | 完全承诺 1 | 完全承诺 1 | 完全承诺 1 | 不作承诺 0 |
| | D. 成人教育服务 | 完全承诺 1 | 完全承诺 1 | 完全承诺 1 | 不作承诺 0 |
| | E. 其他教育服务③ | 完全承诺 1 | 完全承诺 1 | 完全承诺 1 | 不作承诺 0 |
| 格鲁吉亚 | A. 初等教育服务 | 完全承诺 1 | 完全承诺 1 | 完全承诺 1 | 不作承诺 0 |
| | B. 中等教育服务④ | 完全承诺 1 | 完全承诺 1 | 完全承诺 1 | 不作承诺 0 |
| | C. 高等教育服务⑤ | 完全承诺 1 | 完全承诺 1 | 完全承诺 1 | 不作承诺 0 |
| | D. 成人教育服务 | 完全承诺 1 | 完全承诺 1 | 完全承诺 1 | 不作承诺 0 |
| 海地 | D. 成人教育服务⑥ | 完全承诺 1 | 完全承诺 1 | 完全承诺 1 | 完全承诺 1 |

① 仅限于私立教育。
② 同上。
③ 仅限于培训服务（如语言、驾驶、设计、信息技术等培训）和教育测试服务。
④ 同①。
⑤ 同①。
⑥ 仅适用于实体培训中心。

续　表

| 成员 | 教育服务分部门 | 四种提供方式的统计与计数 | | | |
|---|---|---|---|---|---|
| | | 跨境提供 | 境外消费 | 商业存在 | 自然人存在 |
| 哥斯达黎加 | A. 初等教育服务 | 不作承诺　0 | 完全承诺　1 | 不作承诺　0 | 部分承诺　0.5 |
| | B. 中等教育服务 | 不作承诺　0 | 完全承诺　1 | 不作承诺　0 | 部分承诺　0.5 |
| | C. 高等教育服务 | 不作承诺　0 | 不作承诺　0 | 部分承诺　0.5 | 部分承诺　0.5 |
| 冈比亚 | A. 初等教育服务 | 完全承诺　1 | 完全承诺　1 | 完全承诺　1 | 不作承诺　0 |
| | D. 成人教育服务 | 完全承诺　1 | 完全承诺　1 | 完全承诺　1 | 不作承诺　0 |
| | E. 其他教育服务 | 完全承诺　1 | 完全承诺　1 | 完全承诺　1 | 不作承诺　0 |
| 佛得角① | B. 中等教育服务 | 完全承诺　1 | 完全承诺　1 | 完全承诺　1 | 不作承诺　0 |
| | C. 高等教育服务 | 完全承诺　1 | 完全承诺　1 | 完全承诺　1 | 不作承诺　0 |
| | D. 成人教育服务 | 完全承诺　1 | 完全承诺　1 | 完全承诺　1 | 不作承诺　0 |
| | E. 其他教育服务 | 完全承诺　1 | 完全承诺　1 | 完全承诺　1 | 不作承诺　0 |
| 巴拿马 | A. 初等教育服务 | 完全承诺　1 | 完全承诺　1 | 部分承诺　0.5 | 不作承诺　0 |
| | B. 中等教育服务 | 完全承诺　1 | 完全承诺　1 | 部分承诺　0.5 | 不作承诺　0 |
| | C. 高等教育服务 | 完全承诺　1 | 完全承诺　1 | 部分承诺　0.5 | 不作承诺　0 |
| 俄罗斯 | A. 初等教育服务 | 完全承诺　1 | 完全承诺　1 | 部分承诺　0.5 | 不作承诺　0 |
| | B. 中等教育服务 | 完全承诺　1 | 完全承诺　1 | 部分承诺　0.5 | 不作承诺　0 |
| | C. 高等教育服务 | 完全承诺　1 | 完全承诺　1 | 不作承诺　0 | 不作承诺　0 |
| | D. 成人教育服务② | 完全承诺　1 | 完全承诺　1 | 部分承诺　0.5 | 不作承诺　0 |
| 中国 | A. 初等教育服务 | 不作承诺　0 | 完全承诺　1 | 部分承诺　0.5 | 部分承诺　0.5 |
| | B. 中等教育服务 | 不作承诺　0 | 完全承诺　1 | 部分承诺　0.5 | 部分承诺　0.5 |
| | C. 高等教育服务 | 不作承诺　0 | 完全承诺　1 | 部分承诺　0.5 | 部分承诺　0.5 |
| | D. 成人教育服务 | 不作承诺　0 | 完全承诺　1 | 部分承诺　0.5 | 部分承诺　0.5 |
| | E. 其他教育服务 | 不作承诺　0 | 完全承诺　1 | 部分承诺　0.5 | 部分承诺　0.5 |

### （二）教育服务市场准入承诺的简单计数结论

按照世界银行的减让计数方法，计算所得的各成员国教育服务市场准入

① 仅限于私立教育。

② 仅限于外语、计算机、商务和考试培训课程服务。

承诺减让计数，为了对不同类型成员进行比较分析，我们把当前在教育服务中作出承诺的成员分为三类：发达成员、发展中成员和最不发达成员。[①] 8个作出教育服务承诺的发达成员（见表3－3），其教育服务市场准入减让承诺总计数是80.5，成员平均计数为10.06，最高计数成员是挪威，计数为15，最低为美国，计数为5.5，作为世界上教育服务最发达和水平最高的成员之一，这样的教育服务市场准入承诺是让人失望的。总体而言，发达成员作出的教育服务市场准入承诺比较平均，除美国外，其他成员的计数都在9～13，体现了发达成员的教育服务市场准入总体承诺水平还是比较高的。

**表3－3　　发达成员的教育服务市场准入承诺减让总计数**[②]

| 成员 | 总计数 | 成员 | 总计数 | 成员 | 总计数 |
|---|---|---|---|---|---|
| 美国 | 5.5 | 瑞士 | 10 | 新西兰 | 9 |
| 欧盟 | 13 | 奥地利 | 9 | 澳大利亚 | 9 |
| 挪威 | 15 | 日本 | 10 | | |

而发展中成员共37个作出教育服务承诺（见表3－4），其教育服务市场准入减让承诺总计数是370.5，成员平均计数为10.01，最高计数成员是列支敦士登，计数为15.5，这样的教育服务市场准入承诺不仅在所有发展中成员是最高的，而且比绝大多数发达成员的承诺更高，最低为特立尼达和多巴哥，计数为2.5。总体而言，很多发展中成员的教育服务市场准入承诺计数都超过了10，显示出了较高的教育服务市场准入开放度。但是，发展中成员之间作出的教育服务市场准入承诺是参差不齐的，差距比较明显，其承诺水平的跨度较大，很多成员的市场准入承诺计数还在3～6的低准入水平。

**表3－4　　发展中成员的教育服务市场准入承诺减让总计数**[③]

| 成员 | 总计数 | 成员 | 总计数 | 成员 | 总计数 |
|---|---|---|---|---|---|
| 摩尔多瓦 | 15 | 汤加 | 15 | 匈牙利 | 10 |

① WTO对发达成员与发展中成员没有明确的界定，WTO对发展中成员的归类是建立在自我选择的基础之上的，但不必为所有WTO机构自动承认。从联合国、世界银行及国际货币基金组织发布的各种资料综合来看，在58个对教育服务作出承诺的成员中，属于发达成员的有：美国、欧盟、挪威、日本、澳大利亚、奥地利、瑞士、新西兰8个；发展中成员包括中国、俄罗斯、斯洛文尼亚、新加坡、墨西哥、保加利亚、克罗地亚、拉脱维亚、爱沙利亚、斯洛伐克、捷克、土耳其、泰国、列支敦士登等37个；最不发达成员包括马里、萨摩亚、塞拉利昂、瓦图阿努、海地等13个。

② 本表依据各发达成员在GATS中的教育服务分部门市场准入承诺情况计算得出。

③ 本表依据各发展中成员在GATS中的教育服务分部门市场准入承诺情况计算得出。

续　表

| 成员 | 总计数 | 成员 | 总计数 | 成员 | 总计数 |
|---|---|---|---|---|---|
| 墨西哥 | 12.5 | 特立尼达和多巴哥 | 2.5 | 加纳 | 6 |
| 马其顿 | 9 | 乌克兰 | 13.5 | 吉尔吉斯斯坦 | 8 |
| 沙特阿拉伯 | 15 | 牙买加 | 7.5 | 黑山 | 15 |
| 塔吉克斯坦 | 12.5 | 约旦 | 13 | 格鲁吉亚 | 12 |
| 保加利亚 | 6 | 越南 | 5.5 | 哥斯达黎加 | 4 |
| 克罗地亚 | 10 | 亚美尼亚 | 6 | 巴拿马 | 7.5 |
| 拉脱维亚 | 12 | 中国台湾 | 10 | 俄罗斯 | 9.5 |
| 泰国 | 9.5 | 阿尔巴尼亚 | 10.5 | 中国 | 10 |
| 列支敦士登 | 15.5 | 阿曼 | 12 | 斯洛文尼亚 | 6 |
| 土耳其 | 11 | 立陶宛 | 12 | 捷克 | 12.5 |
| 新加坡 | 7.5 | 波兰 | 6 | 斯洛伐克 | 9 |
| 爱沙尼亚 | 12 | | | | |

在13个最不发达成员的教育服务承诺中（见表3－5），其教育服务市场准入承诺总计数为118，平均为9.07，最高计数成员是塞拉利昂、萨摩亚和索莱托，计数达到了15。而最低计数成员是刚果（金），计数为3。总体而言，最不发达成员的教育服务市场准入承诺情况和发展中成员的情况比较相似，其承诺也是参差不齐的，差距比较明显，其承诺水平的跨度较大。但还有一个情况值得关注，就是很多最不发达成员的教育服务市场准入开放程度甚至超过了很多发达成员。

**表3－5　　最不发达成员的教育服务市场准入承诺减让总计数①**

| 成员 | 总计数 | 成员 | 总计数 | 成员 | 总计数 |
|---|---|---|---|---|---|
| 索莱托 | 15 | 塞拉利昂 | 15 | 海地 | 4 |
| 老挝 | 8 | 瓦努阿图 | 12.5 | 柬埔寨 | 9 |
| 马里 | 4 | 卢旺达 | 4 | 冈比亚 | 9 |
| 萨摩亚 | 15 | 尼泊尔 | 7.5 | 佛得角 | 12 |
| 刚果（金） | 3 | | | | |

① 本表依据各最不发达成员在GATS中的教育服务分部门市场准入承诺情况计算得出。

通过上述的对比分析发现，虽然发达成员在教育服务的实力和水平方面拥有绝对的优势，但是在教育服务市场准入的承诺方面也是极为谨慎的，三类成员的教育市场准入承诺平均计数分别是10.06、10.01、9.07，体现了发达成员的教育服务市场准入程度最高、发展中成员次之、最不发达成员最低的总体态势。但三类成员之间的差距并不太大，特别是发达成员与发展中成员的差距不太明显，甚至一些最不发达国家的教育服务市场准入承诺水平还超过了教育服务大国，这体现了各成员对教育服务市场准入承诺的谨慎态度，即使是教育服务水平很高和经济实力强大的发达成员也不例外。

## 二、教育服务市场准入承诺的加权计数分析

### （一）世界银行简单计数方法的缺陷与分部门比重调整

世界银行计算的各国减让总计数，使我们对各成员教育服务市场准入的承诺减让程度有了一个比较直观的了解，也让我们对各成员国的教育服务市场准入开放程度有一个量化的比较和考察，比起纯粹的理论分析和文字阐述有了很大的进步。但是这种计数的方法也存在设计上的不足，忽视了一个很重要的问题，就是各个服务部门在国际服务贸易中所占的比重差异问题。同样，在教育服务部门也存在各分部门之间比重存在差异的问题，比如同是教育服务的分部门，“高等教育服务”与“其他教育服务”相比较，它们在整个教育服务贸易中所占的比重应该是有很大的差异，那么一成员国在“高等教育服务”中作出了“完全承诺”与一成员国在“其他教育服务”中作出的“完全承诺”具有相同的开放效果吗？显然是有很大的差异的，但在计数的时候，都是按照“1”来计算的，但在实质上是不平等的。所以，世界银行的这种计算方法虽然为我们对教育服务贸易领域各成员的市场准入承诺开放度有比较直观的了解，可以从总体上基本把握当前各类发展水平成员在教育服务市场准入的承诺情况，但这种计数方法存在很大的不科学性和不平等性。为了解决这个问题，世界银行又对各服务部门在世界服务贸易中所占的比重进行了计算，其中对教育服务部门和分部门的计数比重进行了规定（见表3-6），并在此基础上对各成员国的服务贸易承诺减让进行加权计数，以便得出相对可比的自由化减让承诺。那么，以此方法对教育服务中的分部门重新进行加权计数，可以更加合理的得出各类成员教育服务市场准入的承诺水平。

表 3-6　　教育服务部门占国际服务贸易比重①

| 教育服务分部门 | 比重（%） |
|---|---|
| 初等教育服务 | 1.5 |
| 中等教育服务 | 0.1 |
| 高等教育服务 | 2.0 |
| 成人教育服务 | 1.0 |
| 其他教育服务 | |

（二）教育服务市场准入承诺的加权计数结论

通过加权计数的方法，可以更加准确的把握各类成员教育服务市场准入的承诺水平，但这种加权计数的方法是否会改变我们对各类成员教育服务市场准入的承诺水平的判断，还需要进行具体的统计分析。

8 个作出教育服务承诺的发达成员（见表 3-7），其教育服务市场准入减让承诺加权总计数是69.75，成员平均计数为8.72，成员最高计数是瑞士和新西兰，计数为10.8，最低为美国，计数为5.5。通过加权计数的统计，像美国、澳大利亚这些世界性的教育服务贸易强国，其教育服务市场准入的承诺水平是很低的，而且发达成员之间的差距也出现了明显的差异，而简单计数的统计结果是发达成员之间的差距很小，比较平均，这也是一个明显的变化。

表 3-7　　发达成员的教育服务市场准入承诺减让加权总计数②

| 成员 | 总计数 | 成员 | 总计数 | 成员 | 总计数 |
|---|---|---|---|---|---|
| 美国 | 5.5 | 瑞士 | 10.8 | 新西兰 | 10.8 |
| 欧盟 | 9.8 | 奥地利 | 7.8 | 澳大利亚 | 6.3 |
| 挪威 | 9.2 | 日本 | 9.55 | | |

而发展中成员共37 个作出教育服务承诺（见表 3-8），其教育服务市场准入承诺加权总计数是360.1，成员平均计数为9.73，成员最高计数是摩尔瓦多、列支敦士登、马其顿、沙特阿拉伯、黑山、格鲁吉亚 6 国，计数为13.8，这种教育服务市场准入的开放承诺比发达成员的最高承诺水平还要高；最低

① 世界银行在进行加权计数时未考虑教育服务中的“其他教育服务”，因此，本书在进行加权计算时也未将其列入。

② 本表依据各发达成员在 GATS 中的教育服务市场准入承诺情况加权计算得出。

为加纳，计数为0.3。通过加权计数统计，各发展中成员的教育服务市场准入的承诺水平是很高的，而且总体上的水平有一个更大的提升，高水平承诺的成员国比较多。

**表3－8　　发展中成员的教育服务市场准入承诺减让加权总计数①**

| 成员 | 总计数 | 成员 | 总计数 | 成员 | 总计数 |
|---|---|---|---|---|---|
| 摩尔多瓦 | 13.8 | 汤加 | 10.8 | 匈牙利 | 11.5 |
| 墨西哥 | 11.5 | 特立尼达和多巴哥 | 0.5 | 加纳 | 0.3 |
| 马其顿 | 13.8 | 乌克兰 | 10.75 | 吉尔吉斯斯坦 | 9.2 |
| 沙特阿拉伯 | 13.8 | 牙买加 | 9 | 黑山 | 13.8 |
| 塔吉克斯坦 | 11.5 | 约旦 | 11.8 | 格鲁吉亚 | 13.8 |
| 保加利亚 | 5.4 | 越南 | 4.6 | 哥斯达黎加 | 4.4 |
| 克罗地亚 | 9.25 | 亚美尼亚 | 9 | 巴拿马 | 9 |
| 拉脱维亚 | 10.8 | 中国台湾 | 8.25 | 俄罗斯 | 10.5 |
| 泰国 | 11 | 阿尔巴尼亚 | 13 | 中国 | 11.6 |
| 列支敦士登 | 13.8 | 阿曼 | 9.3 | 土耳其 | 11.5 |
| 斯洛伐克 | 9.3 | 捷克 | 11.5 | 新加坡 | 8.75 |
| 立陶宛 | 10.8 | 爱沙尼亚 | 9.3 | 波兰 | 6.9 |
| 斯洛文尼亚 | 6.3 | | | | |

在13个最不发达成员的教育服务承诺中（见表3－9），其教育服务市场准入的承诺总计数为117.4，平均为9.03，最高计数成员是索莱托、塞拉利昂和萨摩亚，计数达到了13.8，而最低计数成员马里、海地和卢旺达，计数为4。

**表3－9　　最不发达成员的教育服务市场准入承诺减让加权总计数②**

| 成员 | 总计数 | 成员 | 总计数 | 成员 | 总计数 |
|---|---|---|---|---|---|
| 马里 | 4 | 塞拉利昂 | 13.8 | 海地 | 4 |
| 萨摩亚 | 13.8 | 瓦努阿图 | 11.5 | 柬埔寨 | 9 |

① 本表依据各发展中成员在GATS中的教育服务市场准入承诺情况加权计算得出。
② 本表依据各最不发达成员在GATS中的教育服务市场准入承诺情况加权计算得出。

续　表

| 成员 | 总计数 | 成员 | 总计数 | 成员 | 总计数 |
|---|---|---|---|---|---|
| 索莱托 | 13.8 | 卢旺达 | 4 | 冈比亚 | 7.5 |
| 老挝 | 11.5 | 尼泊尔 | 9.2 | 佛得角 | 9.3 |
| 刚果（金） | 6 | | | | |

通过对教育服务市场准入承诺加权计数的对比分析发现，与简单计数的统计分析结果相比，出现了一些变化。其一，三类成员教育服务市场准入承诺的平均计数发生了变化，加权之前的平均计数发达成员排第一（10.06），发展中成员第二（10.01），最不发达成员第三（9.07）。但加权计数之后的排名是发展中成员第一（9.73），最不发达成员第二（9.03），发达成员第三（8.72）。很多发达成员的加权承诺水平都比发展中成员低，也比一些最不发达成员低。因此，我们可以看出，发达成员在整个教育服务部门中，在贸易额较大的教育服务分部门中，总体市场准入承诺程度存在较大的保守，体现出极为谨慎的态度。其二，教育服务市场准入承诺计数最高和最低的成员发生了变化，加权前最低水平的市场准入承诺是特立尼达和多巴哥，但加权之后是加纳，而最高教育服务市场准入承诺的国家数量增多了，由原来的1个增加到9个并列。其三，各类成员内部的加权计数出现了参差不齐的现象，成员之间的差异性比较突出，不像简单计数方法得出的结果是比较平均和接近的。

## 第三节　教育服务分部门的市场准入承诺水平

### 一、教育服务分部门市场准入的覆盖率

服务贸易的多边减让是以部门为基础进行谈判的，在作出服务贸易承诺的成员中，一成员承诺减让的服务贸易分部门数量越多，覆盖面就越大，该成员的服务贸易市场准入开放程度就可能越大，至少在服务贸易“逐步自由化”的原则指引之下，在以后的服务贸易谈判磋商中，存在进一步开放的可能和平台。同样，对教育服务部门来说，对5个教育服务分部门承诺开放的数量越多，其教育服务市场准入水平就可能越高，因此，对一成员教育服务市场准入程度的分析，必须考虑该成员的分部门承诺覆盖率。与此同时，考

虑到加权计数的情况，所以在计算各成员国的教育服务分部门市场准入的时候，也采取了两种方式：一种是按世界银行的简单计数法统计，即不考虑分部门在国际服务贸易中的比重（见表3－10）；另一种是按前面所述的加权计数法统计，即要考虑分部门在国际服务贸易中的比重（见表3－11）。

（一）简单计数法的分析

通过统计分析表3－10，我们将所有作出了教育服务承诺的成员分为三类进行统计分析。具体分析如下：

（1）在发达成员方面，教育服务市场准入承诺的部门覆盖率平均为70%。其中只有1个成员对所有5个教育服务分部门都作出了承诺，占12.5%；有3个成员对其中的4个分部门的市场准入作出了承诺，占37.8%；有3个成员对其中的3个分部门市场准入作出了承诺，占37.5%；有1个成员对其中的2个分部门市场准入作出了承诺，占12.5%。

（2）在发展中成员方面，教育服务市场准入承诺的部门覆盖率平均为77.29%。其中对所有5个服务教育分部门作出市场准入承诺的有11个成员，占29.74%；对其中4个分部门市场准入作出承诺的有15个成员，占40.55%；对其中3个分部门市场准入作出承诺的有7个成员，占18.93%；对其中2个分部门作出市场准入承诺的有3个成员，占8.12%；对其中1个分部门作出市场准入承诺有1个成员，占2.7%。

（3）在最不发达成员方面，教育服务市场准入承诺的部门覆盖率平均为64.62%，其中对所有5个服务教育分部门作出市场准入承诺的有5个成员，占38.46%；对其中4个分部门作出市场准入承诺的有1个成员，占7.69%；对其中3个分部门作出市场准入承诺的有3个成员，占23.08%；对其中1个分部门作出市场准入承诺的有4个成员，占30.77%。

**表3－10　各类成员的教育服务分部门市场准入承诺减让覆盖率**[①]

| 发达成员部门覆盖率（%） | | 发展中成员部门覆盖率（%） | | | | 最不发达成员部门覆盖率（%） | |
|---|---|---|---|---|---|---|---|
| 美国 | 40 | 摩尔多瓦 | 100 | 中国台湾 | 80 | 马里 | 20 |
| 欧盟 | 80 | 墨西哥 | 100 | 阿尔巴尼亚 | 80 | 萨摩亚 | 100 |
| 挪威 | 80 | 马其顿 | 60 | 阿曼 | 80 | 塞拉利昂 | 100 |
| 日本 | 100 | 沙特阿拉伯 | 100 | 保加利亚 | 60 | 瓦努阿图 | 100 |

① 本表依据各成员在GATS中的教育服务分部门市场准入承诺情况计算得出。

续　表

| 发达成员部门覆盖率（%） | | 发展中成员部门覆盖率（%） | | | | 最不发达成员部门覆盖率（%） | |
|---|---|---|---|---|---|---|---|
| 瑞士 | 80 | 塔吉克斯坦 | 100 | 克罗地亚 | 80 | 海地 | 20 |
| 新西兰 | 60 | 泰国 | 80 | 拉脱维亚 | 80 | 索莱托 | 100 |
| 澳大利亚 | 60 | 汤加 | 100 | 匈牙利 | 80 | 老挝 | 100 |
| 奥地利 | 60 | 特立尼达和多巴哥 | 20 | 加纳 | 40 | 卢旺达 | 20 |
| | | 乌克兰 | 100 | 吉尔吉斯斯坦 | 80 | 冈比亚 | 60 |
| | | 牙买加 | 60 | 黑山 | 100 | 佛得角 | 80 |
| | | 约旦 | 100 | 格鲁吉亚 | 80 | 尼泊尔 | 60 |
| | | 越南 | 80 | 哥斯达黎加 | 60 | 柬埔寨 | 60 |
| | | 立陶宛 | 80 | 巴拿马 | 60 | 刚果（金） | 20 |
| | | 亚美尼亚 | 40 | 俄罗斯 | 80 | | |
| | | 列支敦士登 | 100 | 中国 | 100 | | |
| | | 爱沙尼亚 | 80 | 土耳其 | 80 | | |
| | | 捷克 | 100 | 新加坡 | 60 | | |
| | | 斯洛文尼亚 | 40 | 波兰 | 80 | | |
| | | 斯洛伐克 | 60 | | | | |

综上可以看出，在教育服务市场准入承诺的部门覆盖率方面，发展中成员所作承诺的部门覆盖率是最高的，其次为发达成员，最后是最不发达成员。而且，与发展中成员的多个层次比较，发达成员都要低一些。而对于最不发达成员，即使部门覆盖率最低，但仍然有5个最不发达成员对所有教育服务分部门的市场准入作出了一定的承诺，这是难能可贵的。

（二）加权计数法的分析

通过统计分析表3-11，我们可以看出：发达成员的教育服务部门的市场准入承诺加权减让平均覆盖率为70.76%，发展中成员的教育服务部门的市场准入承诺平均覆盖率为73.22%，最不发达成员的教育服务部门的市场准入承诺加权减让平均覆盖率为66.76%。通过加权计算的方法和简单计数方法得出的结论是基本相同的，加权计数得出的教育服务部门市场准入承诺覆盖率，发展中成员高于发达成员，这说明在教育服务分部门中，服务比重更大的教育服务分部门中，发展中成员所作的教育服务分部门覆盖率是要高于发达成员的。

**表 3－11　各类成员的教育服务部门市场准入承诺加权减让覆盖率**①

| 发达成员部门覆盖率（%） | | 发展中成员部门覆盖率（%） | | | | 最不发达成员部门覆盖率（%） | |
|---|---|---|---|---|---|---|---|
| 美国 | 35.7 | 摩尔多瓦 | 100 | 中国台湾 | 73.2 | 马里 | 17.9 |
| 欧盟 | 82.1 | 墨西哥 | 100 | 阿尔巴尼亚 | 82.1 | 萨摩亚 | 100 |
| 挪威 | 82.1 | 马其顿 | 55.4 | 阿曼 | 73.2 | 塞拉利昂 | 100 |
| 日本 | 100 | 沙特阿拉伯 | 100 | 保加利亚 | 46.4 | 瓦努阿图 | 100 |
| 瑞士 | 82.1 | 塔吉克斯坦 | 100 | 克罗地亚 | 73.2 | 海地 | 17.9 |
| 新西兰 | 64.3 | 泰国 | 82.1 | 拉脱维亚 | 82.1 | 索莱托 | 100 |
| 澳大利亚 | 55.4 | 汤加 | 100 | 匈牙利 | 82.1 | 老挝 | 100 |
| 奥地利 | 64.4 | 特立尼达和多巴哥 | 17.9 | 加纳 | 19.6 | 卢旺达 | 17.9 |
| | | 乌克兰 | 100 | 吉尔吉斯斯坦 | 82.1 | 尼泊尔 | 71.4 |
| | | 牙买加 | 64.3 | 黑山 | 100 | 柬埔寨 | 71.4 |
| | | 约旦 | 100 | 格鲁吉亚 | 82.1 | 冈比亚 | 62.5 |
| | | 越南 | 73.2 | 哥斯达黎加 | 64.3 | 佛得角 | 73.2 |
| | | 立陶宛 | 82.1 | 巴拿马 | 64.3 | 刚果（金） | 35.7 |
| | | 亚美尼亚 | 43.6 | 俄罗斯 | 82.1 | | |
| | | 列支敦士登 | 100 | 中国 | 100 | | |
| | | 土耳其 | 64.3 | 爱沙尼亚 | 73.2 | | |
| | | 新加坡 | 71.4 | 捷克 | 100 | | |
| | | 波兰 | 82.1 | 斯洛文尼亚 | 37.5 | | |
| | | 斯洛伐克 | 55.4 | | | | |

## 二、教育服务分部门四种提供方式的市场准入承诺

在对市场准入作出承诺时，WTO 成员对教育服务分部门的市场准入作出了较多的限制。如 WTO 成员在对教育服务的五个分部门作出承诺时，除了海

① 本表依据各成员在 GATS 中的教育服务分部门市场准入承诺情况加权计算得出。

地和卢旺达两个最不发达成员对成人教育服务市场准入作出完全承诺外，其他成员对教育服务市场准入作出承诺时，都按不同的教育服务提供方式设置了很多的限制条件。其中，相比较而言，如表 3 - 12 所示，对高等教育服务作出承诺的成员国最多，限制条件也相对较少，无论是简单计数的方法还是加权计数的方法，高等教育服务都是承诺水平最高的分部门。虽然有很多成员对初等教育服务作出了承诺，其简单计数的数值也不低，但很多的成员都在具体承诺表中进行了保留，将很多的限制条件加在了承诺表中，特别是发达成员把承诺更多地限制在私立教育服务上；成人教育和其他教育的限制较少，但对其他教育服务作出承诺的成员也是较少的，有的还进行了特别的说明和限制。而初等教育服务也是很多成员作出承诺的一个分部门，但限制条件也较多，无论是简单计数，还是加权计数，其总是最低的一个教育服务分部门。

**表 3 - 12　　教育服务分部门市场准入承诺减让总计数①**

| 教育服务分部门 | 初等教育 | 中等教育 | 高等教育 | 成人教育 | 其他教育 |
|---|---|---|---|---|---|
| 总计数 | 88.5 | 114 | 126.5 | 121.5 | 81 |
| 加权总计数 | 132.75 | 11.4 | 253 | 121.5 | |

为了更具体的分析五个教育服务分部门的市场准入承诺情况，下面就按分部门的不同提供方式进行分析，主要从各分部门的具体承诺情况，即按“完全承诺”“部分承诺”“不作承诺”来进行分析。

（一）初等教育服务

在 GATS 下对教育服务作出承诺的 58 个成员中，有 35 个成员对初等教育服务作出了市场准入承诺，其比例是 60.35% 。就各类成员分类来看，8 个发达成员中有 6 个对初等教育服务市场准入作出承诺，比例是 75% 。有的发达成员把承诺限制在对私立初等教育的服务上，如新西兰。37 个发展中成员中有 23 个对初等教育服务市场准入作出承诺，比例为 62.16% 。部分发展中成员将范围限制在私立教育方面，如保加利亚、格鲁吉亚等，而中国的承诺排除了义务教育和特殊教育服务，如军队、警察、政治和党校教育。13 个最不发达成员中有 6 个成员对初等教育服务市场准入作出承诺，比例是 46.15% 。因此，就初等教育服务分部门的准入承诺来看，发达成员是高于发展中成员

① 本表依据各成员在 GATS 中的教育服务分部门市场准入承诺情况统计得出。

和最不发达成员的，而且差距明显。当然，仅从简单的分部门承诺比例还不足以全面把握各成员具体的市场准入承诺情况，因此，有必要从教育服务的四种提供方式入手，具体分析各类成员在初等教育服务中的市场准入承诺情况（见表3－13）。

**表3－13　　各类成员初等教育服务四种提供方式的市场准入承诺比例情况①**

| 各类成员及承诺类型 \ 提供方式 | | 跨境提供 | 跨境消费 | 商业存在 | 自然人存在 |
|---|---|---|---|---|---|
| 发达成员 | 完全承诺 | 25% | 62.50% | 50% | 0 |
| | 部分承诺 | 25% | 12.50% | 25% | 12.50% |
| | 不作承诺 | 50% | 25% | 25% | 87.50% |
| 发展中成员 | 完全承诺 | 40.54% | 62.16% | 27.03% | 0 |
| | 部分承诺 | 5.41% | 0 | 32.43% | 8.11% |
| | 不作承诺 | 54.05% | 37.84% | 40.54% | 91.89% |
| 最不发达成员 | 完全承诺 | 38.46% | 46.15% | 30.77% | 0 |
| | 部分承诺 | 0 | 0 | 16.39% | 0 |
| | 不作承诺 | 61.54% | 53.84% | 52.84% | 100% |

从表3－13可以看出，各成员在不同的提供方式方面，存在更细致的市场准入差异。一些成员虽然对初等教育服务领域做出了承诺，但在具体提供方式方面，也存在选择性承诺的现象。

模式1：跨境提供。发达成员只有奥地利和新西兰作出了“完全承诺”，占承诺比重25%；作出“部分承诺”的有欧盟、挪威2个成员，占承诺比重25%；其余4个成员“不作承诺”，占比达到50%。而发展中成员作出“完全承诺”的有15个，占承诺比重达40.54%；作出“部分承诺”的有2个，占承诺比重的5.41%；“不作承诺”的有6个，占比为54.05%。在最不发达成员中，有5个作出了“完全承诺”，占承诺比重38.46%，另外8个“不作承诺”，占比达61.54%。从数据的对比可以看出，各类成员对初等教育服务模式1的市场准入选择是比较谨慎的，不作承诺成员都超过了半数。虽然发达成员的承诺比例更高，而在“完全承诺”的占比方面，发展中成员和最不

① 依据各成员在GATS中的初等教育服务市场准入承诺整理而成。

发达成员都超过了发达成员，其市场准入开放程度更高。

模式2：跨境消费。大部分发达成员作出了“完全承诺”，共有欧盟、挪威等5个成员，占承诺比重62.5%；作出“部分承诺”的有1个成员，占12.5%，其余2个成员“不作承诺”，占比为25%。而发展中成员作出“完全承诺”的成员有23个，占承诺比重达62.16%；其余14个成员“不作承诺”，占比为46.15%。最不发达成员作出“完全承诺”的有6个，占承诺比重46.15%；“不作承诺”的有7个，占比为53.84%。总体来说，在初等教育服务模式2的市场准入方面，发达成员无论是在承诺比例，还是在“完全承诺”的比例方面，都是高于发展中成员和最不发达成员的；而从承诺的类型结构上来看，发展中成员和最不发达成员的区分更加明显，都是非此即彼的承诺方式，即要么“完全承诺”，要么“不作承诺”。

模式3：商业存在。发达成员作出“完全承诺”的有4个，占承诺比重50%；作出“部分承诺”的有2个成员，占承诺比重25%；其余2个成员“不作承诺”，占比为25%。而发展中成员作出“完全承诺”的有10个，占承诺比重27.03%；作出“部分承诺”的有12个成员，占承诺比重32.43%；其余15个成员“不作承诺”，占比为40.54%。最不发达成员作出“完全承诺”的有4个，占承诺比重30.77%；作出“部分承诺”的有2个成员，占承诺比重16.39%；“不作承诺”占比为52.84%。就初等教育服务模式3而言，无论是在承诺比例，还是在“完全承诺”的比例方面，发达成员的市场准入承诺要远远高于发展中成员和最不发达成员。

模式4：自然人存在。发达成员中，除了欧盟作出了“部分承诺”外，其他发达成员对初等教育服务的模式4都未作出任何准入承诺。而发展中成员除了哥斯达黎加、土耳其和中国作出“部分承诺”外，没有其他成员作出任何承诺。最不发达成员对初等教育服务的“自然人存在”方式都未作出任何承诺。因此，几类成员的情况基本相同，对初等教育服务模式4都未进行开放，特别是最不发达成员。

（二）中等教育服务

在58个成员中，有45个成员对中等教育服务作了承诺，比例是77.59%。从各类成员分别来看，在8个发达成员中，对中等教育服务市场准入作出承诺的有7个，比例是87.5%，比对初等教育服务准入作出承诺的成员要多。在37个发展中成员中，有32个对中等教育服务作出了承诺，比例达到84.21%，这比发达成员的比例要稍低，在对中等教育服务的保留限制方面，也主要是部分成员将范围限制在私立教育方面，如保加利亚、格鲁吉亚、越南、斯洛伐克、斯洛文尼亚等就明确限于私立教育及一些技能、管理方面的培训教育服务，中国的承诺排除了义务教育和特殊教育服务。在13个最不发达成员中，有6个对中等教育服务的市场准入作出承诺，比例是46.15%，和其他两类成员的承诺比例差距较大。

**表3－14　各类成员中等教育服务四种提供方式的市场准入承诺比例情况①**

| 各类成员及承诺类型 \ 提供方式 | | 跨境提供 | 跨境消费 | 商业存在 | 自然人存在 |
|---|---|---|---|---|---|
| 发达成员 | 完全承诺 | 30% | 75% | 62.5% | 0 |
| | 部分承诺 | 25% | 0 | 25% | 12.5% |
| | 不作承诺 | 25% | 25% | 12.5% | 87.5% |
| 发展中成员 | 完全承诺 | 62.16% | 86.49% | 37.84% | 0 |
| | 部分承诺 | 10.81% | 0 | 43.24% | 8.11% |
| | 不作承诺 | 27.03% | 13.51% | 18.92% | 91.89% |
| 最不发达成员 | 完全承诺 | 38.46% | 46.15% | 30.77% | 0 |
| | 部分承诺 | 0 | 0 | 15.39% | 0 |
| | 不作承诺 | 61.54% | 53.84% | 53.84% | 100% |

从中等教育服务四种提供方式的市场准入角度来看，依表3－14可以得知，由于中等教育服务也会涉及成员国国内的义务教育或基础教育，很多成员还是未作承诺或进行了很多限制性承诺，特别是最不发达成员。

模式1：跨境提供。发达成员作出“完全承诺”的有4个，占承诺比重50%；作出“部分承诺”的有2个成员，占承诺比重25%；2个“不作承诺”，占比为25%。发展中成员作出“完全承诺”的有23个，占承诺比重62.16%，超过发达成员；作出“部分承诺”的有4个，占承诺比重10.81%；其余10个成员“不作承诺”，占比为27.03%。最不发达成员作出“完全承诺”的有5个，占承诺比重38.46%；8个“不作承诺”，占比为61.54%。因此，在模式1中，发达成员和发展中成员的承诺比例是差不多的，发展中成员甚至在“完全承诺”的比例上要高于发达成员，而最不发达成员的承诺水平，是要远低于其他两类成员的。

① 依据各成员在GATS中的中等教育服务市场准入承诺整理而成。

模式2：跨境消费。发达成员除了美国、日本“不作承诺”以外，其他对中等教育服务有承诺的成员，都作出了“完全承诺”，占承诺比重75%，说明发达成员对中等教育模式2的限制较少。而发展中成员作出“完全承诺”的有32个，占承诺比重达86.49%，说明发展中成员在中等教育服务模式2的市场准入开放程度是比较高的。最不发达成员作出“完全承诺”的有6个，占承诺比重46.15%，7个“不作承诺”，占比为53.85%。因此，各类对中等教育服务模式2中的市场准入承诺是比较高的，特别是发展中成员和发达成员的“完全承诺”比例很高，这样的承诺在所有四种提供方式中都是最高的，说明除最不发达成员外，大部分发展中成员和发达成员对中等教育服务模式2的市场准入限制是比较少的。

模式3：商业存在。发达成员作出“完全承诺”的有5个，占承诺比重62.5%，作出“部分承诺”的有2个，占承诺比重25%。发展中成员作出“完全承诺”的成员有14个，占承诺比重37.84%；作出“部分承诺”的有16个成员，占承诺比重43.24%；其余7个成员未作出承诺，占比为18.92%。最不发达成员作出“完全承诺”的成员有4个，占承诺比重30.77%；作出“部分承诺”的有2个成员，占承诺比重15.39%；7个成员“未作承诺”，占比为53.85%。因此，就中等教育模式3而言，发达成员作出“完全承诺”的比例较高，远高于发展中成员和最不发达成员，表明发达成员此方式的市场准入程度较高。而发展中成员的“部分承诺”比例很高，说明大部分发展中成员还是在中等教育服务模式3中作出了一定的承诺，但由于用自身利益和教育体系的考量，选择了很多的限制和保留。

模式4：自然人存在。发达成员除了欧盟作出了“部分承诺”外，其他发达成员对中等教育服务模式4都未作出任何准入承诺。发展中成员除了哥斯达黎加、土耳其和中国作出“部分承诺”外，没有其他成员作出任何承诺。最不发达成员对中等教育服务的“自然人存在”方式都未作出任何承诺，这和其他两类成员的情况差别不大。

### （三）高等教育服务

作为当前全球教育服务贸易份额最大的一个分部门，各成员对高等教育服务的市场准入程度还是比较高的。在58个成员中，有47个成员对高等教育服务作出了承诺，比例是81.03%，这在所有的教育服务分部门中是最高的，除美国外，全球主要的教育服务贸易成员都对高等教育服务的市场准入进行了承诺。当然，也有一些成员将高等教育服务的市场准入限制在了私立教育范围，如新西兰、斯洛伐克、斯洛文尼亚等成员。从各类成员分别来看，

8个发达成员中对高等教育服务市场准入作出承诺的有6个，比例是75%，这和初等教育服务准入承诺一样。在37个成员中有32个对高等教育服务市场准入作出承诺，比例达到86.49%，这比发达成员的承诺比例要高。最不发达成员而言，13个成员中有9个成员对高等教育服务的市场准入作出承诺，比例是69.23%，和其他两类成员有一定的差距。

从四种提供方式的角度来看（详见表3－15），发展中成员的高等教育服务四种提供方式的市场准入程度要高于发达成员，这说明发展中成员对高等教育服务领域的开放程度是高于发达成员的。

**表3－15　各类成员高等教育服务四种提供方式的市场准入承诺比例情况①**

| 各类成员及承诺类型＼提供方式 | | 跨境提供 | 跨境消费 | 商业存在 | 自然人存在 |
|---|---|---|---|---|---|
| 发达成员 | 完全承诺 | 62.50% | 75% | 37.50% | 0 |
| | 部分承诺 | 12.50% | 0 | 37.50% | 12.50% |
| | 不作承诺 | 25% | 25% | 25% | 87.50% |
| 发展中成员 | 完全承诺 | 72.97% | 81.08% | 43.24% | 2.7% |
| | 部分承诺 | 5.41% | 2.7% | 40.54% | 5.4% |
| | 不作承诺 | 21.62% | 16.22% | 16.22% | 91.9% |
| 最不发达成员 | 完全承诺 | 69.23% | 69.23% | 46.15% | 0 |
| | 部分承诺 | 0 | 0 | 0 | 0 |
| | 不作承诺 | 30.77% | 30.77% | 53.85% | 100% |

模式1：跨境提供。发达成员作出“完全承诺”的有5个，占承诺比重62.5%；作出“部分承诺”的有1个成员，占承诺比重12.5%；2个成员“不作承诺”，占比为25%。发展中成员作出“完全承诺”的有27个，占承诺比重72.97%；超过发达成员；作出“部分承诺”的有2个成员，占承诺比重5.4%，其他8个成员未作出承诺，占比为21.62%。最不发达成员作出“完全承诺”的有9个，占承诺比重76.92%；其余4个成员未作出承诺，占比为30.77%。

模式2：跨境消费。有6个发达成员作出了“完全承诺”，占承诺比重75%，说明发达成员对高等教育服务模式2的限制较少，其他2个成员未作

① 依据各成员在GATS中的高等教育服务市场准入承诺整理而成。

出承诺，占比为25%；发展中成员中，有30个成员全部作出了“完全承诺”，占承诺比重高达81.08%，有1个成员作出“部分承诺”，占承诺比重2.7%，其余6个成员未作出承诺，占比为16.22%。说明发展中成员在高等教育服务模式2的市场准入方面和发达成员一样，很少有限制。最不发达成员中，有9个作出了“完全承诺”，占承诺比重69.23%，也是三类成员中最低的，其余4个成员未作出承诺，占比为30.77%。

模式3：商业存在。发达成员作出“完全承诺”的有3个，占承诺比重37.5%，作出“部分承诺”的有3个成员，占承诺比重37.5%，其余2个成员未作出承诺，占比为25%。发展中成员作出“完全承诺”的有16个，占承诺比重43.24%，作出“部分承诺”的有15个成员，占承诺比重40.54%，6个成员未作出承诺，占比为30.77%。就高等教育服务的模式3的市场准入而言，发展中成员的市场准入程度比发达成员更高。最不发达成员作出“完全承诺”有6个，占承诺比重46.15%，其余7个成员未作出承诺，占比为53.85%。

模式4：自然人存在。发达成员除了欧盟作出了“部分承诺”外，其他发达成员对高等教育服务模式4未作出任何准入承诺。发展中成员中，土耳其作出了“完全承诺”承诺，哥斯达黎加和中国作出了“部分承诺”，其他成员都未作出任何承诺。最不发达成员未作出任何承诺。

（四）成人教育服务

在58个成员中，有47个成员对成人教育服务作了承诺，比例是81.03%，其承诺的覆盖范围和高等教育服务相同，几乎所有的教育服务大国都对成人教育服务的市场准入进行了承诺，但这类教育服务又是限制保留比较多的类型，很多成员都将其限制在私立教育，或者限于指定的教育服务领域。从各类成员分别来看，在8个发达成员中，对成人教育服务市场准入作出承诺的有6个，占承诺比重75%，这和中等教育情况差不多，但比对初等教育服务准入承诺要多。在37个发展中成员中，有29个对成人教育服务市场准入作出承诺，比例达到76.32%，这和发达成员的比例差不多，说明在该教育服务分部门上，在对成人教育服务的保留方面主要是对承诺范围的限制规定。13个最不发达成员中，全部对成人教育服务的市场准入作出承诺，比例是100%，这样的承诺比例超过了发达成员和发展中成员，但马里和海地都作出了部分的限制条件。①

---

① 马里“限于手工艺领域的成人教育”；海地“仅适用于实体培训中心的教育服务”。

**表 3－16　各类成员成人教育服务四种提供方式的市场准入承诺比例情况**[①]

| 各类成员及承诺类型 \ 提供方式 | | 跨境提供 | 跨境消费 | 商业存在 | 自然人存在 |
|---|---|---|---|---|---|
| 发达成员 | 完全承诺 | 62. 50% | 75% | 50% | 0 |
| | 部分承诺 | 12. 50% | 0 | 25% | 12. 50% |
| | 不作承诺 | 25% | 25% | 25% | 87. 50% |
| 发展中成员 | 完全承诺 | 67. 57% | 75. 68% | 43. 24% | 0 |
| | 部分承诺 | 5. 40% | 1. 25% | 35. 14% | 2. 70% |
| | 不作承诺 | 27. 03% | 21. 62% | 21. 62% | 97. 30% |
| 最不发达成员 | 完全承诺 | 92. 31% | 92. 31% | 69. 23% | 0 |
| | 部分承诺 | 0 | 0 | 23. 08% | 23. 08% |
| | 不作承诺 | 7. 69% | 7. 69% | 7. 69% | 76. 92% |

从表 3－16 可以看出，在成人教育服务四种提供方式的市场准入承诺中，让人意料的是，最不发达成员的总体市场承诺开放度是最高的。无论是从成人教育分部门的覆盖率，还是从四种提供方式的“完全承诺”比重来看，都是高于发达成员和发展中成员的承诺水平的。

模式 1：跨境提供。发达成员作出“完全承诺”的有 5 个，占承诺比重 62. 5%；作出“部分承诺”的有 1 个成员，占承诺比重 12. 5%；有 2 个成员“未作承诺”，占比为 25%。发展中成员中，作出“完全承诺”的有 25 个，占承诺比重 67. 57%；作出“部分承诺”的有 2 个，占承诺比重 5. 4%；其他 10 个成员未作出承诺，占比为 27. 03%。最不发达成员中，作出“完全承诺”的有 12 个，占承诺比重 92. 31%，这是三类成员中最高的。

模式 2：跨境消费。发达成员中有 6 个作出了“完全承诺”，占承诺比重 75%；其余 2 个成员“未作承诺”，占比为 25%。说明发达成员对成人教育模式 2 的限制较少。发展中成员有 28 个作出了“完全承诺”，占承诺比重达 75. 68%；有 8 个成员“不作承诺”，占比为 21. 62%；只有波兰作出“部分承诺”。说明发展中成员和发达成员一样，对成人教育服务模式 2 的市场准入限制较少。最不发达成员中，作出“完全承诺”的成员也是 12 个，占承诺比

① 依据各成员在 GATS 中的成人教育服务市场准入承诺整理而成。

重92.31%，也是三类成员中最高的。

模式3：商业存在。发达成员作出“完全承诺”的有4个，占承诺比重50%；作出“部分承诺”的有2个成员，占承诺比重25%，其余2个成员“不作承诺”，占比为25%。发展中成员中，作出“完全承诺”的成员有16个，占承诺比重43.24%；作出“部分承诺”的有13个成员，占承诺比重35.14%，其余8个成员“未作承诺”，占比为21.62%。就成人教育服务模式3的市场准入而言，与模式2相同，发展中成员与发达成员的市场准入程度几乎一样。最不发达成员中，作出“完全承诺”的成员有9个，占承诺比重69.23%；作出“部分承诺”的有3个成员，占承诺比重23.08%，1个成员“不作承诺”，占比为7.69%。

模式4：自然人存在。发达成员中，除了欧盟作出了“部分承诺”外，其他发达成员对成人教育服务的“自然人存在”方式都未作出任何准入承诺。发展中成员除了中国作出“部分承诺”外，没有其他成员作出任何承诺。而在最不发达成员中，有3个作出了“完全承诺”，占承诺比重23.08%，其他成员都未作出任何承诺，这种市场准入力度要大于发达和发展中成员。

（五）其他教育服务

在58个成员中，有30个成员对其他教育服务作了承诺，比例是51.72%，其承诺的覆盖范围是所有教育服务分部门中最低的，而且在这些作出承诺的成员中，有近30%的成员都对成人教育服务的市场准入进行范围的限制[①]。从各类成员来看，在8个发达成员中，对其他教育服务市场准入作出承诺的有3个，比例是37.5%；在37个发展中成员中，有18个成员对其他教育服务市场准入作出承诺，比例达到48.65%，这比发达成员的比例要高。在13个最不发达成员中，有9个成员对其他教育服务的市场准入作出承诺，比例是69.23%，这样的承诺比例大大超过了发达成员和发展中成员。说明在该教育服务分部门上，最不发达成员的其他教育服务分部门的准入承诺覆盖率更高。

① 如墨西哥“仅限于语言教育、专业教育和商业培训服务”，萨摩亚“仅限于培训（如语言、驾驶、设计、技术等）、教育测试服务、社会课程、学校教育项目、辅导和预备课程服务”，沙特阿拉伯“仅限于技能培训和泰国烹饪、语言培训服务”，塔吉克斯坦“仅限于培训（如语言、驾驶、设计、技术等）、教育测试服务、社会课程、学校教育项目、辅导和预备课程服务”，特立尼达和多巴哥“仅限于专业短期培训服务”，约旦“专指文化中心服务”，爱沙利亚“排除政府提供的教育服务”，黑山“仅限于培训服务（如语言、驾驶、设计、信息技术等培训）和教育测试服务”。

表3-17　各类成员其他教育服务四种提供方式的市场准入承诺比例情况①

| 各类成员及承诺类型 \ 提供方式 | | 跨境提供 | 跨境消费 | 商业存在 | 自然人存在 |
|---|---|---|---|---|---|
| 发达成员 | 完全承诺 | 37.5% | 37.5% | 25% | 0 |
| | 部分承诺 | 0 | 0 | 12.5% | 0 |
| | 不作承诺 | 62.5% | 62.5% | 67.5% | 100% |
| 发展中成员 | 完全承诺 | 40.54% | 48.65% | 24.32% | 0 |
| | 部分承诺 | 2.7% | 0 | 24.32% | 8.11% |
| | 不作承诺 | 56.76% | 51.35% | 51.36% | 91.89% |
| 最不发达成员 | 完全承诺 | 61.54% | 61.54% | 38.46% | 0 |
| | 部分承诺 | 7.7% | 7.7% | 23.08% | 0 |
| | 不作承诺 | 30.76% | 30.76% | 38.46% | 100% |

由表3-17可以看出，从其他教育服务四种提供方式的市场准入承诺来看，开放程度最高的是最不发达成员，其次是发展中成员，最后是发达成员。这表明，目前“其他教育服务”的定义和范围尚未明确，很多成员，特别是发达成员在进行市场准入承诺时，选择比发展中成员和最不发达成员都更加保守和谨慎的态度。

模式1：跨境提供。在8个发达成员中，作出“完全承诺”的有3个，占承诺比重37.5%；有5个成员“不作承诺”，占比为62.5%。发展中成员中，作出“完全承诺”的成员有15个，占承诺比重40.54%；作出“部分承诺”的有1个，占承诺比重2.7%，其余21个成员“不作承诺”，占比为56.76%。在最不发达成员中，作出“完全承诺”的有8个，占承诺比重61.54%，有1个成员作出“部分承诺”，占承诺比重7.7%，其余4个“不作承诺”，占比为30.76%。

模式2：跨境消费。在发达成员中，有3个作出了“完全承诺”，占承诺比重37.5%，其余5个成员“不作承诺”，占比为62.5%。在发展中成员中，有18个成员作出了“完全承诺”，占承诺比重达48.65%，其余19个成员“不作承诺”，占比为51.35%。在最不发达成员中，作出“完全承诺”的成

① 依据各成员在GATS中的其他教育服务市场准入承诺整理而成。

员也是8个，占承诺比重61.54%，1个成员作出“部分承诺”，占承诺比重7.7%，其余4个“不作承诺”，占比为30.76%。

模式3：商业存在。在发达成员中，作出“完全承诺”的成员有2个，占承诺比重25%；作出“部分承诺”的有1个成员，占承诺比重12.5%，其余5个“不作承诺”，占比为67.25%。在发展中成员中，作出“完全承诺”的成员有9个，占承诺比重24.32%；作出“部分承诺”的有9个成员，占承诺比重24.32%，其余19个“不作承诺”，占比为51.36%。在最不发达成员中，作出“完全承诺”的成员有5个，占承诺比重38.46%；作出“部分承诺”的有3个成员，占承诺比重23.08%，其余5个成员“不作承诺”，占比为38.46%。

模式4：自然人存在。发达成员对其他教育服务的“自然人存在”方式都未作出任何准入承诺；发展中成员除了中国、土耳其、特立尼达和多巴哥4个成员作出“部分承诺”外，没有其他成员作出任何承诺；最不发达成员都未作出任何承诺。

## 本章小结

GATS所规定的服务贸易市场准入是一项具体承诺义务，而这种具体承诺的清单方式主要是“肯定清单”，但兼有“否定清单”方式，教育服务市场准入的具体承诺也采取了这两种方式。

对当前各成员对教育服务市场准入承诺的分析，主要采用世界银行的统计计数方法来对GATS中成员的教育服务市场准入承诺表进行量化分析。如果采取简单计数，发达成员的教育服务市场准入承诺开放程度要高于发展中成员和最不发达成员，但如果按照更加合理的加权计数统计，发展中成员的教育服务市场准入承诺开放程度最高，发达成员最低。可见，发达成员在贸易额较大的教育服务分部门中，总体市场准入承诺程度存在较大的保守，体现出极为谨慎的态度。

服务贸易的多边减让是以部门为基础进行谈判的，一成员的承诺减让的教育服务分部门数量越多，覆盖面就越大，该成员教育服务市场准入开放程度就可能越高，至少在服务“逐步自由化”的原则指引之下，在以后的服务贸易谈判磋商中，存在进一步开放的可能和平台。因此，通过对各类成员的教育服务分部门的市场准入覆盖率的分析是必要的。通过简单计数的分析，发展中成员所作承诺的部门覆盖率是最高的，其次为发达成员，最不发达成员排最后。而发达成员与发展中成员的多个层次比较中，都要低一些。而对于最不发达成员，即使部门覆盖率最低，但仍然有5个最不发达成员对所有教育服务分部门的市场准入作出了一定的承诺，这是难能可贵的。通过加权计算，得出的结论和简单计数方法的结论基本相同，加权计数得出的教育服务部门市场准入承诺覆盖率，发展中成员是高于发达成员的，这说明在教育服务分部门中，服务比重更大的教育服务分部门中，发展中成员的承诺水平是要高于发达成员的。

而按教育服务分部门的不同提供方式来分析各成员的市场准入，也能够更加具体的把握不同发展水平的成员的详细承诺情况。在初等教育服务的四种提供方式中，发达成员的市场准入承诺水平要高于发展中成员，也远高于最不发达成员。中等教育服务的四种提供方式中，最不发达成员与其他两类成员的市场准入差距较为明显，而发达成员和发展中成员的市场准入承诺水平相差不大。但在商业存在方式中，发展中成员显然还是有更多的开放顾虑，设置了更多的准入限制。在高等教育服务的四种提供方式中，发达成员的市场准入承诺水平是低于发展中成员的。作为全球主要的教育服务提供方，在高等教育服务这个最大的教育服务贸易领域，发达成员却持有更加保守的开放态度，特别是作为全球最大的教育服务提供国，美国未在该服务领域做出开放承诺。在成人教育服务的四种提供方式中，比较出人意料的是，最不发达成员的总体市场承诺开发度是最高的。无论是从成人教育分部门的覆盖率，还是从四种提供方式“完全承诺”的比重来看，都是高于发达成员和发展中成员的承诺水平的。从其他教育服务四种提供方式的市场准入承诺来看，开放程度最高的是最不发达成员，其次是发展中成员，最后是发达成员。这表明，目前“其他教育服务”的定义和范围尚未明确，很多成员，特别是发达成员在进行市场准入承诺时，选择比发展中成员和最不发达成员都更加保守和谨慎的态度。

# 第四章　GATS 下代表性成员教育服务市场准入的现状与态度

如第三章所述，教育服务是各成员在 GATS 中承诺最少的一个部门，目前只有 58 个成员对其作出了承诺，而这 58 个作出教育服务承诺的成员，其承诺开放的程度和水平存在很大的差异。本章选择了美国、澳大利亚、日本、法国、印度、中国等几个比较有代表性的 WTO 成员，对其教育服务市场准入情况进行分析。对于这几个成员国的选择，主要考虑以下几个因素：第一，对教育服务的供求能力。美、澳、法、日都是世界上教育服务的主要出口国，也代表了发达成员的教育服务开放立场；中、印则代表了发展中成员的教育服务开放立场，也是主要的教育服务进口国。第二，国家文化和文化政策。“教育是人类理性文化的现实表达，文化和文化政策会深刻地影响教育服务的开放政策。”[①] 这几个成员中，美、法、澳属于西方文化，中、印、日属于东方文化。在这两个群体中，存在文化利益的冲突，他们为了实现各自的文化目的或目标而制定实施不同的文化政策。[②] 第三，地区或世界性的经济强国。美、法、澳、日都是发达成员，而中、印作为“金砖国家”，是新兴经济体的代表，其经济发展深受世界关注。第四，政治原因。美、法、中是联合国的常任理事国，而印度和日本正在寻求成为联合国的常任理事国，以扩大自己在地区和世界上的政治影响力。对这些成员的选择可以大致平均的反映贸易领域中的政治因素。

教育作为在政治和文化方面都很敏感的部门，基础教育（通常意义的初等教育和中等教育）在国家建设和文化认同方面扮演了一个根本性角色。因此，政府很少开放他们的基础教育领域，即使开放，也设置了很多的限制和

---

① Ajitava Raychaudhuri and Prabir De, “Barriers to Trade in Higher Education Services: Empirical Evidence from Asia - Pacific Countries”, Asia - Pacific Trade and Investment Review, Vol. 3, No. 6, December 2007, p. 56.

② 美国和澳大利亚通常会站在一起来推行他们的侵略性的文化政策，而法国、日本和印度是强烈反对美国的文化入侵，并实施自己的文化保护政策。参见金孝柏《世界贸易组织体制下的中国教育服务开放研究》，北京：对外经济贸易大学出版社，2009 年版，第 184 页。

保留。在WTO成员中有教育服务承诺的国家，开放最多的领域是高等教育，一个重要的原因是高等教育更具有商业性并表现出了强烈的国际化趋势，因此，本章更多会涉及高等教育服务的有关阐述。

## 第一节　美国的教育服务市场准入

### 一、美国的教育服务开放政策

在19世纪和20世纪，美国教育的快速发展要归功于技术的应用。[①] 发展教育从来都是美国政府的重要国家政策，被视为中央和地方政府的基本责任。[②] 因此，美国政府对教育的投入是很大的，在2000年，美国对教育的投入达到了本国GDP的6.6%，是全球对教育投入占GDP最高的国家之一，在不增加财政赤字的前提下，2014年政府将为教育事业投资710亿美元，较2013年提高5%。[③] 当前的美国已经建立了一套完整和开放的教育体系，特别是高等教育领域。

当前美国有如此完善和成熟的教育体系，很大程度得益于教育法规的不断完善。第二次世界大战之前，教育事务主要被联邦宪法和各个州的法律所规制。1862年的《莫里尔法案》（Morrill Act），标志着联邦政府参与教育事务的开始。第二次世界大战以后，联邦议会通过了一系列的法案，以通过教育基金的方式来提高联邦政府参与教育事务的程度。最有影响力的法案包括：1958年的《国防教育法》（National Defense Education Act）、1963年的《全国职业教育法》（National Vocation Education Act）、1965年的《初等和中等教育法案》（the Elementary and Secondary Education Act）、1965年的《高等教育法案》（Higher Education Act）、1974年的《职业教育法》（Career Education Act）、1990年的《卡尔D. 帕金斯和应用职业技术教育法案》（Carl D. Perkins and Applied Vocational Technology Education Act）和1994年的《2000年目标：美国教育法》（Goals 2000：Education America Act），随着一系列联邦议会教

---

① Yang，Kerui，“American Higher Education and the Leap Forward of Economy”，Journal of Inner Mongolia Normal University（educationa science），vol. 18，no. 3，August 2003，p. 205.

② The Federal Role in Education. http：//www. ed. gov/about/overview/fed/role. html? src = In. 2014年8月31日访问.

③ 楚明珠：美国2014年财政预算案优先投资教育，载《世界教育信息》，2013年第10期，第75页。

育法案的出台，联邦政府取得了对教育发展的控制，并且统一的美国教育政策体系开始形成。

就高等教育而言，美国联邦政府通过出台《国防教育法》（1958 年）和其他法律来规制高等教育，通过立法的方式来保障对高等教育的投入力度，包括对私立和公立高等教育的支持。① 一般而言，美国既发展公立教育，也发展私立教育。虽然高等教育依照法律的性质被分为不同的种类，但都使用相同的术语：公权力、公共机构、事业单位。② 公立高等教育机构被视为一个公法人，而私立高等教育被视为一个私法领域的法人，并有更大的自主权。政府资金的不断投入，促进了美国整个教育政策的市场化改革，③ 同时也吸引了更多民众对教育的关注。

人们对自身素质提升的巨大需求也在 1990 年代刺激了营利性教育和培训服务的发展，公共教育机构的私有化现象开始出现。与此同时，联邦政府开始减少对高等教育的资金投入，这也促使更多的美国高等教育机构为了满足自身的支出需要而把目光转向海外教育市场。强大的经济和文化渗透能力，加上在世界上的政治影响力，使美国的教育产生了巨大的吸引力。④ 在 2003—2004 年，外国学生在美国的学费和生活费用，共消费 130 亿美元，2012—2013 年达到 250 亿美元。⑤ 印度、中国、韩国、日本成为到美国留学的四大生源地。美国是全球最大的教育服务出口国，因此，美国在教育服务出口方面也比世界上其他任何国家都有更多受益。

## 二、美国在 GATS 中的教育服务市场准入承诺

美国在 GATS 中承诺开放成人教育服务（CPC 924）和其他教育服务（CPC 929）（见表 4 - 1），⑥ 在这两个分部门的市场准入方面，在跨境提供（模式 1）和境外消费（模式 2）两种提供方式是没有限制的，本国的任何公

---

① 张维平、马立武：《美国教育法研究》，北京：中国法制出版社，2004 年版，第 140 页。

② 张维平、马立武：《美国教育法研究》，北京：中国法制出版社，2004 年版，第 158 页。

③ 张维平、马立武：《美国教育法研究》，北京：中国法制出版社，2004 年版，第 258 页。

④ Ajitava Raychaudhuri and Prabir De, "Barriers to Trade in Higher Education Services: Empirical Evidence fromAsia - Pacific Countries", Asia - Pacific Trade and Investment Review, Vol. 3, No. 2, December 2007, p. 70.

⑤ Ajitava Raychaudhuri and Prabir De, "Barriers to Trade in Higher Education Services: Empirical Evidence from Asia - Pacific Countries", Asia - Pacific Trade and Investment Review, Vol. 3, No. 6, December 2007, p. 63.

⑥ 其中成人教育服务排除了飞行指导服务。See THE UNITED STATES OF AMERICA Schedule of Specific Commitme - nts, GATS/SC/90, 15 April 1994, p. 22.

民个人、法人组织都可按照相关法律的规定，在国外从事有关教育服务的活动，包括提供或消费教育服务。外国缔约方的教育机构可以从外国向美国境内提供远程教育服务等活动；准许其他成员国的公民来美国留学，也不采取任何限制美国公民出境留学或接受培训。关于自然人存在（模式4），在水平承诺中，包括教育服务在内的服务提供者只要符合水平承诺的条件，[①] 便可被允许入境，但时间不超过90天。内部调任的经理、行政管理人员和专家，符合水平承诺条件，[②] 也可被允许入境，但时间仅限于3年，加上延长2年，总的期限不得超过5年。除了在水平承诺中规定的外，出于对移民倾向的预防和限制，在模式4方面没有作出任何具体的承诺。就商业存在（模式3）而言，美国在成人教育分部门没有市场准入的限制，而在其他教育服务分部门中有一些限制，比如在肯塔基州，对美容学校许可证的限制性规定。[③]

总体而言，作为世界最为强大的经济体和教育服务的主要出口国，美国对教育服务市场准入承诺的水平是很低的。在5个教育服务分部门中，只承诺开放其中的2个分部门，和作出教育服务承诺的众多发展中成员甚至最不发达成员相比，都难以让人信服。

**表4-1　　美国教育服务市场准入承诺[④]**

| 教育服务 | 市场准入限制 | 国民待遇限制 | 其他承诺 |
|---|---|---|---|
| D. 成人教育服务<br>（飞行指导除外）<br>（CPC 924）<br>E. 其他教育服务<br>（CPC 929） | （1）没有限制<br>（2）没有限制 | …… | …… |

① 此条件为：不在美国领土内常驻、不从美国境内的来源获得报酬、从事和代表服务提供者有关的活动、以就销售该提供者的服务进行谈判的人员，如：（a）此类销售不向公众直接进行，且（b）该销售人员不从事该项服务的供应。See THE UNITED STATES OF AMERICA Schedule of Specific Commitments，GATS/SC/90，15 April 1994，p. 2.

② 作为在美国境内设立并提供服务的分公司、子公司或附属公司的雇员，即公司的经理、行政管理人员和专家。在该公司未进入美国之前就已经是该公司的雇员，并且在该公司申请进入美国之前的不少于1年的时间里。See THE UNITED STATES OF AMERICA Schedule of Specific Commitments，GATS/SC/90，15 April 1994，p. 3.

③ 许可证总数限制在48个，并且每个国会选区最多允许发放8个许可证。See THE UNITED STATES OF AMERICA Schedule of Specific Commitments，GATS/SC/90，15 April 1994，p. 22.

④ THE UNITED STATES OF AMERICA Schedule of Specific Commitments，GATS/SC/90，15 April 1994，p. 51.

续 表

| 教育服务 | 市场准入限制 | 国民待遇限制 | 其他承诺 |
| --- | --- | --- | --- |
| D. 成人教育服务（飞行指导除外）（CPC 924）<br>E. 其他教育服务（CPC 929） | （3）在肯塔基州设立美容学校，许可证总数限制在48个，每个国会选区的许可证数量最多8个<br>（4）除水平承诺中内容和下列内容外，不做承诺 | …… | …… |

提供方式：（1）跨境提供；（2）境外消费；（3）商业存在；（4）自然人存在。

### 三、美国的教育服务市场准入提议与态度

美国在2000年向WTO服务贸易委员会提交了一份有关高等（包括大专）教育、成人教育和培训服务的提议。在这份提议中，美国强调了每个成员国在公立教育领域中所应当扮演的管理角色，应当在培养本国国民的基本价值观和文化传承方面扮演重要的角色；而私立教育是公立教育的补充，各成员国应当对这一领域持更加开放的态度，并应给其他国家的学生提供受教育的机会。公立教育仍然是整个教育体系的主要力量，而不断发展的私立教育或培训服务仍然是一个补充者的角色，而不是替代公立教育。① 美国所谓的高等（包括大专）教育、成人教育和培训服务，包括有关信息技术、语言、行政、管理与领导培训、驾驶教育、酒店与旅游、公司培训等学术和培训课程。②

概括来讲，在美国提交给WTO服务贸易委员会的提议包含了两种教育服务：一种是培训服务，另一种是教育测试服务。③ 培训服务主要与高等教育服务、成人教育服务和其他教育服务相关，而测试服务一般是和所有类型的教育服务相关。但测试服务一般需要更多的人工操作工具、设备和特定设施，而更少涉及理论和学术课程。教育测试服务也是营利过程中一个基础性和根

① WTO, Communication from the United States, Higher (Tertiary) Education, Adult Education and Training, 18 December 2000, (S/CSS/W/23).

② 同①。

③ 同①。

本性的部分，常常通过课程资料来评价学生，这些服务业包括对测试的设计、管理以及测试评价的结果。[①]

在提议文本中，美国总结了在当前教育服务中存在的14个教育服务壁垒，[②] 主要是对教育服务市场准入和国民待遇壁垒的阐述，具体包括：①禁止外国教育服务提供者进入高等教育、成人教育和培训服务领域；②禁止授权其他成员国的高等教育、成人教育和培训服务的教育服务提供者在本国境内设立机构；③提供高等教育、成人教育和培训服务的外国提供者，不能够获得授予学历学位的资格；④对外国教育服务提供者所提供的有关教育服务所必需的电子传输课程资料和电子测试资料的不当限制；⑤采取国内合作伙伴认为必要的限制措施；⑥拒绝认可与当地或非当地合作伙伴在自愿基础上形成的提供高等教育、成人教育和培训服务的合资企业；⑦政府的审批是需要的，但当审批不通过时，没有给出拒绝的理由，也没有提供将来要如何准备才可以通过审批的信息；⑧与其他类型的商业教育机构相比，国外教育服务的分支机构受到更多的限制；⑨当地雇用的最低要求过高，导致外国教育服务机构的不良运行；⑩对外国教育服务提供者或合资企业中的外国合作者在税收待遇方面，以低于国内教育服务提供者的歧视性待遇；⑪国内相关法规与制度的模糊和不透明，而且执法不公；⑫对高等教育、成人教育和其他教育服务以一种不清楚、不透明的方式进行补贴；⑬对于需要短暂停留在其境内的专业和技能型人员（包括管理人员、计算机专家和演讲专家）的授权申请，很难获得批准；⑭盈利遣返回国时的货币兑换，须付过于昂贵的费用和/或税收，许可或特许权使用费的滥收/征税。

对此，美国明确表态，要求其他WTO成员要消除教育服务的市场准入和国民待遇壁垒，提出以下建议：[③] ①允许外国服务教育服务提供者提供教育服务；②给予外国教育服务提供者获得在东道国建立教育机构和授予学历学位的资格；③消除对电子课程传输的不合理限制；④应该要求当地合伙人适用经济测试需要；⑤应允许私人教育服务提供者在自愿基础上加入或退出合资企业；⑥为盈利的遣返和货币兑换提供便利；⑦消除获得特许证和特别授权产生的额外费用或税收；⑧消除不合理的当地雇用的最低要求；⑨消除对提供教育服务的外国合伙人和分支机构的差别待遇；⑩增加获得例外长期滞留

---

① WTO, Communication from the United States, Higher (Tertiary) Education, Adult Education and Training, 18 December 2000, (S/CSS/W/23).

② 同①。

③ 同①。

批准的程序和透明度；⑪消除对外国服务提供者的歧视性税收待遇；⑫消除国内法律、法规的不清楚和不公平执行；⑬消除对国内服务提供者的不透明和不清楚的补贴；⑭消除专业人员进入和停留其境内的申请困难。

同时，美国也对未在 WTO 中作出高等教育、成人教育和培训服务承诺的成员提出了要求，要求这些成员在制定本国有关教育服务市场准入政策时，不要设置限制措施。但作为世界上最强大的国家，也是教育服务最发达的国家之一，美国仅仅在成人教育和其他教育两个教育服务分部门中作出市场准入承诺，这和其自身的教育服务水平是极不相称的。事实上，美国的教育每年都吸引了很多世界上其他国家的学生，并带来了巨大的收益，特别是在高等教育领域，由于很多学生在毕业后选择留在美国，这也为美国留下了大量的专业人才。就这个意义而言，美国是教育服务国际化的最大受益者。尽管大部分国家都没有实力和美国在高等教育服务领域竞争，但美国也没有向外国教育服务投资者和提供者开放高等教育领域。而与此同时，美国却要求其他 WTO 成员消除教育服务领域的市场准入障碍，从这个角度来看，美国是要求更多，给予更少，这很明显地反映了美国在教育服务市场准入方面的双重标准和利己思想。

## 第二节　澳大利亚的教育服务市场准入

### 一、澳大利亚的教育服务开放政策

教育服务成为澳大利亚第三大出口产业，也是澳大利亚最大出口服务业。据澳大利亚国际教育署（Australian Education International）公布的一份研究简报显示，作为全球教育服务出口大国，澳大利亚 2013 年教育服务出口总收入达 150 亿澳元，其中占据最大份额的当属高等教育领域。[①] 澳大利亚教育服务在全球市场中的不断发展，教育服务出口的额度不断增大，主要源于澳大利亚政府实施的教育私有化等一系列开放政策，特别是在高等教育领域。

首先，开放教育服务市场。通过制定一系列教育服务法规和制度，实行积极的教育服务开放政策，让本国的教育机构，特别是本国的大学参与全球

① 2009—2010 年度为创收最高纪录年，达 160 亿澳元。http：//www. mofcom. gov. cn/article/i/dxfw/nbgz/20140 6/2014060 0616700. shtml. 2014 年 8 月 20 日访问。

教育服务市场的竞争，并通过市场竞争给这些教育机构施加更大压力。如澳大利亚早在1991年就制定了《留学生教育服务法》（Education Services for Overseas Students Act），并在2000年进行了新法的制定，2002年进一步修订。而《关于外国高等教育服务审批的联邦议定书》是对到澳大利亚设立教育服务机构的审批与质量保证制度。

其次，减少公立资金。通过减少政府支持资金在整个教育中的比例，有意识地增加本国教育机构，特别是大学的市场压力，让他们更多通过自身能力来开拓教育服务市场，同时政府通过政策在微观层面实施监管。①

最后，鼓励私立教育。澳大利亚允许私立教育机构与国内大学竞争，并可提供高等教育服务，鼓励国内私立教育机构参与竞争，都使得国内大学为了生存而不断扩大海外教育市场，同时，政府在保护学生利益和教育质量方面加大了监管力度。

### 二、澳大利亚在GATS中的教育服务市场准入承诺

澳大利亚在GATS中的教育服务承诺（见表4-2）涵盖了中等教育服务（CPC 922）、高等教育服务（CPC 923）、其他教育服务（CPC 929）三个分部门，未对初等教育服务（CPC 921）和成人教育服务（CPC 924）作出承诺。在教育服务的水平承诺方面，有一些市场准入的限制性规定。在商业存在（模式3）中，通知和测试要在澳大利亚的国外投资政策方针和1975年的外国购置和接管行为规定范围内进行。对承诺表中确定的服务投资国的利益建议，不需要论证经济利益或不需要规定澳大利亚人的平等参与，要根据政府的政策方针来检验，且只有体现出国家利益时才能得到认可。在自然人存在（模式4）中，依据水平承诺，作为内部调任人员临时调动的行政管理人员和高级经理人员，② 允许其作为自然人进入澳大利亚境内，首期居留时间为4年。不

① Pick, David. "The Re - framing of Australian Higher Education", Higher Education Quarterly, vol. 60, No. 3, July 2006, p. 356.

② 此处行政管理人员和高级经理人员指：作为澳大利亚从事商业活动的公司雇员，这些人员将对在澳公司的运作的全部过程或实质性过程负责，主要从高一级行政管理人员那里得到总的监督和指导（指导委员会或商业机构的股东会），包括指导公司、部门或分部门的工作、督导和支配其他监督者、专职雇员和管理者的工作，同时还拥有制定公司的部门或分部门的目标和政策的权利。See AUSTRALIA Schedule of Specific Commitments, GATS/SC/6, 15 April 1994, p. 2.

需要通过劳动力市场测试的独立行政管理人员，[①] 允许其作为自然人进入澳大利亚境内，在澳大利亚的首期居留时间不能超过 2 年。属于通过劳动力市场测验的专家个体，[②] 在澳大利亚的首期居留最长期限为 2 年，加上延长规定总共居留时间不得超过 4 年；符合水平承诺条件的服务销售人员[③]，可允许入境，首期居留时间为 6 个月，最多不超过 12 个月。

在教育服务市场准入的具体承诺中，澳大利亚在三个开放的教育服务分部门中，对跨境提供（模式 1）的市场准入没有限制，即允许以跨境交付的方式开展教育服务，其他成员国的教育机构可以向澳大利亚境内提供远程教育服务。对跨境消费（模式 2）的市场准入也没有限制，即允许其他成员国的学生到澳大利亚留学，也不对本国公民到其他国家留学或接受教育培训采取限制措施。而在商业存在（模式 3）的市场准入方面也没有限制，允许其他成员国在澳大利亚设立教育机构或学校。而对自然人存在（模式 4）的市场准入没有任何承诺。总体而言，澳大利亚在其承诺开放的三个教育服务分部门的市场准入中，除了对模式 4 的限制之外，其他几种提供方式的准入程度还是很高的，鼓励外国教育服务提供者到其境内提供教育服务，也作出了比其他很多成员更加开放的教育服务市场准入承诺。

---

① 此处的独立行政管理人员指：符合行政管理人员和高级经理人的标准的人员，其打算或负责在澳创立的一个由某一服务提供者提供的新的商业机构，而这一商业机构的总部却在另一成员国境内，且在澳没有任何其他的代表处、分支机构或附属机构。See AUSTRALIA Schedule of Specific Commitments，GATS/SC/6，15 April 1994，p. 3.

② 具备贸易、技术或职业技能的专家可以作为自然人入澳境内，如负责（或被雇用于）在澳公司运转的特殊方面。申请者的技能水平是根据其工作经历、资格证书以及对职位的适合程度来评估的。符合以下条件者不需要参加劳动力测试：（1）掌握公司运转的专有权性质这样一种高级专门知识的自然人，已经被公司雇用不少于 2 年时间；（2）如果被讨论的职位在申请时没有超越有效劳动协议的范围。该劳动协议是在澳大利亚政府、雇主或者工业组织和联合会之间达成的一个有关外国专家进入澳境内的协议。See AUSTRALIA Schedule of Specific Commitments，GATS/SC/6，15 April 1994，pp. 4－5.

③ 此条件为：作为商业访问者、不需要通过劳动力市场测试、非澳大利亚国籍、作为服务提供者的销售代表短暂进入澳大利亚并就销售该提供者的服务进行谈判或参加销售协议的研讨人员，且此类销售不向公众直接进行；该销售人员不得从事该项服务的供应。商业访问签证的申请者可以作为自然人入澳境内，只是试图到澳大利亚进行商业目的的旅行，并且不打算从事其工作，该工作可能被澳大利亚公民或永久居民完成。这个条件将是令人满意的：服务销售人员在访问期间的报酬和经费支持完全来自澳大利亚以外的来源。See AUSTRALIA Schedule of Specific Commitments，GATS/SC/6，15 April 1994. pp. 6－7.

**表 4－2　　澳大利亚教育服务市场准入承诺①**

| 教育服务 | 市场准入限制 | 国民待遇限制 | 其他承诺 |
|---|---|---|---|
| B. 中等教育服务（CPC 922）包括普通中学和同等水平的私立技术、职业教育 | （1）没有限制<br>（2）没有限制<br>（3）没有限制<br>（4）除了水平承诺外，不作承诺 | …… | …… |
| C. 高等教育服务（CPC 923）包括提供大学水平的私立的第三级教育服务 | （1）没有限制<br>（2）没有限制<br>（3）没有限制<br>（4）除水平承诺外，不作承诺 | …… | …… |
| E. 其他教育服务（CPC 929）涵盖英语收费教育 | （1）没有限制<br>（2）没有限制<br>（3）没有限制<br>（4）除水平承诺外，不作承诺 | …… | …… |

提供方式：（1）跨境提供；（2）境外消费；（3）商业存在；（4）自然人存在。

## 三、澳大利亚的教育服务市场准入提议与态度

在 2001 年，澳大利亚向 WTO 提交了一份有关教育服务的磋商建议文本，该建议文本很好地阐释了澳大利亚对教育服务开放的态度和观点。建议文本认为，教育对一个公民的生活、文化、价值观和发展国民福祉有重要的作用，而政府在教育的资金、交付、调控及与其他私人、非政府机构合作中扮演着关键性角色。因此，澳大利亚坚信，政府在决定国内教育资金、法规、政策措施的时候，必须保持自己的主权独立性。② 但如果政府对高等教育过度地管

① AUSTRALIA Schedule of Specific Commitments，GATS/SC/6，15 April 1994.

② WTO，Communication from Australia，Negotiating Proposal for Education Services，1st October 2001，（S/CSS/W/110）.

制甚至干预，可能会造成大学运行的困难。[①]

澳大利亚认为，教育服务的自由化可以带来很多的益处。教育服务自由化能够为所有国家的人们在更广的范围内对教育进行选择提供了机会，而伴随教育服务的自由化和学生、教育服务提供者跨境流动的便利，产生了更多的益处，包括：大量的教育和培训课程可以便利地跨境提供，并可以在同类教育服务机构之间产生竞争，刺激他们提高教育服务的质量，从而使学生受益；[②] 同时，教育服务的自由化也是鼓励教育国际化和提高学生跨国流动的最有效方式。由于教育服务的自由化可以促进对其他语言、文化、社会的了解和欣赏，可以促进私人思想、经验之间的交流，也可以通过网络平台促进个人、团体和机构之间的关系，从而有利于未来经济、政治和社会文化的结盟。[③] 因此，教育服务的自由化也会使学生和教育服务提供者的跨国流动更加的便利。

澳大利亚对教育服务部门的进一步自由化表明了态度，认为需要各成员提高教育服务贸易市场准入承诺的水平，以消除或降低准入限制。具体而言，以不同的提供方式可以总结如下[④]：①跨境提供（模式1）：面对越来越多的使用互联网提供教育服务的机构，政府设置了新的障碍，并限制使用进口教材；②境外消费（模式2）：签证要求问题、外汇要求和资格认证问题；③商业存在（模式3）：外资所有权或股权限制问题、严格控制机构和机构之间结对的结对/姊妹安排规则问题、政府规则缺乏透明度的问题、政府政策和资金框架问题；④自然人存在（模式4）：签证问题、雇佣规则对自由学术交流的限制问题、使用和进口教材严格控制问题。

澳大利亚认为，要实现教育服务的自由化，提高教育服务的市场准入水平，应遵循下列原则[⑤]：①质量第一的原则。无论在哪里提供和以哪种方式提供教育服务，教育服务的磋商都应当强调给所有国家的消费者（学生）以最好的教育服务。②尊重教育主权原则。教育服务的磋商不应反对成员国制定自己的教育政策目标，也不应阻止为实现这些目标而采用相应的管理措施；亦不可以阻止成员为实现国内政策、法规目标而向教育部门提供必要的财政

---

① ［澳］戴·耶伯里：“澳大利亚高等教育改革与发展的趋势”，《中国教育国际论坛（第四辑）》，中国教育国际交流协会编，北京：人民教育出版社，2006年版，第86页。

② WTO, Communication from Australia, Negotiating Proposal for Education Services, 1st October 2001, (S/CSS/W/110).

③ 同①。

④ 同①。

⑤ 同①。

支持。③全面性原则。在GATS中，教育服务和其他服务部门（如通信/视听部门和自然人存在）的监管治理框架存在重大的联系，鉴于这些联系的存在，在进行教育服务的磋商时，应站在一个综合性、全面性服务谈判的角度来进行。④尊重各成员国的政策自主权，继续让他们自己确定临时入境移民目的的清单。

## 第三节　日本的教育服务市场准入

### 一、日本的教育服务开放政策

研究表明，日本能够在19世纪中期和20世纪创造经济奇迹，主要归功于它对教育的高度重视。[①] 日本政府采用的措施主要包括制定和调整教育方面的法律，并制定相关的配套措施来促进教育的发展。如在高等教育领域，通过增加在高等教育领域的投资，积极推动私人资金进入高等教育，鼓励私立教育的发展，改变教育结构，同时增加科研经费的投入。[②]

随着经济的高速发展，就高等教育服务领域而言在20世纪60年代得到极大的发展，此时期设立了大量的私立大学，进一步推动了高等教育的普及和推广，高等教育服务也得到迅速的发展，越来越多的外国留学生选择到日本这样的亚洲国家留学。同时，高等教育服务的快速发展，导致国民对教育服务质量的更多关注和批评，这也在很大程度上推动了日本高等教育的改革和开放进程。[③] 与此同时，日本的高等教育服务面临着本国人口老龄化和人口出生率降低的问题，导致本国国民对高等教育的需求开始下降。此外，经济全球化对世界各国产生了巨大影响，原来日本政府对教育的高度集中干预和控制，使日本高等教育服务在国际教育服务市场中的竞争力很弱。这些因素都推动着日本对高等教育体制进行改革，特别是以日本高等教育国际化为目的的国立教育公司化改革，不断推动着日本教育服务的国际化。[④]

---

① 范明：《高等教育与经济协调发展》，北京：社会科学文献出版社，2006年版，第111－112页。

② 同上。

③ 周瓦、蒋洪池：高等教育与经济的关系——日本政策实践的视角，载《高等农业教育》，2005年第6期，第35页。

④ 魏蕾、杜国宁：21世纪日本高等教育体制改革透视，载《现代日本经济》，2005年第2期，第76页。

日本在高等教育领域的开放改革，主要采取了以教育服务市场为导向的监管改革，具体措施主要包括：建立教育服务外部评价机制，通过第三方独立的评价机构来评估教育服务质量；放松对设立私立高等教育机构的授权和标准；对国立大学实行法人化，鼓励营利性大学的建立，以推动教育服务的市场化，提高本国教育服务在全球市场中的竞争力。① 这些改革措施大大提高了办学效率，提高了日本高等教育服务的竞争力。但也使日本的高等教育服务面临一些问题，如保证教育服务质量的问题，培养在国际教育服务市场上的营销技巧问题，如何在国际教育服务培育成熟的学生市场，如何同来自美国、澳大利亚、中国、英国教育服务提供者的竞争，以及如何保证教育服务的质量。②

在应对教育服务国际化方面，日本通过各种政府的开放措施，包括对到国外留学的学生所获得的学分、学位和学历的重新认定，通过制定法律鼓励本国学生到海外学习，如在2003年颁布了《独立行政法人日本学生支援机构法》（*Law on Independent Administrative Aiding Corporation in Support of Japanese Students*）。目前，如同中国、韩国等亚洲国家一样，大量的日本学生到海外学习。因此，在教育服务的开放领域方面，境外消费方式比其他的提供方式有更大的开放度，而很多回国的学生对日本经济的发展也做出了很大的贡献。

在对待外国的教育机构方面，虽然在20世纪80年代初期就有一些美国的教育机构开始在日本设立了一些分支机构，提供跨境项目服务，但这些项目直到近年来才得到日本政府的官方认可。③ 日本主动采取了一些措施来推动教育服务的开放，放松对外国大学设立分支机的控制并开始承认跨国校园提供教育服务，从外国大学分校毕业学生文凭与国内大学文凭具有同等效力，在外国大学分支机构获得的学分可以和本国教育机构的学分互换。日本也进行审批手续的改革，对外国教育服务提供者（如在日本建立分校）提供更多的选择空间。原政策对授权外国教育服务机构只有一种选择，即与设立大学有相同的标准和程序，现在改成两种选择，经由日本教育主管部门制定或经

① 张铤：论日本教育法制及其对我国的启示，载《现代教育科学》，2010年第1期，第24页。

② 张铤：论日本教育法制及其对我国的启示，载《现代教育科学》，2010年第1期，第25页。

③ 魏蕾、杜国宁：21世纪日本高等教育体制改革透视，载《现代日本经济》，2005年第2期，第75页。

过授权，外国教育服务提供者可以在日本设立在其国内予以认可的离岸项目。

与此同时，日本更加重视教育的质量保证体系建设。在2003年7月，成立教育文化体育科技部（简称“文科省”，MEXT），以研究高校教育国际化的质量保证；2004年3月，大学提供跨国教育服务的质量保证工程启动；2004年9月，题为“大学发展面向国际化和学习机会国际化”的报告公开征求公众意见；同年，一项有关在日本的外国教育分支机构项目的新政策被实施，超过20个外国教育分支机构正在日本运行。跨国电子学习开始稳步发展，在2004年，经MEXT授权的外国教育服务提供者被认可，未授权的教育服务提供者不被禁止，但也不会被认可，因此，许多美国和英国的MBA项目在日本仍然深受好评。①

## 二、日本在GATS中的教育服务市场准入承诺

在水平承诺方面，涉及教育服务的只有对自然人存在（模式4）市场准入限制规定，主要涉及入境和临时居留的措施承诺，包括以下两个方面：第一，日本以外的其他成员国的法人所雇佣的自然人，可以申请1年以上的入境和临时居住，如果雇佣合同发生变化，到日本或其他成员国的法人的分支机构或法人集团或在日本登记的其他成员国控制的法人工作，期限不超过5年，前提是他将从事规定范围内②的活动。第二，自然人为了进行业务联系，包括销售服务和/或其他类似活动的谈判以及准备在日本设立商业存在的活动，在日本滞留的时间不超过90天，但不得从事直接向普通公众进行销售或从日本国内获得报酬的活动。③

在具体承诺方面，日本在GATS中承诺开放了全部5个教育服务分部门（见表4－3），其教育服务市场准入承诺是比较清晰和具体的。

在初等教育服务领域：对幼儿园提供的学前教育服务（CPC 9210）、儿童日托中心（CPC 93321）进行了专门的承诺，在这两种初等教育服务市场准入

---

① Ajitava Raychaudhuri and Prabir De，“Barriers to Trade in Higher Education Services：Empirical Evidence fromAsia－Pacific Countries”，Asia－Pacific Trade and Investment Review，Vol. 3，No. 2，December 2007，p. 73.

② 包括：为分支机构的管理者进行的工作，为公司董事会成员进行的工作，为一个或多个部门或法人工作，需要物理科学、工程或其他自然科学处于先进水平技术和/或知识的相关活动，其他相关的领域如经济学、工商管理、会计或其他人文科学知识需要的活动。See JAPAN Schedule of Specific Commitments，GATS/SC/46 15 April 1994. pp. 1－2。

③ JAPAN Schedule of Specific Commitments，GATS/SC/46 15 April 1994. p. 3.

承诺中，对跨境提供（模式1）和自然人存在（模式4）不作承诺，对境外消费（模式2）不做限制，对商业存在（模式3）而言，要求在日本正式设立的儿童日托中心必须要符合《日本儿童福利法》。而对其他的初等教育服务市场准入承诺而言，日本的保护限制态度是十分明显的，除了对商业存在（模式3）规定要求要是正式的法人机构外，对跨境提供（模式1）、境外消费（模式2）和自然人存在（模式4）都未作出任何的市场准入承诺。

在中等教育和高等教育服务领域：日本在其承诺的领域中，对就跨境提供（模式1）、境外消费（模式2）和自然人存在（模式4）三种方式的市场准入都作出了完全承诺，没有准入限制。对于商业存在（模式3）而言，日本要求提供中等教育和高等教育服务的正式机构必须是法人形式。

在成人教育服务[①]和其他教育服务领域：对就跨境提供（模式1）、境外消费（模式2）和商业存在（模式3）三种提供方式都没有市场准入的限制，作出了完全承诺，而对自然人存在（模式4）的市场准入限制也仅限于水平承诺。

日本利用GATT和WTO规则成功的搭便车，并很好地利用和依靠国际市场，完成商品和服务的出口创汇，同时利用国际国内的环境恰当地保护了本国的幼稚产业。[②] 日本对教育服务的市场准入承诺，反映了政府对教育服务市场开放和对外国教育机构、自然人存在的保护意愿。

**表4-3　　日本教育服务市场准入承诺[③]**

| 教育服务 | 市场准入限制 | 国民待遇限制 | 其他承诺 |
| --- | --- | --- | --- |
| A. 初等教育服务<br>幼儿园提供的学前教育服务（CPC 9210）<br>儿童日托中心（CPC 93321） | （1）不作承诺<br>（2）没有限制<br>（3）正式的日托中心必须符合《日本儿童福利法》<br>（4）不作承诺 | …… | …… |

① 排除针对成人的外语补习服务（不包括在日本设立的正规教育机构提供的服务）。

② 屠新泉：《中国在WTO中的定位、作用和策略》，北京：对外经济贸易大学出版社，2005年版，第76页。

③ JAPAN Schedule of Specific Commitments, GATS/SC/46 15 April 1994.

续 表

| 教育服务 | 市场准入限制 | 国民待遇限制 | 其他承诺 |
|---|---|---|---|
| 除上述外的初等教育服务<br>（CPC 9211，9219） | （1）不作承诺<br>（2）不作承诺<br>（3）正规的教育机构必须是学校法人的形式<br>（4）不作承诺 | …… | …… |
| B. 中等教育服务<br>（CPC 9221，CPC 9222，CPC 9223） | （1）不作承诺<br>（2）不作承诺<br>（3）正规的教育机构必须是学校法人的形式<br>（4）不作承诺 | …… | …… |
| C. 高等教育服务<br>（CPC9231，CPC9239） | （1）没有限制<br>（2）没有限制<br>（3）正规的教育机构必须是学校法人的形式<br>（4）除水平承诺外，不作承诺 | …… | …… |
| D. 成人教育服务<br>（CPC924）<br>针对成人的外语补习服务（不包括在日本设立的正规教育机构提供的服务）除外 | （1）没有限制<br>（2）没有限制<br>（3）没有限制<br>（4）除水平承诺外，不作承诺 | …… | …… |
| E. 其他教育服务<br>（CPC929） | （1）没有限制<br>（2）没有限制<br>（3）没有限制<br>（4）除水平承诺外，不作承诺 | …… | …… |

服务提供方式：（1）跨境提供；（2）境外消费；（3）商业存在；（4）自然人存在。

### 三、日本的教育服务市场准入提议与态度

在2002年，日本给WTO提交了一份教育服务谈判磋商的意见文本，在该意见文本中，日本鼓励WTO中的每一个成员尽快就推广教育服务的自由化进行磋商。日本坚持认为，成员采取各种政府措施对推进教育服务的自由化是很有效的方式，因此，日本鼓励WTO成员通过实行更好的市场准入、更确定的国民待遇和颁布国内相关措施来推动教育服务的自由化。[①] 日本坚持认为，要推广教育服务的自由化，获得更好的市场准入，各成员就必须考虑政府政策目的和教育服务的特性，具体而言有以下几个方面：[②] ①任何有关教育服务的市场准入政策都必须优先考虑维持和提高教育服务的质量，为此目的要考虑以下几点。第一，每一个成员都必须保持和提高教育服务及相关研究工作的质量；第二，要保护教育服务的消费者——学生的利益，不能让学生因低质量的教育服务而受到伤害，应在这一领域建立严格的监管体系；第三，措施的制定要确保学历、文凭等方面的国际平等性。②在寻求教育服务的自由化时，要充分考虑每个成员教育体系发展的社会背景、过程及中央政府和地方政府的关系问题。③要考虑全球化和信息技术的发展对跨境教育服务所带来的负面影响，以及在这一背景下如何保持教育服务的质量。因此，成员必须认识到构建跨境教育服务（特别是高等教育服务）信息网络的重要性和必要性。

应该说，日本的有关态度和意见的陈述还是较好的指出了当前教育服务自由化过程中需要注意和提高的地方，对各成员保持和提高自身教育服务和相关研究工作的质量提供了借鉴，对当前教育服务国际化过程中存在的问题进行了较好的总结，如文凭、学历对等性和认证问题，“文凭工厂”带来的教育质量监管问题，教育服务自由化与本国教育体系、社会背景、各级政府的关系问题，全球化和信息技术对教育服务的影响问题。这一系列问题都需要各成员在开放本国教育服务市场、提高教育服务市场准入程度的时候认真考虑的问题。

尽管像其他WTO成员一样，在不同教育服务分部门的市场准入中设置了一些限制，但从总体上来看，日本还是有相对高水平的教育服务市场开放度，这也可以通过其经济的发展程度和社会的兼容性来解释。日本在某些教育服

---

① WTO, Communication from Japan, Negotiating Proposal for Education Services, 15th March, 2002 (S/CSS/W137).

② 同上。

务方面对开放程度进行了严格限制，鉴于教育与政治、文化的紧密程度，这种做法是可以理解的。此外，日本要求其他WTO成员加快教育服务市场的自由化进程，并提高教育服务的市场准入程度，建立国际教育服务质量保证体系，从这一角度来看，日本也希望扩大其在全球教育服务市场上的影响力。[①]

## 第四节　法国的教育服务市场准入

### 一、法国的教育服务开放政策

法国教育有很悠久的历史，并被描述成高等教育的“故乡”。[②] 其教育部门的民主化和现代化始于20世纪60—70年代，为满足工业社会发展对高等教育的要求，法国实施了教育现代化改革，并建立起了现代化的教育体系。[③]法国教育，尤其是高等教育，获得了飞速的发展，到2011年年末，法国的高等教育机构达到1619所，在校人数达到276万。[④] 事实上，法国教育，特别是高等教育的繁荣也带来了很多的益处，如教育的民主化、优秀的教职人员、对教育质量严格高效的监管以及教育法规体系的建立等。然而，在经济全球化的背景下，法国在教育服务领域面临很大的挑战，在国际教育服务市场中的竞争力较弱。据统计，在2000—2006年，在法国留学的外国留学生人数下降了11%，而同时期全球的教育服务市场是以每年10%的速度在增长。[⑤]

面对英语在全世界的不断渗透及法语在世界上日益不利的地位，法国政府积极采取了一系列的教育服务开放政策，提升本国教育服务在全球的影响力。首先，进行学历体系改革。将原来的四级[⑥]体系改革成更为世界所通常采用的三级[⑦]学历体系，这样就更容易为世界其他国家的留学生所接受。其次，发展私立教育。法国历史上建立和发展起了免费和非营利为特色的良好公共

① 刘星：日本教育非营利组织（NPO）研究及对中国的启示，载《日本研究》，2012年第2期，第65页。

② 刘艳：法国高等教育的开放与法语危机探析，载《武汉科技大学学报（社会科学版）》，2008年第3期，第65页。

③ 张丽：现代化冲击下的法国教育，载《史学月刊》，2003年第12期，第86页。

④ 王文新：法国政府对私立学校的管理，载《教育发展研究》，2013年第11期，第79页。

⑤ 刘艳：法国高等教育的开放与法语危机探析，载《武汉科技大学学报（社会科学版）》，2008年第3期，第65页。

⑥ 即：学士（Licence）、研究型硕士（DEA，可继续深造进入博士学习）、职业型硕士（DESS，毕业后直接就业）、博士（Doctorat）。

⑦ 即：学士（Bachelor）、硕士（Master）、博士（Doctorate）。

教育体系，通过改革和立法，变原来的免费教育为收取学费、杂费的教育，使公立教育和私立教育共存和互补。依据《高等教育法》（1984 年），政府可以通过声明而不是授权的方式来管理所设立的高等教育机构，[①] 这样，私立高等教育服务机构的运行就具有完全自主权，法国的私立教育因此得到了很好的发展。最后，教学语言的改革。法国允许英语作为教学语言，并成立了法国教育委员会来推动法国高等教育的海外发展，以吸引更多的外国学生到法国学习。[②] 这些政策的实施在一定程度上促进了法国教育服务出口的增长。

与促进教育服务出口的强力措施相比较，法国在鼓励教育服务进口方面就显得很少。而在面对外国教育服务提供者时，其在国民待遇方面几乎没有做出任何承诺，这明显反映了法国将教育视为文化保护的工具以及在教育服务开放政策中保守的一面。

## 二、法国在 GATS 中的教育服务市场准入承诺

欧盟以集体成员的名义加入了 WTO，并在四个教育服务的分部门中做出了承诺，包括初等教育服务（CPC 921）、中等教育服务（CPC 922）、高等教育服务（CPC 923）和成人教育服务（CPC 924，排除了通过收音机和广播电视途径进行的成人教育）。法国作为欧盟的成员国之一，除非在欧盟的具体承诺表中有其他专门说明，就应当完全遵守欧盟所作出的教育服务承诺（见表 4－4）。

**表 4－4　　法国教育服务市场准入承诺[③]**

| 教育服务 | 市场准入限制 | 国民待遇限制 | 其他承诺 |
|---|---|---|---|
| A. 初等教育服务（CPC 921）<br>B. 中等教育服务（CPC 922）<br>C. 高等教育服务（CPC 923） | （1）国籍的条件。然而，第三国国民可从主管机关获得设立教育机构或在教育机构教学的授权<br>（2）没有限制<br>（3）没有限制 | …… | …… |

① 王文新：法国政府对私立学校的管理，载《教育发展研究》，2013 年第 11 期，第 79 页。

② 刘艳：法国高等教育的开放与法语危机探析，载《武汉科技大学学报》（社会科学版），2008 年第 3 期，第 65 页。

③ 依据欧盟具体成承诺表整理而成。EUROPEAN COMMUNITIES AND THEIR MEMBER STATES Schedule of Specific Commitments，GATS/SC/31，15 April 1994。

续 表

| 教育服务 | 市场准入限制 | 国民待遇限制 | 其他承诺 |
| --- | --- | --- | --- |
| A. 初等教育服务（CPC 921）<br>B. 中等教育服务（CPC 922）<br>C. 高等教育服务（CPC 923） | （4）国籍的条件。然而，第三国国民可从主管机关获得设立教育机构或在教育机构教学的授权<br>对 CSS - EJP① 不作承诺的地方：在水平承诺部分指明的和以下具体限制中的教授临时入境：<br>a. 教授获得了大学或其他高等教育机构的聘用合同；<br>b. 发放的工作许可证不超过 9 个月时间，获得新合同可以延期；<br>c. 除非高等教育部长的直接指定，这些教授必须要符合经济需要的测试要求<br>招聘机构需向国际移民署交税<br>对 CSS - IP② 不作承诺 | …… | …… |
| D. 成人教育服务（CPC 924） | （1）（2）（3）没有限制<br>（4）除了水平承诺外，对 ICT③ 和 BV④ 不作承诺 | …… | …… |

服务提供方式：（1）跨境提供；（2）境外消费；（3）商业存在；（4）自然人存在。

---

① CSS - EJP = contractual services suppliers（合同服务提供者）——employees of juridical persons（法人的员工）。

② CSS - IP = contractual services suppliers（合同服务供应商）——independent professionals（独立的专业人士）。

③ ICT = intra - corporate transfer（公司内部转让）。

④ BV = business visitors（商务旅客）。

在初等教育服务、中等教育服务和高等教育服务三个分部门中，跨境提供（模式1）方面，虽然第三国国民可以通过法国的主管授权机关来获得建立教育服务机构并进行教学的授权，但法国还是通过国籍条件的要求来限制市场准入。对境外消费（模式2）、商业存在（模式3）两种提供方式没有任何的市场准入限制。对自然人存在（模式4），则进行了较多的市场准入限制，并且对进入法国的教育服务相关人员进行了详细的规定和限定。以高等教育服务中的自然人存在为例，法国机构条件要求专家必须有大学或其他高等教育机构所签的雇佣合同，除非有续订的新合同，且交付的工作许可证的期限不超过9个月，并且这些专家的进入要符合法国的经济测试需要。

在成人教育服务分部门中，法国对跨境提供（模式1）、境外消费（模式2）、商业存在（模式3）三种提供方式的市场准入没有限制。而对自然人存在（模式4）这种提供方式，要求在法国成人教育领域提供服务的自然人进入和停留的时间被限制在3年，并且要求自然人是转移到了另一个教育机构，这种情况下的自然人必须有大学学历、获得了专业资格和三年从业经历。

## 第五节　印度的教育服务市场准入

### 一、印度的教育服务开放政策

作为“金砖国家”之一的印度，近年来的经济取得了较快发展，[①] 但同时，印度还有大量的饥饿贫困人口，[②] 大量儿童得不到救治而死亡，健康保障体系极度落后。印度认识到教育对工业的重要支撑作用，加大了对学校、学院和大学的投入，这也促使本国的信息技术产业在近年来得到迅速发展。但研究表明，如教师旷工、设施不足、种姓制度和腐败使印度学校功能失调。[③] 为了实现人民的强国梦想，教育是印度要解决的一个很大的问题。

印度的教育体系由五个层次构成，包括学前教育、初等教育、初中教育、

---

① 2000年GDP为4766亿美元，到2013年达到了1.88万亿美元，十多年来增长了四倍。http://kolkata.mofcom.gov.cn/article/jmxw/201410/20141000766828.shtml. 2014年9月10日访问。

② 世界银行的一份报告显示，2010年，印度极贫人口占全球极贫人口的比重高达33%，高于30年前的22%。http://www.baidu.com/s?tn=94765018_hao_pg&lm=-1&wd=%E5%8D%B0%E5%BA%A6%E8%B4%AB%E5%9B%B0%E4%BA%BA%E5%8F%%A3&ie=utf-8&f=8&bs=%E5%8D%%B0%E5%BA%A6gdp. 2014年9月10日访问。

③ http://www.open2.net/society/international_development/india_failing_schooling.html. 2014年9月10日访问。

高中教育和高等教育，其教育体系是比较分散的。印度独立后，各州政府负责管理教育发展，1976 年后，州和中央政府都负责管理教育发展。[①] 印度的教育用多元化的语言进行教学，有着浓厚的宗教色彩，并受到宗教社会的深刻影响，因此，印度教育的发展应该与它的多元化的语言、文化、宗教和民主体制相协调。[②]

在印度，对于高等教育私有化和商业化的争论还在持续。教育专家主张，教育私有化应被严格限制在可允许的最低程度，并声称应当提高高等教育产业的税收，而印度政府却想通过更高程度的私有化，以吸引外国教育服务提供者在印度高等教育领域的投资。[③] 政府提出建立一个独立的、自治的机制，来管理私立和公立高等教育机构，以确保教育的质量、透明度和防止暴利的出现。[④] 同时，一些人主张政府应当改变教育政策，允许营利为基础的私立教育机构参与教育服务，放开学费收取，以弥补教育财政资源的不足，完成每个公民都有机会接受教育的基本使命。[⑤]

很明显，不论是教育专家还是政府部门，都认为高等教育的私有化、商业化是不可避免的，两种观点唯一的差异就是是否和怎样来防止教育服务机构产生暴利。这样的共识可以帮助我们了解印度高等教育服务市场中的外国资本和外国教育服务提供者，也有助于了解印度的教育开放政策的现实背景和利益考量。

印度将高等教育作为优先发展的教育领域，在 20 世纪 80 年代，印度、苏联和美国被称为全球高等教育三强，当时印度为中东国家输出了近百万的工程师、医生和教师人才。[⑥] 近年来，印度开始扩展自己的海外教育服务市场份额，人数众多的外国学生在印度 15% 的大学和学院学习，其中 95% 的外国学生来自发展中国家。[⑦]

---

① http：//en. wikipedia. org/wiki/Education_in_India. 2014 年 9 月 12 日访问。

② ［印］穆克菩亚："2020 年的印度教育发展远景规划报告"，《中国教育国际论坛（第四辑）》，中国教育国际交流协会编，北京：人民教育出版社，2006 年版，第 169 页。

③ Lucas，Robert E.，"Higher Education in India and GATS：An Opportunity"，International Journal of Educational，Vol. 20，No. 4，August 2008，p. 85.

④ Stromquist，N. P. "Internationalization as a Response to Globalization：Radical Shifts inUniversity Environments." Higher Education，Vol. 53，No. 1，February 2009，p. 61.

⑤ Maidenhead，Berkshire，The Society for Research into Higher Education，University of Chicago Press，2006，p. 154.

⑥ 张晓东：努力实现跨越的印度教育，载《全球教育展望》，2001 年第 9 期，第 56 页。

⑦ KD Raju，"Indian Education Sector：Growth and Challenges"，International Journal of Educational，vol. 23，No. 4，August 2011，p. 523.

学者们关注的是当前印度教育的无序发展和在国际市场上的竞争情况，也需要对外国教育机构或印度国内的大学或学院与外国教育服务提供者合作办学进行授权，但目前这些教育机构提供的各种学历或文凭得不到大学教育资助委员会（University Grants Committee，UGC）和全印技术教育委员会（the All India Councilfor Technical Education，AICTE）的认可。① 在教育服务领域，印度还未在GATS中作出任何承诺，自然也不承担和履行义务，在没有任何规则的情况下，外国教育服务提供者的进入就可能产生一些问题，如学生利益受到侵害、高等教育服务竞争的无序和不公。而与此同时，印度高等教育无力对所有求学者提供接受高等教育的机会，而且不受管制的私立教育机构也占用了大量的学生费用。当然，开放高等教育服务部门可能会使外国教育提供者遭到国内私立教育机构的反对。②

印度是GATT的创始会员国，但却以一个消极的政策来对待GATT，即严格限制进口，又不鼓励出口，在很长时间都是与世界经济体系相隔离，直到由内向型、政府控制型向外向型、市场导向型经济改革开始，这种情况才得以转变。③ 印度试图在经济融入世界经济中获得益处，并通过扩大国内市场来发展国内资本和企业。④ 印度工业化发展策略是排斥外国资本和国外贸易，认为这些都不可能让印度的经济融入世界经济，因而印度不要求外国市场的开放，也不向其他成员开放自己的市场。⑤ 后来，印度开始转变，从一个GATS规则的抵制者变成利用WTO规则扩大自己国家利益的行动者。⑥

到目前为止，印度没有承诺开放它的教育服务，如果将来其他成员不断对其施压，不排除印度会在GATS具体承诺表中开放自己的教育服务，尤其是高等教育服务。同时，印度公众对高等教育的巨大需求和本国政府有限提供能力之间的巨大差距，加上参与私立高等教育带来的利益诱惑，这都可能会

---

① Kuppusamy，S. "Higher Education in India：an Overview"，International Journal of Educational，Administration，Vol. 1，No. 1，Februery 2009，pp. 51 – 53.

② Van der Wende，M. "Internationalization Policies：About New Trends and ContrastingParadigms." Higher Education Policy，Vol. 14，No. 3，June 2001，p. 249.

③ 屠新泉：《中国在WTO中的定位、作用和策略》，北京：对外经济贸易大学出版社，2005年版，第68 – 69页。

④ 屠新泉：《中国在WTO中的定位、作用和策略》，北京：对外经济贸易大学出版社，2005年版，第70页。

⑤ 屠新泉：《中国在WTO中的定位、作用和策略》，北京：对外经济贸易大学出版社，2005年版，第71页。

⑥ 屠新泉：《中国在WTO中的定位、作用和策略》，北京：对外经济贸易大学出版社，2005年版，第68 – 71页。

促使印度作出教育服务开放承诺。外国教育服务提供者的进入是不可避免的。因此，印度政府最大的问题是如何建立一个高效的、可以规制外国教育服务提供者的国内框架机制，并根据参与高等教育服务的外国提供者的特点来制定附加条件，以保护国内教育体系和教育服务的消费者。①

## 二、印度在 GATS 中的教育服务市场准入报价及态度

由于有巨大的人口、潜在的经济发展和教育市场，印度已经成为世界上主要教育服务出口国的目标国家。在 2000 年的服务贸易磋商进程中，几个国家②要求印度开放教育服务市场，焦点主要是在高等教育、成人教育和其他教育服务三个领域。而美国则专门制定了培训服务和教育测试服务，巴西要求开放初等教育和中等教育服务领域，而在这些被要求开放的教育服务领域，对教育服务市场准入的要求是完全开放（即作出“完全承诺”）。然而，在这次磋商进程中，欧盟没有对印度的教育服务市场开放提出任何的要求。③ 而因美国、巴西等国的持续施压，印度不得不扩大在 GATS 中的市场开放报价，这也包括在教育服务中的市场开放报价，其市场准入程度尽管并不那么令人鼓舞，但毕竟走出了积极的一步（见表 4 - 5）。

**表 4 - 5　　印度的教育服务市场准入报价④**

| 教育服务 | 市场准入限制 | 国民待遇限制 | 其他承诺 |
|---|---|---|---|
| | （1）没有限制。但服务提供者应遵守适用于本国国内服务提供者的法规<br>（2）没有限制 | …… | …… |

① KD Raju, “Indian Education Sector: Growth and Challenges”, International Journal of Educational, Vol. 23, No. 4, August 2011, p. 538.

② 包括澳大利亚、巴西、日本、新西兰、挪威、新加坡和美国。

③ KD Raju, “Indian Education Sector: Growth and Challenges”, International Journal of Educational, Vol. 23, No. 4, August 2011, p. 540.

④ 本表关于印度对教育服务市场准入所作的具体承诺报价是基于 Rao, Bhanoji, “教育与GATS——印度不得不作出什么承诺”。http://www.thehindubusinessline.com/2010/11/01/stories/2010110100631000.htm. 2014 年 9 月 20 日访问。

续　表

| 教育服务 | 市场准入限制 | 国民待遇限制 | 其他承诺 |
| --- | --- | --- | --- |
| | （3）没有限制。但收取费用应由相关机构授权，并且这样做不会导致收人头费或暴利。此外，服务提供者应遵守法规，包括相关监管机构已经出台或将要出台的法规。在外国投资者在印度合作之前，需经外国投资促进委员会批准<br>（4）不作承诺 | …… | …… |

服务提供方式：（1）跨境提供；（2）境外消费；（3）商业存在；（4）自然人存在。

在开放教育服务的报价中，印度并没有按照教育服务分部门来进行系统的承诺开放，而是按照四种提供方式的市场准入承诺进行了报价。具体而言，印度的报价中，对承诺开放高等教育服务市场是没有什么异议的，对成人教育和其他教育两个分部门也没有明确的态度，但对放初等教育和中等教育服务两个分部门的开放，明确表示不愿意做出开放承诺。有学者认为，这是因为在初等教育和中等教育中会传授爱国主义、坚持真理、非暴力和社区和谐等价值观，外国教育服务提供者参与初等教育和中等教育服务会对这些价值观产生消极负面影响。①

在教育服务报价中，对跨境提供（模式1）而言，除了要求其他成员国的教育服务提供者要像印度国内的教育服务提供者一样遵守国内法规外，没有设置市场准入限制；就境外消费（模式2）而言，印度和大多数成员一样，没有设置市场准入限制，进行了完全开放的市场准入承诺。在商业存在（模式3）中，印度在费用收取和国内监管期限的市场准入方面设置了一些限制，需要印度国内相关机构授权或批准；对自然人存在（模式4），像其他很多的WTO成员一样，印度没有进行任何市场准入承诺。

面对其他WTO成员施加的压力，印度可能会提交报价并开放高等教育服务市场，这是印度参与教育国际化的重要一步，但鉴于目前印度的经济实力

① KD Raju，"Indian Education Sector：Growth and Challenges"，International Journal of Educational，Vol. 23，No. 4，August 2011，p. 535.

和文化传统，要求其开放全部的教育服务部门也是不现实的，最实际的做法是鼓励印度采取与 WTO 协议相一致的措施，确保教育服务报价的最终履行，印度要面对的问题是如何在新的背景下来平衡教育服务的发展。

## 第六节　中国的教育服务市场准入

### 一、我国的教育服务市场准入承诺

有学者认为，我国在 GATS 中的教育服务承诺可以分为三个水平层次。[①] 第一个层面的教育服务条款包括了我国在 WTO 中国对货物和知识产权的有关承诺，我国必须严格遵守。如出口到我国的货物所遵循的最惠国待遇和国民待遇等非歧视条款，发展中国家逐步降低关税和逐渐开放服务原则。第二个层面是我国在 GATS 中对服务和教育服务所作的水平承诺，如规定中外合资教育机构对土地使用期限要达到 50 年，这也必须遵守。第三个层面是我国在教育服务部门中所作的具体承诺，包括从五个教育服务分部门和四种提供方式的具体承诺，这也是几个层面中最为直接的承诺。一般来说，我们对教育服务的承诺分析，包括教育服务的市场准入承诺分析，都主要集中在第二和第三个层面，特别是第三个层面的解读。

依据我国在 GATS 中的教育服务承诺（见表 4 -6），我国对教育服务的开放承诺涵盖了所有的 5 个教育服务分部门，教育服务部门承诺覆盖率达到了 100%。在初等教育服务（CPC921）领域，我国明确承诺开放了学前教育服务（CPC 92110），但鉴于教育具有的文化和政治特性，我国和其他很多 WTO 成员一样，政府对义务教育实行严格控制，因此，我国对初等教育服务的承诺排出了 CPC92190 中的国家义务教育。在中等教育服务（CPC922）中，我国明确承诺开放了高中教育服务（CPC 92220）、技术和职业中学教育服务（CPC 92230），由于涉及义务教育领域的服务，排除了普通中等教育服务（CPC 92210）。

在高等教育服务（CPC923）中，我国的高等教育对学历教育和非学历教育有一个明显的区分。[②] 高等教育服务由大学、学院或其他高等教育机构提供，大学和学院提供学历教育的高等教育服务，其他高等教育机构提供非学

① 程方平：《中国教育问题报告：入世背景下中国教育的现实问题和基本对策》，北京：中国社会科学出版社，2002 年版，第 200 页。

② 1998 年《高等教育法》第 15 条。

历教育的高等教育服务。[1] 我国也鼓励中外合作办学的教育机构提供高等教育和职业教育服务，但能否参与提供学历教育，需要我国的教育主管部门的批准。[2]

我国对成人教育（CPC924）、其他教育（CPC929）两个教育服务分部门都作出了完全承诺。但目前在“其他教育服务”领域颇具争议。对该领域准确、具体包含哪些内容，没有明示。但一般而言，应当包含教育服务和和教育相关服务，包括对外国学生提供的测试服务和机构服务。本书认为，教育相关服务应当归类到“其他教育服务”分部门，我国承诺开放其他教育服务（CPC929，包括英语语言培训），表明我国愿意在一个更广意义上开放的教育服务领域。

由于政治教育、党校教育、警察教育和军事教育都带有强烈的政治色彩，也关系国家的安全，我国对这些教育予以排除。总体而言，我国在 GATS 中对教育服务作出的承诺水平是比较高的，与其他国家相比，无论是教育服务分部门承诺的覆盖范围，还是每种服务提供方式的准入程度，比很多的发达成员都要更广、更高。但是，为了更深入地分析每个教育服务分部门的开放度，还需要结合四种提供方式的具体准入承诺来进行分析。

**表 4－6　中国教育服务市场准入承诺[3]**

| 教育服务（不包括特殊教育服务，如军事、警察、政治和党校教育） | 市场准入限制 | 国民待遇限制 | 其他承诺 |
|---|---|---|---|
| A. 初等教育服务<br>（CPC921，不包 CPC92190 中的国家义务教育）<br>B. 中等教育服务<br>（CPC922，不包括 CPC92190 中的国家义务教育）<br>C. 高等教育服务 | （1）不做承诺<br>（2）没有限制<br>（3）将允许中外合作办学，外方可获得多数拥有权 | …… | …… |

① 1998 年《高等教育法》第 18 条。

② 2003 年《中外合作办学条例》第 12 条。

③ Report of the Working Party on the Accession of China, Part Ⅱ—Schedule of Specific Commitments on Services and List of Article Ⅱ MFN Exemptions, WT/ACC/CHN/49/Add. 2, 1 October 2001, p. 27.

续 表

| 教育服务（不包括特殊教育服务，如军事、警察、政治和党校教育） | 市场准入限制 | 国民待遇限制 | 其他承诺 |
| --- | --- | --- | --- |
| （CPC923）<br>D. 成人教育服务<br>（CPC924）<br>E. 其他教育服务<br>（CPC929，包括英语语言培训） | （4）除水平承诺中内容和下列内容外，不做承诺：外国个人教育服务提供者受中国学校和其他教育机构邀请或雇佣，可入境提供教育服务 | …… | …… |

提供方式：（1）跨境提供；（2）境外消费；（3）商业存在；（4）自然人存在。

## 二、我国教育服务四种提供方式的市场准入

### （一）跨境提供

教育服务的跨境提供方式主要指远程教育和网络教育，我国的远程教育始于20世纪60年代成立的广播和电视大学。[①] 虽然我国的远程发展了40多年，但目前除了教育部颁发的相关规定外，还没有远程教育的国家立法。在GATS中，我国对跨境提供（模式1）方式下的教育服务市场准入未作任何承诺，这将意味着我国各教育服务分部门对跨境提供方式不作市场准入承诺。因此，我国未来可以根据需要自己的需要，有更大的空间和自由来制定自己在此种提供方式下的教育服务市场准入策略。[②] 可能的原因有两个：一是此种提供方式可能会影响到我国政府对教育体系发展的监管权行使，从而涉及教育主权问题；二是我国外汇管理在技术上还存在不匹配和不协调的问题，如远程教学模式的电子支付问题；当然，这些问题都将会完全由我国独立自主进行决策，包括是否允许以及如何允许。[③]

① 金孝柏：教育服务中的跨境提供，载《国际商务研究》，2008年第6期，第29页。

② 金孝柏：我国的教育服务与立法，载《世界贸易组织动态与研究》，2008年第10期，第59页。

③ 李从浩：从各国教育承诺现状看我国教育承诺，载《教育科学》，2003年第3期，第6页。

实际上，我国虽未对外国教育服务提供者开放远程教育服务，但这并没有完全的排除外国教育服务提供者的远程教育服务进入到我国市场。一方面，我国对高质量的教育服务的市场需求很大；另一方面，有良好声誉的外国教育服务提供者，特别是欧洲、北美、澳大利亚和新西兰等国的教育服务提供者，可以利用完善的网络教育资源、低廉的费用，比较容易通过远程教育和网络学习的形式为中国学生提供教育服务。尽管外国远程教育服务提供者的影响还不太明显，但目前已经是迫在眉睫和不可避免的了。[①] 事实上，从我国当前远程教育的相关规定来看，比较清楚地看到我国政府是鼓励发展远程教育，并积极制定规则来保证远程教育质量的，但同时，有关远程教育服务的规则和监管体系还要进一步加强，以更好适应信息社会背景下教育服务的发展。

（二）境外消费

教育服务的境外消费（模式2）提供方式主要指学生的跨境移动，即海外留学。我国对这种方式的教育服务市场准入没有作限制，但是进行了相应的保留——特殊教育服务和义务教育服务被排除在外。我国对教育服务模式2作出这样的承诺，表明我国允许本国公民到其他成员留学，接受海外教育，同时，其他成员的公民也可以到我国来求学；但排除性的例外规定表明，特殊教育和义务教育领域的服务要被排除在外。

有人认为我国近代的留学教育始于1847年，并历经清末、国民政府和新中国三个阶段。[②] 也有学者依据不同时期的政策影响，把新中国成立后再细分为四个阶段。[③] 其实，不管是在哪一个阶段的海外教育，境外消费作为教育服务的一种重要形式，对我国教育服务及其教育政策的制定都产生了重要的影响。通常而言，跨境消费市场准入承诺产生的影响，既包括积极的方面，也包括消极的方面。

就积极方面而言，其一，海外留学教育可以减轻对优质公立教育服务的压力。从20世纪90年代开始，我国的公立高等教育面临极大的压力，人们对接受高等教育的渴望/需求与政府的高等教育服务提供能力之间存在巨大差距。因此，海外留学成为众多学生的选择，2012年我国出国的留学生人数已

---

① 赵俊峰、胡仁友：中国跨境远程教育初探，载《东北师范大学学报（哲学社会科学版）》，2011年第4期，第289页。

② 郎艳波、王成：现代中国海外教育及其影响，载《山西师范大学学报（社会科学版）》，2005年第3期，第48页。

③ 海外留学政策的控制期（1949—1965）、过渡期（1966—1976）、繁荣期（1977—2001）、新的发展和开放期（2002年至今）。

经成为世界第一，2013 年更是达到了 41.39 万。[①] 其二，海外留学教育给我国的教育服务体系改革提供了动力。海外留学教育主要集中在高等教育服务领域，目前我国的高等教育已经成为社会关注和批评的焦点，包括管理体系、质量保障、教学方法、教学评价和大纲的设计等。[②] 但一段时间内，教育部对高等教育的改革似乎没有强烈的意愿，但随着越来越多的优秀学生选择海外留学，将会在很大程度上成为推动我国进行教育改革的动力。其三，海外留学教育会加强我国国内大学的竞争。我国越来越多的学生选择海外留学，国内大学感受到了来自世界其他国家教育服务提供者带来的竞争压力，这对提高国内教育机构的教育服务质量是有积极作用的。

当然，境外消费市场准入的开放，也会带来一些消极影响。其一，可能会导致人才流失。1977—2005 年，我国留学生回国比例为 25%，近几年有所改善，2013 年达到了 39.96%。[③] 其二，可能会对我国传统文化和价值观产生威胁。[④] 大量留学生在海外接受教育，会不可避免地产生道德观、价值观和意识形态的冲突，而这些都会对主流的传统文化和价值观产生巨大影响。

留学是对外国教育服务提供者最早开放的一种方式，我国过去也制定了很多积极的政策来鼓励出国留学，自加入 WTO 后，我国的教育服务跨境消费提供方式就更加开放和积极。2004 年，教育部也提出要通过深化改革公立资金对留学的支持和监管，此后，教育部继续加大公派留学的力度。总体而言，我国从海外留学教育中获益很多，但也应该制定更完善的政策来培养和拥有更多的人才，而不是人才的流失。

### （三）商业存在

我国对教育服务商业存在（模式 3）提供方式的市场准入作出了“部分承诺”。据此，我国在教育服务模式 3 的市场准入方面只允许外国教育服务提供者与我国的教育服务机构进行合作办学，并且允许外国教育服务提供者获得超过 50% 的份额，这样的规定体现了极为开放的态度，但除了中外合作办学外，外方独立开设教育服务机构的路径是不被允许的。而我国在 GATS 的水平承诺中限制性规定，也会对教育服务部门产生限制性作用。具体而言，限

---

① http://www.chinanews.com/lxsh/2014/02-24/5872148.shtml. 2014 年 9 月 13 日访问。

② 王亚飞：我国境外消费教育服务研究，载《经管学苑》，2006 年第 6 期，第 58 页。

③ http://www.360doc.com/content/14/0302/21/5177773_357178235.shtml. 2014 年 9 月 13 日访问。

④ 周满生：WTO 框架下的教育输入与输出和中国政府的教育立法与政策调整，载《集美大学学报》，2006 年第 6 期，第 10 页。

制性规定表明，我国是允许外国教育服务提供者在我国境内设立代表处，但该代表处不得从事营利性活动；此外，还对教育使用土地的问题进行了具体的规定，我国的教育用地最长时间限制在 50 年，中外合作办学设立的教育服务机构的土地使用也必须遵守这一规定。

我国最早对外国教育服务提供者开放教育服务投资始于 20 世纪 90 年代，经过 20 余年的发展，目前我国共有中外合作办学机构和项目达 1780 个。[①] 通过在教育服务领域引进外资，丰富了我国教育体系，促进了我国教育事业的发展；同时也学习到了先进的教育理念和管理水平，更好满足了我国人民对教育多样性的需求。但我国的相关法律法规还存在很多不完善的地方，目前的教育法律体系不太适应中外合作办学的发展需要，中外合作办学的相关规定太过简单，相关规则的条款太过宽泛，缺乏可操作性。

（四）自然人存在

我国在教育服务自然人存在（模式 4）提供方式的市场准入作出了“部分承诺”。依据我国的教育服务具体承诺表，对自然人存在方式的具体情形进行了限制性的承诺。具体而言，我国对教育服务模式 4 主要有两方面的限制性规定。第一，如果是有外资参与设立的中外合作办学机构发出聘请的有关教育工作人员（包括专家、高级管理人员等级别较高的雇佣人员），允许这些人员进入我国境内，但受其居住的时间不超过 3 年，当然，也可以依据合同而享有长期居住的权利；如果是完全因外国教育服务机构的需要，要派遣相关的教育服务推销人员（比如一些与教育服务活动有关的谈判和参展人员等），这种情况下相关人员停留我国的时间最多为 90 天。第二，如果是我国的学校、其他教育机构主动向外国个人发出邀请，请求或雇佣其为我国提供相应的教育服务，我国规定此种情况下的外国个人可以进入我国境内，对于时间的规定完全取决于双方合同本身的约定，而没有入境时间的具体限制性规定。

## 本章小结

美国拥有成熟的教育服务体系，其教育服务水平很高，但在 GATS 中的教育服务市场准入承诺部门是很少的，仅仅开放了成人教育服务和其他教育服务。在提交给 WTO 的建议文本中，对于如何消除当前教育服务市场准入壁垒

---

① 教育部答我国中外合作办学的整体情况。http：//gaokao. eol. cn/zhongwai_hz_9462/20130619/t20130619_969 168. shtml. 2014 年 9 月 13 日访问。

的问题，提出了很多具体详细的建议。同时，面对未来教育服务自由化和市场准入的发展，美国对其他成员提出了扩大教育服务开放程度、提高教育服务市场准入水平的要求，表现出典型的利己思想和双重标准。

澳大利亚作为世界性的教育服务出口大国，在开放教育服务市场的过程中，采取了一些政策措施和制定了一些法规。并在 GATS 中对中等教育服务、高等教育服务和其他教育服务三个分部门进行了开放，也在四种提供方式准入中进行了较高的承诺水平。面对未来的发展，澳大利亚在交给 WTO 的建议文本中，对教育服务部门的进一步自由化提出了建议，认为需要各成员提高教育服务贸易市场准入承诺的水平，以消除或降低准入限制，并对消除教育服务市场准入壁垒提出自己的意见。但同时，澳大利亚认为未来在提高教育服务市场准入程度的同时，应注重教育服务质量的保证，并提出应尊重国家主权，保证各国教育主权的独立性和制定本国教育服务政策的自主性。

日本的教育服务水平较高，其经济的发展很大程度得益于教育的发展。因此，日本通过系列举措和立法手段来保证本国的教育服务水平，并积极推动私立教育的发展，推动日本教育服务参与全球市场的竞争。在 GATS 中，日本对五个教育服务分部门都作出了一定程度的开放承诺，其承诺开放范围是比较广的，而且对分部门的承诺体现出严谨和细致的特征。同时，也在不同教育服务分部门的市场准入中设置了一些限制，鉴于教育与政治、文化的紧密程度，这种做法是可以理解的。但从总体上来看，日本有相对高水平的教育服务市场开放度。面对教育服务市场准入未来的发展，在给 WTO 的建议文本中提议，要求其他 WTO 成员加快教育服务的自由化进程，提高教育服务的市场准入程度，建立国际教育服务质量保证体系，从这一角度来看，日本也希望扩大其在全球教育服务市场上的影响力。

面对全球化带来的挑战，法国政府积极通过学历体现改革、发展私立教育和语言教学等措施来积极推动教育服务开放，提升本国教育服务在全球的影响力。而法国作为欧盟成员国，其在 GATS 中对初等教育服务、中等教育服务、高等教育服务和成人教育服务四个部门进行了市场准入开放承诺。

作为文明古国，因种姓制度、文化传统、宗教信仰等因素，印度的教育服务体系还比较落后，目前也没有在 GATS 中对教育服务作出开放承诺。但因有潜在的巨大的教育服务市场，美国、巴西等成员不断对印度施压，要求其开放教育服务市场。目前，印度的一些代表性学者对其可能开放的教育服务市场准入报价进行了分析。印度的报价中，对承诺开放高等教育服务市场是没有什么异议的，对成人教育和其他教育两个分部门也没有明确的态度，但

对于初等教育和中等教育服务两个分部门的开放，明确表示不愿意做出开放承诺。其市场准入程度尽管并不那么令人鼓舞，但毕竟走出了积极的一步。

我国的教育服务开放与国家政策、经济开放密切联系。在GATS中开放了全部五个教育服务分部门。由于政治教育、党校教育、警察教育和军事教育都带有强烈的政治色彩，也关系到国家的安全，我国对这些教育予以排除。总体而言，我国在GATS中对教育服务作出的承诺水平是比较高的，无论是教育服务分部门承诺的覆盖范围，还是每种服务提供方式的准入程度，比很多的发达成员都要更广、更高。

通过分析WTO中几个代表性成员的教育服务市场准入情况，可以看出，成员在实行教育开放政策和决定自己在GATS中的教育服务市场准入承诺和态度时，要考虑到很多的具体因素，主要有国家利益、文化价值和教育发展水平等原因。

国家利益应该是作出教育服务市场准入承诺最根本的决定因素。成员的教育服务发展水平是本国教育开放政策制度和教育服务市场准入承诺的重要因素，但不是决定因素。成员国都希望其他国家的教育服务市场能够最大程度的开放，而本国的教育服务市场能够最大限度地得到保护。如美国是教育服务出口大国和强国，希望其他WTO成员开放自己的教育服务市场，以获得更多的国际教育服务市场机会。但是，美国却在GATS中只承诺开放了成人教育和其他教育服务两个分部门，表明美国不希望其他成员的高等教育服务提供者参与本国高等教育服务市场的竞争。这与要求印度等发展中成员开放教育服务市场准入的做法形成鲜明的对比，是典型的双重标准。

文化差异也会影响成员的教育开放政策和教育服务市场准入承诺。教育作为反映国家文化、传统和价值的主要媒介，在保护和维持文化多样性方面有重大的影响。本章分析的代表性成员中，有发达成员，也有发展中成员，有英语国家，也有非英语国家。因此，不同文化背景和发展水平的成员存在文化的冲突和利益纠葛，这也直接决定了很多成员在作出教育服务市场准入承诺时，对涉及本国文化和传统教育有基础性作用的初等教育服务和中等教育服务的准入承诺，都选择了限制和保留，包括我国。

总之，通过本章对代表性成员的教育服务市场准入进行梳理和分析，即使是教育服务水平最强的成员，也在GATS中的教育服务市场准入承诺中进行了严格的限制，以保护本国的教育服务市场。一国的教育服务发展水平和经济发展水平，并不完全和它的教育服务准入承诺水平相匹配，最主要由国家利益、文化传统和教育服务发展水平的综合因素来决定。

# 第五章　GATS 下教育服务市场的外资准入

外资准入属于市场准入的范畴，而在教育服务领域，外资准入是商业存在这种提供方式的具体表现。外资准入是教育服务领域的一个重要、复杂而又敏感的问题，由于涉及成员国的教育主权和教育服务的发展，各成员国对教育服务的外资准入问题都十分谨慎。本书在第四章的分析中已经对教育服务的外资问题偶有提及，但考虑到教育服务本身的特殊性，还需要对 GATS 中教育服务外资准入的基本形式、主要内容进行分析。而目前 GATS 中各成员对教育服务市场的外资准入的承诺如何，我国的教育服务外资准入承诺和现存法规之间还存在哪些不完善的方面，该如何进行改进，这些问题都值得我们进行系统的分析和总结，因此用专章的形式来对该问题进行系统的阐述。

## 第一节　GATS 中教育服务外资准入的基本形式

一般而言，按照外资进入东道国的组织形式的具体差异，外资准入一般分为创设新企业、兼并收购、创设分支机构或办事处和其他形式等。[①] 而在 GATS 中，各成员也对教育服务领域中的外资准入形式进行了承诺规定，而因为教育服务领域的特殊性，外资参与教育服务领域所呈现的形式相对会比较简单，总体而言，主要有以下几种形式。

### 一、创设新的教育企业

在国际投资领域，创设新企业形式也称为“绿地投资”（Greenfield Investment），指外国投资者以遵守东道国的国内法为前提而投资设立新的企业，外国投资者在该企业中占有相应部分的股权。[②] 创设新企业一般主要有两种形式：一是设立独资企业；二是与东道国投资者共同设立合资企业，如股权式合资企业与契约式合资企业。当然，不同的国家对外资创设企业的方式有不

① 姚梅镇：《国际投资法》，武汉：武汉大学出版社，2011 年版，第 185 页。

② 孔淑红：《国际投资学》，北京：对外经济贸易大学出版社，2010 年版，第 152 页。

同的规定，如我国法律规定有三种形式：外商独资企业、中外合资经营企业和中外合作经营企业，而有的国家还包括补偿贸易与加工装配等。①

在GATS中，很多成员对外资参与创设教育服务企业进行了规定，主要涉及外资参与教育服务的途径、创设教育服务的企业形式等，而多数成员对外资参与创设的教育服务企业形式都很明确和具体，主要有以下几个方面的限制规定。

第一，对法人形式的规定。此种情形下，成员一般都将外资准入设立教育企业的性质限定为法人企业，排除了其他的企业形式。如日本限制规定，外资可以参与日本承诺开放的教育服务部门，但其形式只能是由学校法人设立的正规教育机构。② 克罗地亚限制规定，在其承诺开放的中等教育服务领域，法人形式的企业可以从事相关的教育服务活动，而其他形式是受限制的。③ 除此之外，还有的成员进一步限定了法人企业的国籍，一般是限定在该教育服务进口国的国籍范围内。如塔吉克斯坦限制规定，在其承诺开放的教育服务领域，外资可以参与，但其形式只能是在该国具有法人地位的企业参与，代表处不得进行任何相关的教育服务活动，包括教育服务的提供。④ 中国台湾限制规定，外国企业和个人都可以直接投资中国台湾所承诺开放的教育服务领域，可以成立法人企业，只是对总裁/董事长或委托人有特别的规定，对外籍董事的人数也有专门的规定。⑤

第二，对外资参与创设的企业的具体形式进行规定。此种限制性规定显得更加的具体，有较多的成员选择了此种方式，表明大多数成员在对待外资参与教育服务部门时的一种谨慎态度。如越南限制规定，外资参与越南的高等教育服务、成人教育服务和其他教育服务领域是被允许的，但是教育机构只能是合资企业的形式，只有到2009年1月1日之后才可以出现外商独资的情形。⑥ 泰国也限制规定，只允许通过在泰国注册有限责任公司，方可从事相关的教育服务活动，并对企业形式的比例和外资股东的人数进行了具体的规

① 施延亮：《涉外经济法概论》，上海：华东理工大学出版社，2008年版，第87页。

② JAPAN Schedule of Specific Commitments, GATS/SC/46, 15 April1994, p. 26.

③ THE REPUBLIC OF CROATIA Schedule of Specific Commitments, GATS/SC/130, 22 December 2000. p. 18.

④ TAJIKISTAN SCHEDULE OF SPECIFIC COMMITMENTS, GATS/SC/151, 22 April 2013, p. 17.

⑤ THE SEPARATE CUSTOMS TERRITORY OF TAIWAN, PENGHU, KINMEN AND MATSU Schedule of Specific Commitments, GATS/SC/136/Rev. 1, 2 July 2002, p. 26.

⑥ VIET NAM Schedule of Specific Commitments, GATS/SC/142, 19 March 2007, p. 38.

定。① 当然，我国也是允许中外合作办学的，并且外放可以获得多数拥有权，但合作的形式可以是股权式合资企业，也可以是契约式合作企业。②

第三，明确排除外资参与创设教育企业的规定。此种情形下，成员会明确限制外资参与到某一些教育服务分部门。如俄罗斯限制规定，鉴于涉及俄罗斯独特文化的传承，所以俄罗斯政府对作为公共事业的教育领域的垄断程度很深，私营性质的教育服务企业必须得到政府授予独家经营权。俄罗斯对初等教育服务、中等教育服务、成人教育服务的管控十分严格，能参加这些领域服务的只能是俄罗斯联邦的法人企业，而且是非营利性质的法人才可以参与，外资不能够参与到这几个教育服务分部门。而在俄罗斯承诺开放的高等教育服务领域，外资可以参与此领域，但只能通过与俄罗斯联邦的法人企业进行融资，参与高等教育服务中的有限开放合作。③ 哥斯达黎加的规定也相对比较严格和具体，在高等教育服务领域，禁止任何有限责任公司和任何以大学教育为目的的企业实体的设立，由全国高等教育委员会授权建立的私立大学，其教学计划、课程设置、教学及管理人员都受到严格的审查。④

## 二、创设分支机构或设立办事处

在国际投资领域中，分支机构或办事处的设立是最简便的一种投资形式，目前世界各国对待这两种投资形式的法律规定存在较大的差异。同样，在GATS中，各成员在对待外资参与本国教育服务领域，创设分支机构或办事处的承诺规定也存在差异。主要涉及分支机构和代表处能否参与教育服务提供的限制性规定。

第一，外资设立的分支机构可以参与提供教育服务，而办事处却不得从事相应的教育服务活动，这是大多数成员都选择的限制承诺。此种情形下，分支机构被授予了一定的教育服务提供权限，但有的成员对外资设立的教育服务分支机构的程序进行了具体的规定。如牙买加限制规定，如果国外注册的公司要在牙买加设立分支机构，必须先按照本国的公司法和行政法进行注册，方可从事相关的教育服务活动。⑤ 越南限制规定，外国投资者可以在越南

---

① THAILAND Schedule of Specific Commitments，GATS/SC/85，15 April 1994，p. 3.

② THE PEOPLE'S REPUBLIC OF CHINA Schedule of Specific Commitments，GATS/SC/135，14 February 2002，p. 27.

③ RUSSIAN FEDERATION Schedule of Specific Commitments，GATS/SC/149，5 November 2012，pp. 35 – 37.

④ COSTA RICA Schedule of Specific Commitments，GATS/SC/22，15 April 1994，p. 5.

⑤ JAMAICA Schedule of Specific Commitments，GATS/SC/45，15 April 1994，p. 1.

设立外商投资企业，也允许外国服务提供者在越南设立代表处，但是不得从事任何直接营利性活动，对设立的分支机构没有限制。[①] 克罗地亚限制规定，除了在中等教育服务之外，在其承诺开放的其他3个教育服务分部门（高等教育、成人教育、其他教育）中，分支机构是被允许参加提供所有有关的教育服务活动的，但对分支机构的权利和义务进行了规定，只能是归于其母公司。[②] 马其顿限制规定，外资参与教育服务，为本国教育提供服务，可以在马其顿注册独资企业，或者以分支机构的形式提供教育服务，但在马其顿注册的办事处不可以从事和提供相关教育服务活动。[③] 保加利亚限制规定，对本国承诺开放的教育服务领域，外国服务提供者可以设立公司企业，包括合资企业，经过授权，也可以设立分支机构，对代理处的设立没有限制性规定，但代理处不得从事经济活动。[④] 俄罗斯限制规定，明确规定了代表处不得进行任何的商业活动，包括教育服务的提供。[⑤]

第二，代表处可以从事相关的教育服务活动。有极个别成员在对待外资设立代表处时，采取了不同于其他成员的承诺规定，如匈牙利限制规定，在其承诺开放的初等教育、中等教育、高等教育、成人教育服务领域，经中央和地方当局的批准，代表处是可以提供教育服务的，但初次进入国内的分支机构却不允许从事和提供相应的教育服务。[⑥]

## 第二节 GATS中教育服务外资准入的主要内容

GATS中对外资准入的规定成为教育服务领域有关国际投资的重要组成部分，各成员在GATS中对教育服务部门的市场准入承诺中，对商业存在这种提供方式的承诺更多体现了各成员在多边体制下对教育服务外资准入的态度。而GATS中的教育服务外资准入主要也是各成员在商业存在中的具体市场准入

① VIET NAM Schedule of Specific Commitments, GATS/SC/142, 19 March 2007, p. 1.

② THE REPUBLIC OF CROATIA Schedule of Specific Commitments, GATS/SC/130, 22 December 2000. pp. 2, 18.

③ THE FORMER YUGOSLAV REPUBLIC OF MACEDONIA Schedule of Specific Commitments in Services, GATS /SC/138, 30 April 2004, p. 3.

④ THE REPUBLIC OF BULGARIA Schedule of Specific Commitments, GATS/SC/122, 21 May 1997, p. 2.

⑤ RUSSIAN FEDERATION Schedule of Specific Commitments, GATS/SC/149, 5 November 2012, pp. 1, 2.

⑥ HUNGARY Schedule of Specific Commitments, GATS/SC/40, 15 April 1994. p. 1.

限制，是各成员国在GATS中对外国教育服务提供者进入本国教育服务市场，设立教育服务机构的具体承诺和限制。

## 一、外资准入的范围限制

外资准入的范围是一国允许外国资本进入和参与本国领域内的行业或部门，在各国的国内法中，基本会明确规定外国资本进入本国领土内进行投资的范围，有的是通过国内的外资立法，有的是以政府主管部门的投资指导目录等形式进行规制。一般而言，东道国通过法律或制度来明确外国资本的准入范围，主要会考虑本国的经济安全和行业发展。[①]

在GATS中，教育服务外资准入是通过商业存在的形式表现出来的，成员通过在GATS中的具体承诺限制，既可以把不希望有外资参与的教育服务分部门排除在外，也可以在具体的教育服务分部门中作出更加具体的限制和保留。鉴于教育服务领域的特殊性，特别是基础教育或义务教育领域对本国教育体系的支撑作用和在民族传承、文化价值方面的重要作用。就目前而言，在作出教育服务承诺的58个成员中，很多是排除了对初等教育服务、中等教育服务的具体承诺，甚至有一些成员也排除了范围不太确定的其他教育服务部门。因此，教育服务的外资准入范围主要体现在高等教育、成人教育两个领域，尤其是高等教育服务领域。[②]

与此同时，各成员在自己已经承诺开放的教育服务分部门中，又通过水平承诺和具体承诺两个方面来对教育服务分部门的外资准入范围进行了更加明确和具体的限制。具体而言，各成员在作出教育服务分部门的外资准入范围限制时，采用了两种方式：否定方式和肯定方式，也即是前面所论及的具体承诺的两种清单方式——否定清单和肯定清单。

在否定方式中，主要是这些成员对教育服务分部门的外资准入进行了具体的排除，没有排除的领域，都是外资可以进入的范围。这种方式主要为发达成员所采用，比如美国在成人教育服务中排除了飞行服务培训，[③] 奥地利则排除了通过收音机和广播电视进行的成人教育领域。[④] 当然，也有少数的发展

---

① 余劲松：《国际投资法》（第二版），北京：法律出版社，2003年版，第139页。

② 目前，在58个对教育服务作出承诺的成员中，有34个成员对初等教育服务作出承诺，有46个成员对中等教育服务作出承诺，有48个成员对高等教育服务作出承诺，有47个成员对成人教育服务作出承诺，有30个成员对其他教育服务作出承诺（具体可参见本书第二章中的表2-1）。

③ The United States Of America Schedule of Specific Commitments，GATS/SC/90，15 April 1994，p. 50.

④ Austria Schedule of Specific Commitments，GATS/SC/71，5 April 1994，p. 21.

中成员采用了这种方式，如爱沙利亚在其他教育服务中也排除了政府提供的教育服务。[①]

在肯定方式中，主要是这些成员对教育服务分部门的外资准入进行了具体的确定，没有确定列明的领域，都是外资不可以进入的范围。在所有作出教育服务承诺的成员中，有更多的成员采用这种方式，特别是发展中成员和最不发达成员。而在这种方式中，又可以将外资准入范围的限制分为两种形式：一种是对私立教育领域的肯定限制；另一种是对具体教育服务形式的肯定限制。在第一种形式中，很多成员就明确将教育服务外资准入的范围限于私立教育领域。如新西兰将所承诺的教育服务分部门的外资准入范围限于私立教育领域，[②] 而斯洛文尼亚和斯洛伐克则都将中等教育服务、高等教育服务限制在私立教育服务服领域，[③] 保加利亚、格鲁吉亚等将初等教育服务、中等教育服务、成人教育服务都限于私立教育领域。[④]在第二种形式中，主要是发展中成员和最不发达成员作出的更加具体和细致的外资准入范围限定。在发展中成员中，黑山将其他教育服务限于培训教育服务，[⑤] 沙特阿拉伯将其他教育服务限于技能培训、泰国烹饪和语言培训，[⑥] 塔吉克斯坦将其他教育服务限于培训（如语言、驾驶、设计、技术等）、教育测试服务、社会课程、学校教育项目、辅导和预备课程服务，[⑦] 泰国将成人教育服务限于专业短期培训领域，[⑧] 俄罗斯也将成人教育服务限于外语、计算机、商务及考试培训服务。[⑨]在最不发达成员中，海地将成人教育服务限于实体培训中心领域，[⑩] 老挝在其他教育服务中仅限于短期的外语培训服务，[⑪] 马里将成人教育服务限于手工艺

---

① The Republic of Estonia Schedule of Specific Commitments, GATS/SC/127, 5 October 1999, p. 13.

② New Zealand Schedule of Specific Commitments, GATS/SC/62, 15 April 1994, p. 16.

③ Communication From Slovenia Schedule of Specific Commitments, GATS/SC/771, 5 April 1994, p. 22. Slovak Republic Schedule of Specific Commitments, GATS/SC/99, 30 August 1995, p. 16.

④ The Republic of Bulgaria Schedule of Specific Commitments, GATS/SC/122, 21 May 1997, p. 21. Georgia Schedule of Specific Commitments, GATS/SC/129, 20 December 2000, p. 18.

⑤ Montenegro Schedule of Specific Commitments, GATS/SC/146, 5 June 2012, p. 17.

⑥ The Kingdom of Saudi Arabia Schedule of Specific Commitments, GATS/SC/141, 29 March 2006, p. 20.

⑦ Tajikistan Schedule of Specific Commitments, GATS/SC/151, 22 April 2013, p. 17.

⑧ Thailand Schedule of Specific Commitments, 15 April 1994GATS/SC/149, p. 19.

⑨ Russian Federation Schedule of Specific Commitments, GATS/SC/855 November 2012, pp. 35 – 36.

⑩ Communication From Haiti Schedule of Specific Commitments under the General Agreement on Trade in ServicesGATS/SC/111, 30 August 1995, p. 2.

⑪ Lao Pdr Schedule of Specific Commitments, GATS/SC/150, 22 April 2013, p. 11.

领域，[①] 萨摩亚将其他教育服务限于培训（如语言、驾驶、设计、技术等）、教育测试服务、社会课程、学校教育项目、辅导和预备课程服务。[②]

## 二、外资准入的比例规定

对外资比例的规定是衡量一国外资准入程度和参与程度的重要标准，因此，对外资比例规定的分析，可以比较明确的判断一国的外资准入政策。从宏观的角度来看，一国对外资比例加以规定和限制，体现了对其他国家资本投资方向和特殊领域的总体把握；从微观的角度来看，主要展现的是具体投资比例、企业利益与管理权的分配问题，而这种分配就要求东道国投资者与外国投资者必须在东道国的法律规定范围内进行。[③] 在 GATS 中，各成员在教育服务承诺中对教育服务外资准入进行了限制性承诺，主要通过水平承诺和具体承诺来加以体现。对教育服务领域的外资准入比例的不同承诺，也体现了各成员对外资参与本国教育服务市场的不同态度。总体而言，各成员对教育服务外资准入比例的承诺比较明确和具体。

从具体的分析来看，各成员对教育服务外资比例的承诺主要分为三种类型。

第一种类型：外资只可占少数比例，即不超过教育机构或企业份额的50%。如墨西哥要求投资教育服务领域的外国资本，其注册企业的资本最多不超过49%，并且必须事先得到本国公共教育部（SEP）的授权，或者是达到本国对教育机构的相关要求。[④] 而泰国也要求投资本国教育服务领域的外国资本，其外资比例不得超过49%。[⑤]

第二种类型：外资可以占多数比例，即超过教育机构或企业份额的50%。在各成员国的教育服务承诺中，由于在准入领域、投资条件和审查机制等方面有很多严格的限制，因此更多成员在教育服务外资准入比例中选择了第二种类型。在这种类型中，又分为三种情况。其一，有具体比例的限定。对于外资参与设立教育服务机构或企业的比例有详细具体的数字规定。如老挝在承诺中规定，外资参与老挝教育服务的参股比例限制在51%，这个比例数字

---

① Communication From Mali General Agreement on Trade in Services – Schedule of Specific Commitments, GATS/SC/53, 30 August 1995. p. 2.

② Samoa Schedule of Specific CommitmentsGATS/SC/147, 5 June 2012, p. 11.

③ Sornarajah, "The International Law on Foreign Investment", Cambridge University Press, 2004, p. 212.

④ Mexico Schedule of Specific Commitments, GATS/SC/56, 15 April 1994. p. 31.

⑤ Thailand Schedule of Specific Commitments, GATS/SC/85, 15 April 1994, p. 3.

是最高限度。[①] 其二，渐进式的规定。虽然也规定了外资的具体比例，但随着时间的推移，可以将外资的比例提高。如尼泊尔的承诺规定，除国家财政资助的教育服务以外，外国资本可以参与其他的教育服务，外资参与的比例最高是 51%，但从参与之日起 5 年后，外资的比例可以提高到 80%；[②] 同样，越南对教育服务的外资准入比例也进行了类似的规定，在高等教育服务、成人教育服务和其他教育服务领域，外资在越南投资设立的教育服务机构或企业，可以允许获得大部分股份或所有权，至 2009 年 1 月 1 日起，允许外资教育机构或企业拥有 100% 的份额，并且在加入 GATS 承诺后的 3 年，对外资参与本国的教育服务没有任何的投资比例限制；[③] 阿曼的教育服务外资准入比例规定，外资可参与初等教育以外的其他任何教育服务分部门，虽然规定了在注册成立时外资股权不得超过 49%，但从 2001 年 1 月 1 日起，外资股权的份额可以达到 70%；[④] 约旦的规定也基本类似，在约旦承诺开放的教育服务部门中，外资准入的比例可以达到 51%，并且从 2004 年 1 月 1 日起，外资准入的比例可以达到 100%。[⑤] 其三，笼统性的规定。即仅仅对教育服务外资进行了多数比例的规定，既没有规定详细的比例数字，也没有渐进式的比例调整，而是一个笼统的多数比例承诺。作出这样承诺的国家不多，我国的教育服务外资准入承诺就属于这种情形。

第三种类型：没有任何的教育服务外资准入比例规定。无论是在水平承诺，还是在具体的部门承诺中，有一些成员对自己所承诺开放部门和领域都没有进行外资准入的相关比例限制，绝大部分发达成员和一些发展中成员都属于这种情况。

### 三、外资准入的履行要求

履行要求又称“投资条件”，是东道国对引进的外资的具体监管手段，如果外资不能满足东道国设立的投资履行要求，该外资也就不能顺利进入东道国，也不可能在东道国经营以及取得某些优惠条件。东道国实施这样的监管条件主要为了所引进的外资能够更好地为本国的经济发展服务，满足本国整

---

① Lao Pdr Schedule of Specific Commitments, GATS/SC/150, 22 April 2013, p. 11.

② The Kingdom of Nepal Schedule of Specific Commitments, GATS/SC/139, 30 August 2004, pp. 17 – 18.

③ Viet Nam Schedule of Specific Commitments, GATS/SC/142, 19 March 2007, p. 38.

④ Oman Schedule of Specific Commitments, GATS/SC/132, 22 December 2000, pp. 2 – 4.

⑤ The Hashemite Kingdom of Jordan Schedule of Specific Commitments, GATS/SC/128, 15 December 2000, p. 21.

体社会经济发展目标的需要，同时又希望本国经济不受外资的控制，避免外资给本国经济带来不利影响的可能。① 在GATS中，各成员对教育服务外资准入的履行要求条款比较分散，既有概括性的规定，也有很具体详细的规定；既有对东道国国籍的参与管理人员的详细规定，也有对外国人与东道国人平衡比例的总体规定。总体而言，成员国在GATS中对教育服务外资准入履行要求的限制范围主要体现在当地成分、当地雇佣和贸易平衡等方面，其具体的承诺规定可以分为以下几种情况。

第一种情况：概括性的全面规定。此种规定没有对当地成分或经济贸易平衡进行具体的比例限制，而是从国内经济发展与外资合理的角度进行概括性的规定。如列支敦士登承诺规定，在教育服务领域，外资可以在其国内设立法人或分支机构，但不能够妨碍其经济的发展需求，国内教育服务和教育服务外资准入要达到合理的平衡比例，包括外国人与本国常住人口的平衡比例、在教育服务外资经济中本地居民的数量比例、国内各经济部门之间的平衡等。② 这样的教育服务外资准入规定实际上是概括和抽象的，在具体实践中很难准确的操作。

第二种情况：对教育服务机构负责人的具体规定。此种规定实际上是对教育服务外资准入当地成分的履行要求，很多成员都对此进行了详细和具体的限制性规定。相比第一种情形，此种规定主要是对外资参与设立的教育机构的负责人、董事、股东或管理者有比较具体和详尽的规定。如乌克兰承诺规定，外资参与初等教育服务、中等教育服务和高等教育服务三个分部门时，不管外资参与的比例如何，该教育机构的负责人只能是由乌克兰公民担任；③ 约旦也存在同样的承诺规定，外资参与约旦的成人教育服务和其他教育服务时，成立的成人教育中心、文化教育中心，其主任都必须由有约旦国籍的人担任；④ 而中国台湾的承诺规定更加详尽，对外资参与设立的教育机构，其机构的总裁/董事长/委托人应当是中国台湾人，董事会中的外籍董事人数得不超过董事会的1/3，总数不得超过五名；⑤ 而泰国承诺规定，外资参与设立的

---

① 余劲松：《国际经济法问题专论》，武汉：武汉大学出版社，2003年版，第346页。

② Liechtenstein Schedule of Specific Commitments, GATS/SC/83 – A, 15 April 1994, p. 2.

③ Ukraine Schedule of Specific Commitments, GATS/SC/144, 10 March 2008, p. 22.

④ The Hashemite Kingdom of Jordan Schedule of Specific Commitments, GATS/SC/128, 15 December 2000, p. 22.

⑤ The Separate Customs Territory of Taiwan, Penghu, Kinmen And Matsu Schedule of Specific Commitments, GATS/SC/ 136/Rev. 1, 2 July 2002, p. 26.

教育机构中，外资股东必须少于总数的一半；① 土耳其在高等教育服务中承诺规定，可以按照国内民法设立私立高校，外资也可以参与私立高校，但须通过土耳其的部长理事会批准，并且管理这些私立基金的人员必须是土耳其人。②

第三种情况：对本地雇佣的承诺规定。此种情形也属于当地雇佣的履行要求，主要是在外资参与设立的教育服务机构中，对当地普通员工和专业工作人员的雇佣要求，对此种情况有具体数量和比例承诺限制规定的成员不多。如巴拿马对外资参与的教育机构承诺规定，其教育机构的普通员工至少90%是巴拿马人、巴拿马人的外国配偶或在该国居住满10年的人，外国专业或技术人员不得超过总员工人数的15%。当然，在外资比例较高的教育服务机构，相关部门的提前建议和经过社会与福利保障部的批准，专业或技术人员可以被允许在固定的时间段进入巴拿马。③

第四种情形：其他相关承诺规定。此类承诺规定虽比较分散，但是比较的详细和具体。如土耳其承诺规定，外国人经许可可以在初等教育服务、中等教育服务和成人教育服务领域单独设立或合作设立国际教育服务机构（包括职业技术学校），只规定外资可以参与设立教育服务机构，对外籍人士没有具体要求，但此类国际教育服务机构只可以招收外国留学生。④ 此外，还有对外资参与的教育服务机构的用地规定。如我国对外资参与的教育机构用地规定，中华人民共和国的土地归国家所有，教育目的的用地最长时限为50年；⑤ 而拉脱维亚对土地收购未作承诺，教育服务机构的土地租用期限不超过99年。⑥

### 四、外资准入的审批制度

外资准入的审批制度是指东道国政府以一定程序和标准，对外国准入进行审批、给予准入许可的一种制度。此种制度主要是基于东道国的经济安全和经济发展目标而设置的一种外资准入管制措施，对东道国有计划、有目的地利用外资，促进本国经济健康有序的发展，都具有重要的作用。因此，绝

① Thailand Schedule of Specific Commitments, GATS/SC/85, 15 April 1994, p. 1.

② Turkey Schedule of Specific Commitments, GATS/SC/88, 15 April 1994, pp. 17 – 18.

③ Republic of Panama Schedule of Specific Commitments, GATS/SC/124, 1 October 1997, p. 2.

④ 同②。

⑤ The People's Republic of China Schedule of Specific Commitments, GATS/SC/135, 14 February 2002, p. 2.

⑥ The Republic of Latvia Schedule of Specific Commitments, GATS/SC/126, 22 April 1999, p. 1.

大多数国家都建立了自己的外资准入审批制度，而这些国家也会从程序性规则的角度来设置外资准入的审批制度，并且一般都会保留本国在某些情形下可以拒绝外资进入的权力。[①] 在GATS中，很多成员通过水平承诺或具体承诺对教育服务外资准入的审批问题进行了专门的限定。总体而言，目前各成员的教育服务外资准入承诺限制规定主要有以下几个方面。

第一，对设立教育服务机构的审批和认证的承诺规定。此种情况主要是成员国通过对外资单独设立或联合参与设立教育服务机构的审批机构、审批程序和认证许可的问题进行承诺规定，针对于不同的教育服务分部门，也会存在不同的审批机构和程序。如欧盟承诺规定，在高等教育服务领域，需要对开放的私立大学授权发行文凭或学位进行测试，这个过程包括议会的意见；[②] 美国承诺规定，可以允许外资参与成人教育服务，但在肯塔基州开设美容学校的许可证数量限制在48个，而每个国会选区最多允许审批8个许可证，这种许可证的审批由州教育主管部门审批即可；[③] 墨西哥承诺规定，由国家公共教育部（SEP）或者参照国家教育机构的相关要求来对外资参与的教育机构进行审批；[④] 牙买加承诺规定，对于初等教育服务和中等教育服务，需要本地认证、注册、发放许可证，对于高等教育服务，需要地方注册和认证；[⑤] 哥斯达黎加承诺规定，对高等教育服务而言，任何有外资份额的教育服务机构不可以参与公立大学教育，可以参与全国私立大学教育，但必须经国家高等教育委员会审批和授权，这种审批包括资金和费用的计划与操作、学习计划的实施与监督等，也包括对这些大学的工作人员和管理人员的审批；[⑥] 匈牙利承诺规定，外资参与的教育机构必须由中央或地方当局颁发许可证来建立学校；[⑦] 巴拿马承诺规定，外资参与设立的教育机构必须经过教育部的考察、批准，而外资参与的高等教育机构必须经巴拿马大学的考察和教育部批

---

① 徐崇利：外资准入的晚近发展趋势与我国的司法实践，载《中国法学》，1996年第2期，第31页。

② European Communities and Their Member States Schedule of Specific Commitments，GATS/SC/31，15 April 1994，p. 57.

③ The United States of America Schedule of Specific Commitments，GATS/SC/90，15 April 1994，p. 22.

④ MEXICO Schedule of Specific Commitments，GATS/SC/56，15 April 1994. p. 31.

⑤ JAMAICA Schedule of Specific Commitments，GATS/SC/45，15 April 1994，pp. 7 – 8.

⑥ COSTA RICA Schedule of Specific Commitments，GATS/SC/22，15 April 1994，pp. 3 – 5.

⑦ HUNGARY Schedule of Specific Commitments，GATS/SC/40，15 April 1994，p. 19.

准;[①] 冈比亚承诺规定，参与投资冈比亚教育服务的外国个人或企业必须通过教育行业协会或注册总署办公室登记，按条件和要求注册、认证。[②]

第二，在各成员的承诺规定中，除了上述对外资参与设立教育服务机构进行专门的审批和认证外，还涉及外资购买本国教育机构的股份、份额的审批。这些承诺规定主要涉及外资是否可以购买东道国教育服务机构的份额、外资购买的份额额度、审批的主管部门、审批的申请和程序、审批的内容和参考的对象等问题。如斯洛文尼亚承诺规定，任何外资收购斯洛文尼亚的教育机构超过总份额的10%，都必须经过政府的评估审查，其评估审查的内容主要包括该教育机构在国内的市场情况、国内的地位和影响，引入外资存在的潜在影响、对本国教育服务发展的利弊分析等;[③] 法国承诺规定，外资购买教育机构超过总份额的20%或表决权股份的33.33%，都必须提前15天通知和审查；西班牙承诺规定，外资通过直接投资或间接控制教育实体的方式，都必须得到政府的批准;[④] 土耳其承诺规定，外资可以购买国内教育机构的股份，但必须依照土耳其的证券投资和外商投资的相关法律进行，并经过外资总局的审批授权;[⑤] 澳大利亚的承诺规定比较的宽松，外资可以根据澳大利亚的投资政策指引和1975年的《外国收购和接管法》参与收购，一般无须证明经济指导方针所列出的利弊分析，除非澳大利亚考虑的国家利益情况出现。[⑥]

## 第三节 我国教育服务的外资准入

新中国成立后，现代教育体系取代了存在数千年的私立教育体系，学校为国家完全所有并被管理。期间经历过前苏联教育思想和管理体制的影响，也有过“文化大革命”中教育完全被政治目标所取代的发展历程，直到1978年才恢复正常的教育活动。从此，我国的教育快速发展，教育不再被政府完全垄断，非政府资金开始被允许进入教育领域，包括外国资金在教育部门的

---

① REPUBLIC OF PANAMA Schedule of Specific Commitments, GATS/SC/124, 1 October 1997, pp. 15 –16.

② COMMUNICATION FROM GAMBIA Schedule of Specific Commitments, GATS/SC/112, 30 August 1995, p. 1.

③ SLOVAK REPUBLIC Schedule of Specific Commitments, GATS/SC/99, 30 August 1995, pp. 3 –5.

④ EUROPEAN COMMUNITIES AND THEIR MEMBER STATES Schedule of Specific Commitments, GATS/SC/31, 15 April 1994, pp. 2 –6.

⑤ TURKEY Schedule of Specific Commitments, GATS/SC/88, 15 April 1994, pp. 2 –4.

⑥ AUSTRALIA Schedule of Specific Commitments, GATS/SC/6, 15 April 1994, pp. 1 –2.

投资。事实上，在不同的阶段，我国对外资准入有不同的政策。就教育政策和法规而言，进入教育领域的外资主要有三个发展阶段，① 目前，我国在教育服务外资准入法律规则的制定方面也取得了一些成绩，以下就结合我国在GATS中的教育服务承诺规定和国内法规的具体规定来分析我国的教育服务外资准入法律问题。

## 一、外资准入的资格与审查

### （一）外资准入的总体资格

教育服务被视为服务部门，应当分归为贸易，但准确地说，商业存在是一种涉及跨境资本流动的投资，也就是外国投资者或外国资本在东道国的教育服务部门提供商业形式的教育服务。建立一个教育服务实体或机构的整个过程，不同于建立一个普通的商业公司，因为前者需要东道国教育权力机关的授权。我国的立法允许外国教育服务机构与国内的合作者建立中外合资形式的教育服务机构。因此，从某种意义上讲，我国是排除了其他领域的公司或私人形式在我国教育服务的投资。

我国允许外国教育服务提供者通过建立教育机构来提供教育服务，但我国的教育法规没有明确外国教育服务提供者可以利用什么样的组织形式来运作。就中外合作办学机构而言，我国的教育立法对不同合作办学教育机构的法律地位进行了严格的区分，2003年的《中外合作办学条例》规定其组织形式可以是法人，也可以是非法人的形式。② 但没有明确可以采取具体的运作形式，是采取股份制形式、投资公司形式，还是投资基金的形式？此外，目前我国的教育法规是禁止中外合作教育机构设立分支机构。③ 那么，中外合作办学的教育机构如何更有效地扩大它的经营？从中外合作办学机构的属性上来看是不清楚的。

---

① 第一个阶段（1949—1985年），我国是绝对禁止非政府资金进入教育部门，在各个教育层面，政府都对教育拥有绝对的控制。第二个阶段（1986—2001年），我国开始对教育领域进行有限的开放，开始采取成立中外合资企业的教育机构形式。地方政府也开始放松对审批程序和手续的严格管控，中外合资企业的教育机构得到快速发展。第三个阶段（我国加入WTO以后），我国遵循加入WTO的具体承诺，制定和出台了一系列有关教育服务外资准入的法律、法规，以履行我国在WTO中的教育服务市场准入承诺。参见金孝柏：《世界贸易组织体制下的中国教育服务开放研究》，北京：对外经济贸易大学出版社，2009年版，第248－250页。

② 《中华人民共和国中外合作办学条例》（2003年）第11条。

③ 《中华人民共和国中外合作办学条例实施办法》（2004年）第7条。

依据我国近几个版本的《外商投资产业指导目录》① 和《指导外商投资方向规定》，教育服务行业的外资准入属于严格限制的部门，基本只允许在高等教育机构（限合资、合作）和职业培训范围内，而其他教育服务领域的外资准入都是严格限制和禁止的。但我国在 GATS 中的教育服务市场准入承诺中，对中外合作办学的外资准入形式是进行了开放承诺的，并没有进行教育服务分部门的差异性承诺限制。因此，法律上一定要明确可以设立哪种教育服务实体形式。

我国的《高等教育法》（1998 年）规定，国家鼓励企业事业组织、社会团体及其他社会组织和个人向高等教育投入。② 这就暗示了并没有否定外国教育服务提供者参与我国的高等教育。然而，我国目前的教育立法，并没有明确教育部门是否可以进行投资转让，也没有明确中外合作办学的教育服务机构是否可以是公司形式。我们假设外国投资可以通过资本转移或收购的方式获得中外合资办学教育机构的控制权。然后，涉及我国的投资法律规定，教育服务部门的开放包括了东道国的投资政策。事实上，从国务院已出台几个版本的《外商投资产业指导目录》来看，我国的教育服务外资准入政策是越来越开放，其外资准入的领域也在逐渐扩展和明确。但总体而言，我国的教育服务的外资准入还处于较为严格的限制。

（二）外资准入资格审查的具体标准

我国允许一定形式的外资参与教育服务领域，但在具体办学资格方面，从现有的法律法规来看，并没有详细和可操作的规定。按照《中外合作办学条例》的规定，外国教育服务提供者要在我国境内投资设立中外合作办学机构，需要准备申请书、相关合作办学的协议、外方投资的比例、具体的资金额度及相应的证明材料等，③ 而《中外合作办学条例实施办法》也有一些标准性的规定，要求在我国外资参与设立的教育服务机构必须要有符合法律规

---

① 1997 版《外商投资产业指导目录》中的“限制外商投资目录”包括了“合作办学（基础教育除外）”；2002 年版《外商投资产业指导目录》中的“鼓励外商投资目录”包括了“高等教育机构（限于合资、合作）”，“限制外商投资目录”包括了“高中阶段教育机构（限于合作）”，“禁止外商投资目录”包括了“基础教育（义务教育）机构”。2007 年版《外商投资产业指导目录》中的“鼓励外商投资目录”包括了“高等教育机构（限于合资、合作）”，“禁止外商投资目录”包括了“义务教育机构和军事、警察、政治、党校等特殊领域教育机构”；2011 年版《外商投资产业指导目录》中的“鼓励外商投资产业目录”包括了“高等教育机构（限于合资、合作）”和“职业技能培训”，“限制外商投资产业目录”包括了“普通高中教育机构（限于合作）”，“禁止外商投资目录”包括了“义务教育机构和军事、警察、政治、党校等特殊领域教育机构”。

② 《中华人民共和国高等教育法》（1998 年）第 60 条。

③ 《中华人民共和国中外合作办学条例》（2003 年）第 14 条。

定的办学资格并具备较高的办学水平和教学质量，对于在我国已经设立的中外合作办学机构，我国的合作办学审批机关将履行质量评估的职责，这种评估可以是审批机关自己组织，也可以委托有资质的社会机构进行。[①] 这样的规定仅仅是一般标准的陈述，在具体的操作过程中对“较高的办学水平和教学质量”的具体标准怎样界定？外资准入过程中外国教育机构所提供的教育资源的质量应达到何种水平，标准是怎样，都存在实际的问题。

因此，我国应考虑从以下几个方面完善修订教育法规和制度。其一，对我国外资准入的资格做专门性规定，对合作办学教育机构的具体法人或非法人类型做专门规定。其二，应对外资参与设立的中外合作办学机构的资格作更加详细和更加具有操作性的规定，特别是要考虑外资参与设立的教育机构的类别、层次而制定出差异化的办学资格标准。[②] 其三，借鉴国际先进教育评价标准，制定适合我国国情的教育服务外资准入标准，特别是制定相关量化标准，并可根据实际需要和社会发展进行适时的修订。其四，应当用发展的思维来制定和设置外资参与合作办学的技术标准，应当充分考虑我国教育发展情况而实时的在资格审查和专业准入方面进行调整。[③] 其五，应对资格审批的机构进行具体的制定和明确，做到权责分明、管理清晰，而不是相互推诿、职责不清。

## 二、外资准入的方式

在教育服务的四种提供方式中除了商业存在之外，其他三种教育服务提供方式不存在外资准入问题。我国在 GATS 中对教育服务的商业存在方式进行了具体承诺，主要是对外资参与设立中外合作办学机构的宏观方式进行了规定，具体而言就是只允许外方机构与我国的学校或其他组织合作办学，并且允许外方机构获得超过 50% 的份额，但禁止外方机构在我国境内单独设立机构来提供教育服务；虽然有如前述的相关规定，但在具体的准入方式上，还存在一些值得探讨的问题。

### （一）外资准入的具体形式

外国教育服务提供者可以进行怎样的投资？是实物、资金还是知识产权？

---

① 《中华人民共和国中外合作办学条例实施办法》（2004 年）第 6 条。

② 教育部：“教育部关于当前中外合作办学若干问题的意见”（教外综〔2006〕5 号），2006 年 2 月 7 日。

③ 国家教育发展研究中心：《2002 年中国教育绿皮书——中国教育政策年度分析报告》，北京：教育科学出版社，2003 年版，第 127 - 128 页。

《中外合作办学条例》允许中外合作办学者可以用资金、实物、土地使用权、知识产权以及其他财产作为办学投入。[①] 很明显，除了土地使用权可以作为投资，中方和外方可以以知识产权加上资金、实物的方式设立合作办学机构。

问题的关键在于，对知识产权、土地使用权和实物在整个投资中各自所占的具体比例没有进行明确。仅仅对知识产权的投入比例进行了规定，体现在两个方面：一是要求中外合作办学者在办学投入的形式上如果含有知识产权的份额，则其份额所占的比例不得超过各自投入总额的1/3；二是针对受我国相关级别政府部门[②]的邀请前来我国进中外合作办学的，其知识产权的份额可以占到超过各自投入总额的1/3，但对其所占比例的上限没有进一步说明，由此就可以推论，这就可能使中外合作办学机构中的外资形式完全是单纯的实物、土地使用权或者知识产权，这就可能会和我国在教育领域引进外资的目的相背离。因此，可以考虑在对待外资形式及其具体比例的规定方面做进一步的完善和修订。

（二）外资准入的设立方式

1. 独立设置

我国中外合作办学的独立设置是指中外双方共同出资设立一个单独的教育服务机构，具有以下特点：①其办学获得国家或各级教育机构行政部门审核批准，中外双方为独立的事业法人，双方共同投资，独立拥有法人财产，具备法定的办学条件；②拥有较大的办学自主权，可以自行安排课程设置并制订独具特色的教学计划和灵活多样的学制安排，可根据自身条件自行规定招生条件，根据市场情况及办学成本自行设定学费标准等；③享有相关财产权；④拥有较大的内部管理自主权。如教育部审批设立的宁波诺丁汉大学就是一所独立设置具有法人资格的中外合作兴办的大学。

2. 非独立设置

非独立设置的教育服务外资准入设立方式主要有两种情形，第一种是合作成立二级学院，第二种是中外教育服务提供者通过设立项目来开展合作。第一种方式一般是由我国的大学（或一级学院）与外国大学或其他教育机构合作创设的不具有法人资格的合作办学机构，如中国政法大学中欧法学院、辽宁大学亚澳商学院等都属于这种方式。它的特点包括：①所设立的二级学院在提供和开展相关教育服务活动期间对中外双方共同投资形成的固定资产

---

① 《中华人民共和国中外合作办学条例》（2003年）第10条第1款。

② 国务院教育行政部门、劳动行政部门或者省、自治区、直辖市人民政府。

只享有使用权，所有权一律归我国参与合作办学的大学（或一级学院）所有；②二级学院必须服从一级学院领导，重大责任事件及相关人员的任免要报一级学院审批，不得越权操作；③一级学院委派代表与外方合作共建二级学院管理机构；④二级学院在一定额度范围内拥有财务自主权，可以根据相关规定设立独立的财务部门并开设独立账户；⑤拥有相应的办学自主权。

项目合作与二级学院基本相同，主要的区别在于项目一般设立在中方合作者组织的机构内，例如二级学院下设的MBA项目等。项目合作办学分为两种：一种是先在国内学习两年，然后根据个人自愿选择是否到国外学习；另一种方式是经过考核合格以后到国外的学院学习。

### 三、外资准入的比例

我国在GATS的教育服务商业存在方式中，对教育服务的外资准入比例进行了具体承诺。但目前在外资准入比例和投资份额转移方面，还存在一些法规的缺失，主要体现在以下两个方面。

其一，外资比例。由于我国教育发展的需要而在GATS中作出了比较开放的教育服务外资准入比例承诺，允许外方投资者在中外合作办学机构中占有多数的份额。多数拥有权，意味着外资可以占有超过50%以上的产权（股份），并且我国法律并未规定投资上限，外方甚至可以达到99.9%的拥有权。按照产权理论，外方投资者可以对学校一切事务拥有决定权，这样一来就可能与我国在教育领域引进外部资源的基本目标相背离；且外资掌握多数拥有权，也很难保证中方合作者拥有学校事务的决定权。尽管《中外合作办学条例》对外资参与设立的合作办学教育机构的校长或主要行政负责人应具有我国国籍且必须在我国境内定居，但如果外方将合作办学机构的实际决策权掌握在自己手中，将会对合作办学机构的决策程序和学校管理带来很大的不确定性。由于中方高校缺乏合作经验及学校产权意识，在合作办学机构设立时，中方的土地及知识产权都没有以资本形式计入合作办学机构的产权中，也就不能参与合作办学机构的管理和利润分配。针对以上情况，我们可以考虑制定相应的教育服务外资准入比例实施细则，对外资参与合作设立的教育机构的运行加强监管和制衡，以更有利于我国中外合作办学路径的良好运行。

其二，投资转移。教育服务部门是否可以进行投资转移？我国目前的教育法规没有禁止教育服务的投资转移，我国在GATS中的教育服务市场准入承诺也仅仅是对“多数份额”进行了简单说明，而没有像其他成员一样就外方参与设立合作办学机构中的投资转移问题进行说明。这样，从理论上讲，中

方可以将自己拥有的份额转移给外方，这种投资转移可以使外方拥有的份额接近完全拥有的状态。从而使中方仅仅象征性或形式上控制合作办学的教育机构，这样的话，就可能和中外合作办学的目的发生冲突。

以上问题可能会降低我国办学质量，妨害我国教育主权及安全。不允许外资独立办学是从我国教育主权及安全角度考虑，但多数拥有权的承诺，并且不设置准入上限，可能会出现“不允许外资独立办学”的规定形同虚设，外资通过此种方式获得合作办学机构的控制权，由于没有中方合作者的制约，学校事务由其决定，很容易导致其专注于经济收益，利润获得，而忽视办学质量，即使中方知道在外籍教师选聘、课程设置等达不到办学资质要求也无能为力。同时外方利用手中的权力，决定学校的课程设置，为文化意识形态领域的渗透打开方便之门，也就起不到维护国家教育主权及安全的目的。

为了解决以上的问题，我们可以借鉴别国的规定，在准入领域、投资条件和审查机制等方面设置详细具体的限制性规定。在 GATS 的承诺中，也有很多成员在教育服务外资准入中选择了外资份额可以超过 50% 的比例方式，但同时也设置外资准入上限，或通过设置“渐进式”的外资比例，来排除外资对合作办学校的控制可能性，避免因外国投资者掌握半数以上拥有权而引起学校管理利润分配的争议，使保证教育服务法律和准入标准能真正落到实处，保障我国受教育者的权利，实现维护我国教育主权及安全的目的。同时，还需要完善我国学校法人治理结构，学校一切事务都按照治理结构规范运行。

## 四、外资准入的领域

从我国在 GATS 中的教育服务市场准入的承诺来看，我国的教育服务外资准入领域是宽泛的，除了义务教育和实施军事、警察、政治等特殊性质的教育服务领域，其他教育服务领域的外资准入原则上都是开放的。但从近年的几版《外商投资产业指导目录》来看，我国教育服务的外资准入主要体现在高等教育服务和职业培训教育服务领域。从具体的法规来看，《中外合作办学条例》对外资准入领域问题进行了原则性的规定。① 但要具体到外资准入的具

① 《中华人民共和国中外合作办学条例》第 5 条规定：“中外合作办学必须遵守中国法律，贯彻中国的教育方针，符合中国的公共道德，不得损害中国的国家主权、安全和社会公共利益。”第 6 条规定：“不得举办实施义务教育和实施军事、警察、政治等特殊性质教育的机构。”第 7 条规定：“外国宗教组织、宗教机构、宗教院校和宗教教职人员不得在中国境内从事合作办学活动，中外合作办学机构不得进行宗教教育和开展宗教活动。”第 30 条规定：“中外合作办学机构应当按照中国对同级同类教育机构的要求开设关于宪法、法律、公民道德、国情等内容的课程。”

体操作，比如学科的设置、专业的选择、课程的设置等问题，还没有一个具体的可操作的细则。这样往往会对我国教育事业的整体发展带来不确定因素，很多合作办学教育机构往往选择办学成本相对低廉的商科、管理及信息技术等学科，重复办学现象突出，而工程、医学、生命科学、农业等我国急需的学科领域，很少投入。[①] 此外，西方发达国家在推进服务贸易自由化，取得可观收益的同时，也输出其价值理念，尤其在教育服务领域。因此，确定教育服务外资准入的具体学科领域具有重要意义。而我国现在没有具体法律规定或相关制度可以引用，没有办法依据法规或制度来限制合作办学的学科，为外资意识形态领域的渗透留下了隐患。

对此，我们认为，我国教育主管行政机构或政府授权机构根据社会发展需要，对引入的专业、学科、项目进行适时、必要的评估，同时，制定教育服务外资准入的年度性中外合作办学指导目录，包括学科目录或专业目录，以对我国当前需要鼓励、限制和禁止的合作办学的学科、专业目录进行规定。这样既可以对外资准入的领域起到引导作用，又可以对外资准入的审批提供基本的参考。这对我国更好地利用教育服务市场的外资，提升我国的教育行业的整体水平起到积极的促进作用。

## 本章小结

GATS 有关教育服务外资准入的规定主要是各成员在商业存在方式中的限制承诺，这些或肯定或否定方式的承诺体现了成员在教育服务领域中对外资准入的态度。GATS 中各成员的教育服务外资准入主要涉及两个方面：外资准入的基本形式和外资准入的基本内容。

GATS 中的教育服务外资准入的基本形式方面，主要包括创设新的教育企业、设立分支机构或办事处。其一，创设新的教育企业方面，很多成员都明确规定了法人企业的形式，并且很多成员还具体到了合资企业、合作企业、有限制责任公司等形式。此外，有的成员也对外国教育服务者本身的企业形式进行了规定。其二，分支机构或办事处方面，除了个别成员外，大多数成员基本规定了分支机构可以在其境内提供相关教育服务获得，但办事处不可以从事和提供相关教育服务活动。

GATS 中的教育服务外资准入的主要内容方面，主要包括外资准入的范

---

① 金孝柏：《世界贸易组织体制下的中国教育服务开放研究》，北京：对外经济贸易大学出版社，2009 年版，第 275 页。

围、比例、履行要求和审批准度。其一，在教育服务外资准入范围方面，一些成员都将外资准入的范围限于私立教育，并且鉴于教育的特殊性质，很多成员把涉及基础教育和义务教育服务领域排除在外；而另一些成员则通过肯定或否定的方式，更加详细的将外资准入的范围限于具体的培训服务、课程学习、考试服务等方面。我国在 GATS 中的承诺还是比较的清楚和具体的，但随着中外合作办学的发展，我国教育主管行政机构或政府授权机构，应当根据社会发展需要，对引入的专业、学科、项目进行适时的、必要的评估。同时，制定教育服务外资准入的年度性中外合作办学指导目录，包括学科目录或专业目录，以对我国当前需要鼓励、限制和禁止的合作办学的学科、专业目录进行规定。其二，教育服务外资准入比例方面，主要是在具体的比例数方面进行了承诺规定，主要有外资所占比例只能少于 50% 、可以多于 50% 、少于 50% 但可以渐进式增加、对比例的概括性规定等几种方式。我国在 GATS 中承诺，中外合作办学的外方投资者可以获得多数拥有权，没有设立上限，对合作办学机构是否可以进行投资转移也没有规定。因此，我们可以借鉴其他成员的规定，对中外和办学的外资比例进行更加详细和具体的规定，通过设置外方资金准入上限，或设置“渐进式”的外资比例，来排除外资完全控制合作办学的可能性。其三，在教育服务外资准入履行方面，主要体现在外资参与设立的教育机构的负责人的具体限制、本地雇佣的规定、经济测试和贸易平衡的总体衡量等几个方面。其四，在教育服务外资准入审批方面，主要涉及外资参与设立教育服务机构的审批和认证规定、外方和东道国合作者之间关于股权或份额转让的审批等方面进行了较为详细的规定。我国允许一定形式的外资参与教育服务领域，但在具体办学资格审批方面，从现有的法律法规来看，并没有详细和可操作性的规定。我国应对教育外资准入的审批制度进行专门的规定，借鉴其他国家的先进的评价体系，建立完善的适合我国教育服务市场发展的审批机制。

# 第六章　GATS下教育服务市场准入的法律展望

从WTO的正式成立开始，教育服务也就成为GATS所规制的服务贸易领域之一。而教育服务市场准入的发展进程与WTO的谈判进程紧密相关，随着WTO多边谈判的推进，教育服务的市场准入磋商也经历了几个发展阶段。但就目前而言，要进一步对教育服务市场准入作出更加开放的承诺，还面临很多的现实法律障碍。展望未来，如何突破当前的各种障碍和壁垒，我国应当如何在未来的教育服务市场准入承诺和法律规制中有所作为，这些问题都值得探讨。

## 第一节　WTO中教育服务市场准入的发展进程

### 一、WTO成立时的教育服务市场准入

随着乌拉圭回合谈判签订《马拉喀什建立世界贸易组织协定》（简称《马拉喀什协定》），WTO成立并正式取代GATT，负责促进和实施自由贸易。GATT作为《马拉喀什协定》的附件，其规定仍然具有效力。虽然WTO来源于GATT，但它涵盖的范围远远超出了GATT，除了货物贸易外，还包括了《服务贸易总协定》（GATS）、《与贸易有关的知识产权协定》（TRIPs）、《解决争端规则与程序的谅解》（DSU）。[①] WTO既增加了管辖权，也显著扩大了实质性的规则，包括以前不受监管的领域，如知识产权、服务和投资措施等。在服务贸易领域，GATS建立了对国际服务贸易“具有约束力的规则”。[②] GATS的文件分为两个主要部分：框架协议包含的一般规则和所附具体承诺表。像GATT一样，GATS包含三个关键条款，[③] 旨在促进成员国之间服务产

---

① 唐海涛：论水服务贸易自由化与GATS规则的适用，载《湖北社会科学》，2014年第7期，第165页。

② WTO，GATS——事实与虚构，See http：//www. wto. org/english/tratop_e/serv_e/gatsfacts1004_e. pdf. 2014年10月10日访问。

③ 第2条最惠国待遇、第16条市场准入、第17条国民待遇。

品的贸易自由化。服务贸易自由化就如货物贸易自由化，旨在改善经济性能、增加技术转让、提高消费者的储蓄和提供参与国更大的可预见性和透明度。[①]

GATS 的订立是世界多边服务贸易体系的一个很大成果，但不同发展水平成员在 GATS 中所作出的服务承诺存在很大的差异，而教育服务承诺更是所有服务部门中最少的。当时共有 21 个成员国对该教育服务作出了承诺，其中包括了 8 个发达成员[②]和 13 个发展中成员[③]，最不发达成员没有作出任何的教育服务承诺。就这 21 个作出教育服务承诺的成员而言，对 5 个教育服务分部门的市场准入承诺程度也是不同的，这一时期，发达成员的教育服务市场准入程度相对较高，但几乎所有的成员都对自己的教育服务分部门的市场准入进行了限制。

由于 GATS 和教育服务都存在很大的争议，在进行教育服务贸易的数据统计和承诺解释时需要特别的谨慎。例如，在具体教育服务分部门的承诺中是“完全承诺”，但可能仅仅限于私立教育，排除了公立教育机构提供的教育服务，在很多发达成员中都存在这种情况，如欧盟、美国，瑞士等。此外，教育服务出口，并不意味着该成员在教育服务的分部门有充分的市场准入承诺。例如，美国仅仅在“成人教育”和“其他教育”两个分部门作出了承诺，在其他 3 个教育服务分部门都未作出承诺，相比较而言，欧盟则在除“其他教育”外的所有教育服务分部门中都作出了承诺，但这似乎并没有妨碍美国教育服务的出口优势地位，特别是在高等教育服务领域。

在四种提供方式中，对自然人存在（模式 4）的准入限制最高，很少有成员作出具体的承诺。而在跨境交付、境外消费和商业存在三种方式中，能够作出完全没有限制的准入承诺也是存在差异的。在模式 1、模式 2、模式 3 中，各教育服务分部门中作出完全承诺的比例存在明显的差异（见图 6 –1）。而初等教育和中等教育被视为一个国家教育体系的基础，承担了国家的意识形态、民族文化和价值观的传承，长期被国家严格的监管。因此，很少有成员对这两个教育服务分部门进行市场准入承诺，即使有一些成员作出了承诺，但还是进行了很多市场准入承诺的保留和限制。而在教育服务贸易中占最大份额的高等教育服务部门中，对于不同的提供方式，其准入的程度也存在较

① 这个愿望是在 GATS 序言中表述为各方承诺：建立一个服务贸易的原则和规则的多边框架，以期在透明和逐步自由化的条件下扩大此类贸易，并以此种手段促进所有贸易伙伴的经济增长和发展中国家的发展。

② 美国、欧盟、挪威、日本、澳大利亚、奥地利、瑞士、新西兰 8 个成员国。

③ 包括：列支登士敦、墨西哥、泰国、特尼立达和多巴哥、土耳其、牙买加、捷克、波兰、匈牙利、斯洛伐克、加纳、吉尔吉斯坦、哥斯达黎加 13 个成员国。

大的差异（见图6－2）。

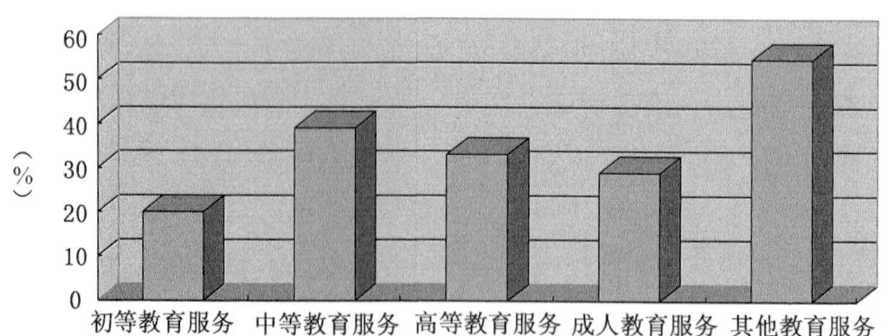


**图6－1　各成员在教育服务模式1、模式2、模式3中完全市场准入承诺比例**①

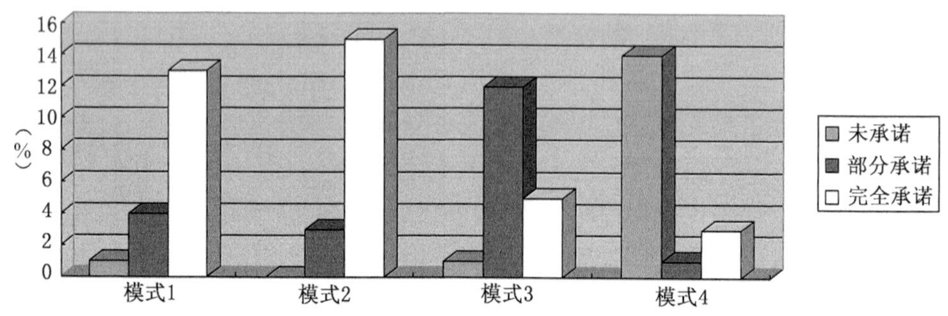


**图6－2　高等教育服务四种提供方式的承诺情况**②

## 二、多哈回合启动时的教育服务市场准入

从1995年到2001年启动多哈回合谈判，其间又有一些成员在GATS中对教育服务作出了承诺，在144个WTO成员中，有38个成员对教育服务部门作出了承诺，包括新增加的10个发展中成员③和7个最不发达成员④。相比较而言，这一阶段作出的教育服务承诺，其市场准入承诺的力度较前一阶段有很大的提高，在教育服务分部门作出承诺的范围更广，在教育服务市场准入方面的限制条件更少。这表明，当一些国家加入WTO体系后，他们在开放自己的教育服务市场和作出教育服务承诺时，将面临更大的压力。

从图6－3可知，这一阶段中，成员对初等教育服务、中等教育服务的完

---

① 资料来源于对WTO官网中各成员的教育服务市场准入承诺统计分析。

② 同上。

③ 包括：阿尔巴利亚、约旦、爱沙尼亚、保加利亚、克罗地亚、拉脱维亚、斯洛文尼亚、吉尔吉斯坦、格鲁吉亚、巴拿马。

④ 包括：索莱托、卢旺达、马里、塞拉利昂、刚果（金）、海地、冈比亚。

全市场准入承诺比例是几乎没有变化的；而在高等教育服务、成人教育服务领域，作出完全市场准入承诺比例有较高幅度的上升。

就成人教育服务部门而言，在38个作出教育服务承诺的成员，超过50%的成员在模式1、模式2和模式3没有任何的市场准入限制。尽管在成人教育服务分部门有最高的市场准入承诺，各成员对该部门的监督也比高等教育服务部门更多，但私立教育服务提供者和国家层面的数据很难获得，因此，对该教育服务分部门的数据分析比较困难。

从图6－4可以看出，占全球教育服务市场份额最大的高等教育服务部门，四种提供方式的市场准入数据更加的清晰和详细。在模式1中，作出完全承诺的成员比例很高，承诺占比达到81.25%；模式2是教育服务市场中最大的份额，因此，在这一方式下，高等教育服务市场准入的承诺水平是很高的，作出完全承诺的比例达到93.75%；不论是公立还是私立教育，模式3会对成员国的教育行业产生直接的影响和威胁，因此，成员在该模式下的承诺是十分谨慎的，作出完全承诺的比例是50%；而模式4则此模式3有更加严格和谨慎的市场准入限制和承诺，很少有成员对此作出市场准入的承诺。

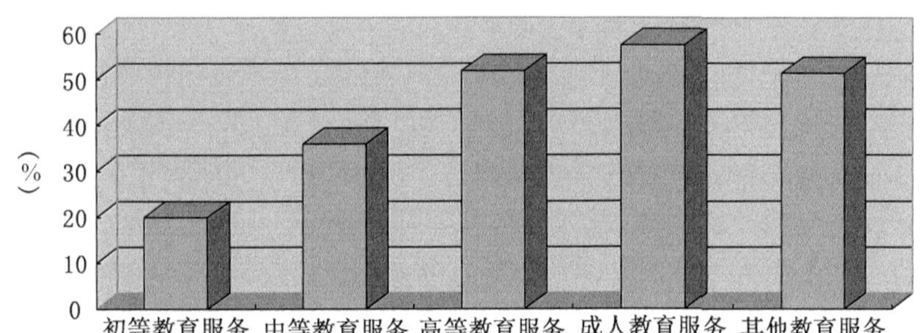


**图6－3　各成员在教育服务模式1、模式2、模式3中完全市场准入承诺比例**[①]

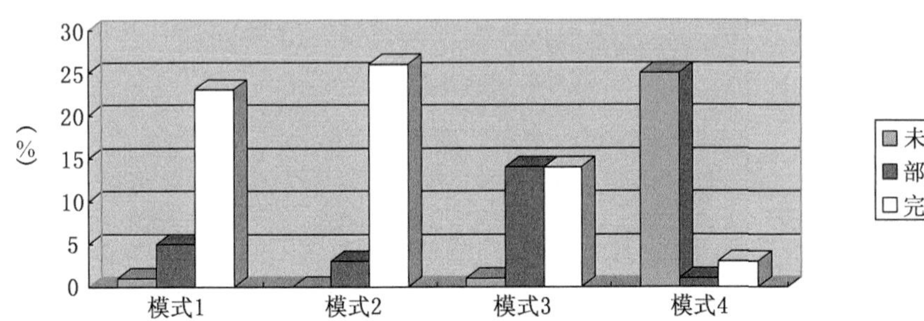


**图6－4　高等教育服务四种提供方式的承诺情况**[②]

① 资料来源于对WTO官网中各成员的教育服务市场准入承诺统计分析。

② 同上。

## 三、多哈回合谈判中的教育服务市场准入

### （一）教育服务市场准入磋商的倡议

按照GATS文本的规定义务，从2000年开始，要求成员进入连续轮次的谈判，以期实现自由化水平逐步提高。于是在2001年11月，启动了多哈回合谈判，多哈回合谈判的很多议题是来自乌拉圭回合的协议文本，包括服务贸易和农业协定，多哈回合谈判也是国际贸易体系沿着乌拉圭回合谈判的方向继续前行和扩张。①

多哈宣言宣布了新一轮的磋商谈判开始，也进一步加速了磋商的进程，包括教育服务部门在内的服务贸易问题也开始为更多的成员所关注。对于谈判协商的途径，有学者提出了两种方式：一种方式是由一个对特定服务部门感兴趣的成员，在谈判协商过程中对该服务部门的范围进行构建，然后在最初的谈判中以讨论稿的形式通报给其他成员；另一种方式是通过官方谈判或半官方形式的讲习班和研讨会，对谈判磋商部门的范围和重点问题进行界定。② 例如，全球跨国教育联盟（GATE）是一家私人拥有的美国教育游说团体，开始在教育服务讨论中发挥重要作用。③ 加上美国的其他专业评审和认证机构，如国际教育质量保障中心创建了国际教育委员会，作为一个非营利机构，得到了美国政府，特别是美国贸易代表处和美国商务部的认可。鉴于众多非政府机构对教育服务的关注与研究，美国代表在2000年向WTO提交了一份关于教育服务谈判磋商的提议，这对教育服务问题的继续谈判起到了一定促进作用。澳大利亚、新西兰和日本的谈判代表都向WTO提交了关于教育服务部门的开放提议。美国的提议侧重于私人教育服务、高等（含大专）教育、成人教育和培训部门，认为民办教育和培训教育服务将是对公共教育系统的补充，而不是取代。建议明确教育服务应当包括两种：培训服务和教育

---

① John AE Vervaele, “Mercosur and Regional Integration in South America”, International Economic Law. Vol. 3, No. 3, June 2005, p. 252.

② Petra L. Emerson, “An Economic Integration Agreement on Services: A Possible Solution to the Doha Development Round Impasse”, International Economic Law. Vol. 3, No. 2, April 2010, p. 252.

③ 全球跨国教育联盟成立于1995年，是由一家跨国电信公司——琼斯国际有限公司创设。在1995年10月，跨国教育全球联盟举行第一次论坛，由国际教育质量保障中心和琼斯国际有限公司共同主办。例如，在1999年，全球跨国教育联盟在澳大利亚墨尔本组织了主题为“跨国教育服务贸易：进入或排除”的会议论坛，经合组织的教育研究与创新中心和联合国教科文组织的欧洲高等教育中心共同参与。后来全球跨国教育联盟收购了希尔文学习系统，导致员工离开了全球跨国教育联盟，并共同创立了一个名为“国际教育质量保证中心”，提供教育服务贸易的质量认证服务。

测试服务。同时，美国提出了消除教育服务市场准入障碍的建议。[①] 澳大利亚提出了政府在教育服务融资中的作用，各成员应当进一步支持和开放教育服务，并指出，教育服务和其他服务部门的显著联系，应当在更广阔的范围和视野中来看待教育服务的市场准入问题。[②] 新西兰提议：应当消除教育服务市场准入的现实障碍，教育服务的开放标准应当与公共教育体系的标准相区别，教育服务的范围应当涵盖短期培训、语言培训、实用/职业课程、教育计划和企业培训服务等。[③] 而日本提出：应当更多消除教育服务贸易的诸多壁垒，同时加强教育服务质量保障体系的构建。[④]

与此同时，经合组织的教育研究与创新中心、美国的国际教育委员会、国际教育质量保障中心、美国贸易代表办公室和美国国务院联合举办了关于教育服务的系列专题论坛，以期推动 WTO 中教育服务部门的谈判进程。[⑤] 继经合组织/美国华盛顿论坛后，联合国教科文组织 2002 年 10 月在巴黎组织了一次会议，名为“第一届全球高等教育国际质量保证、认证和资格认可论坛”，代表了高等教育机构和利益相关者的 120 人参加了该论坛。与华盛顿论坛相反，联合国教科文组织的巴黎会议，旨在探索全球化背景下高等教育面临的新挑战和困境。因此，在 WTO/GATS 背景下，众多机构和组织进行的有关教育服务论坛，成为多边贸易体制外对教育服务问题探索的另一种路径。但这些论坛主要涉及的三个基本主题分别是：质量保证、认可和承认学历；学习过程和学习者的识别；公立教育服务与私立教育服务。然而，很多的教育专家认为，GATS 下的教育服务商业化是对教育行业的严重威胁，甚至提出教育服务部门应该脱离 WTO/GATS 框架。除了上面提到的经合组织和联合国教科文组织等对教育服务提出的措施，欧洲高等教育理事会和研究指导委员

① WTO, Communication from the United States, Higher (Tertiary) Education, Adult Education and Training, 18 December 2000 (S/CSS/W/23).

② WTO, Communication from Australia, Negotiating Proposal for Education Services, 1st October 2001 (S/CSS/W/110).

③ WTO, Communication from New Zealand, Negotiating Proposal for Education Services, 26 June 2001 (S/CSS/W/93).

④ WTO, Communication from Japan, Negotiating Proposal for Education Services, 15th March, 2002 (S/CSS/W137).

⑤ 第一次论坛于 2002 年 5 月在华盛顿举行，来自 25 个国家的 250 多名代表出席会议，包括多个成员的教育部长。第二次论坛于 2003 年在挪威奥斯陆举行，第三次和第四次论坛分别在 2004 年和 2005 年举办。

会也通过辩论的形式对教育服务贸易提出了意见。①

（二）当前的教育服务市场准入

多哈回合谈判历经十几年，多次出现谈判僵局，而巴里部长级会议的成功召开给多哈回合谈判议程留下一线生机。虽然重新创建一个广泛承诺的谈判议程似乎不太可能，但在多边贸易体系中，通过多边协议意愿、法律及政治手段，还是存在一些可能达成共识的领域和共同努力的方向，仍有继续扩展和深化的空间，并存在一些新的努力方向。② 在 WTO 体制下进行的多边谈判是复杂的，特别是教育服务本身的特殊性致使教育服务谈判显得尤为复杂，主要原因有三：一是成员众多，各成员的具体文化背景、教育体制、发展水平等方面存在很大的差异；二是多哈回合谈判同时协商的主题太多，涉及的问题具有多重性；三是涉及的直接和间接参与组织很多，如世界知识产权组织、国际货币基金组织、联合国环境署、国际电信联盟等。③

目前，在 160 个 WTO 成员中，有 58 个成员对教育服务作出了承诺，与多哈回合谈判启动时相比，新增加了 20 个成员，包括新增加的 14 个发展中成员④和 6 个最不发达成员⑤。而从目前所有作出教育服务承诺的 58 个成员来看，其教育服务分部门的准入程度更高。各成员在模式 1、模式 2、模式 3 中的完全承诺比例已经比较高了，超过了前面所述的两个阶段，除了在初等教育服务领域，其他几个教育服务分部门中的市场准入完全承诺比例都超过了 50%（见图 6－5）。而在高等教育服务领域，各成员继续在模式 1、模式 2 中作出了很高的市场准入度承诺，绝大部分成员作出了完全市场准入承诺（见图 6－6）。

① Werner Zdouc, "WTO Dispute Settlement Practice Relating to the GATS", Journal of International Economic Law, Vol. 3, No. 2, April 2009, p. 315.

② WTO 和 RTAs：朋友还是对手？http://www.wto.org/english/thewto_e/whatis_e/tif_e/bey1_e.htm. 2014 年 10 月 29 日访问。

③ OECD/CERI (2002b), Indicators on Internationalisation and Trade of Post－Secondary Education, Paris.

④ 包括：中国、俄罗斯、黑山、摩尔瓦多、马其顿、沙特阿拉伯、塔吉克斯坦、汤加、乌克兰、越南、亚美尼亚、中国台湾、阿曼、立陶宛。

⑤ 包括：老挝、佛得角、尼泊尔、萨摩亚、瓦努阿图、柬埔寨。

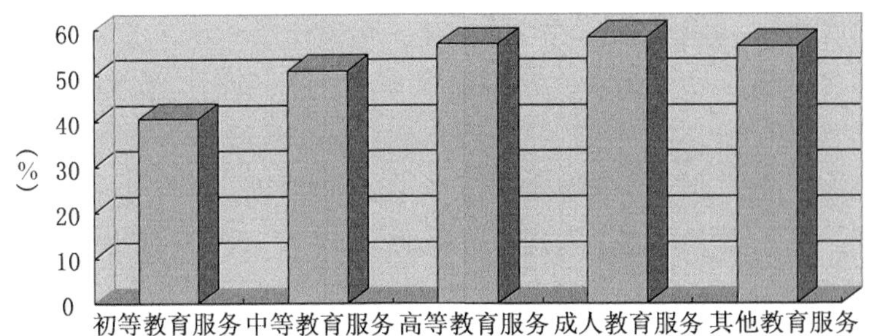


**图6-5　各成员在教育服务模式1、模式2、模式3中完全市场准入承诺比例**[①]

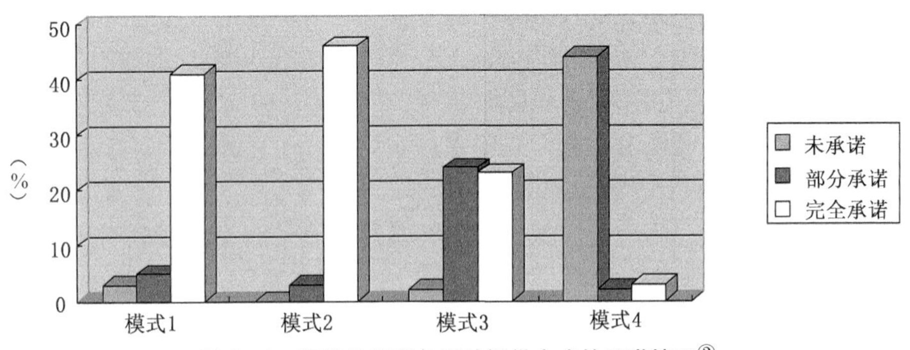


**图6-6　高等教育服务四种提供方式的承诺情况**[②]

## 第二节　教育服务市场准入的法律障碍与动因

### 一、教育服务市场准入法律障碍

#### （一）多边贸易法律体制的发展困境

多哈回合谈判是多边贸易体系沿着乌拉圭回合谈判的方向继续前行和扩张。历经十几年，进程一直被各种因素所困扰。尽管没有人肯定地说多哈回合谈判已结束，但从目前的形势看，谈判实际上是“死”了。[③] 在可预见的将来，要重新创建一个广泛承诺的谈判议程已不太可能。首先，发达国家与发展中国家之间存在巨大分歧。由于谈判规则的制定和方向反映了世界主要发达国家的意愿，发展中国家成员的共同立场利益难以得到体现。多边规则

---

① 资料来源于对WTO官网中各成员的教育服务市场准入承诺统计分析。

② 同上。

③ Alan, Beattie. “WTO: World waits to move on after Doha”, Financial Times (UK electronic edition), 2011 (1): 22.

的急剧扩张对发达国家而言更容易消化，但对发展中国家造成了巨大的额外负担。这影响到一些发展中国家不愿意再次向前推进多哈谈判。其次，主要发达国家之间、主要发展中国家之间存在分歧。最后，全球经济的总体疲软，影响各国的谈判热情。主要谈判成员立场比较消极，谈判进展缓慢，步履维艰。因此，在可预见的将来，这些关键的分歧似乎不大可能得到解决。①

而对于教育服务部门的谈判，是一个更加需要平衡和创新的问题，但各成员之间的教育服务水平、文化传统、价值观念等方面都存在巨大的差异，导致谈判的伸缩性不强、空间狭小，获得较大进展十分不易。② 有论者认为，只要各方在谈判中有积极的政治诚意和灵活性，多哈发展议程的圆满结束是有可能的。③ 但事实的发展并非如此，自 2001 年多哈谈判启动以来，已经走过十多年的历程，虽有进展，却异常艰难，即便在 2013 年巴厘部长会议对相关谈判议题问题达成某种一致，也至多以决定形式予以确认，依然缺乏约束力。④ 与多边贸易法律体制谈判的艰难情形形成明显反差的是各种双边和区域自由贸易协定正在迅猛发展，原来处于补充角色的区域贸易协定导致大有替代 WTO 多边贸易框架的势头，特别是美国力推的跨太平洋伙伴关系协定（TPP）和跨大西洋贸易和投资伙伴协定（TTIP），更被认为是美国在 WTO 多边贸易体制主导地位动摇情况下的替代方案。

在这样的大背景下，要在多边框架下继续对教育服务的市场开放问题进行磋商，能够很好地协调各方利益团体和各类成员之间的分歧，希望是很渺茫的。要进一步推动各成员达成新的教育服务市场准入开放承诺，进一步开放自己的教育服务市场，从而全面提高教育服务市场准入的开放程度，这种可能性也是比较小的。

（二）当前教育服务市场准入的法规障碍

当前，教育服务已成为很多发达成员的重要贸易领域，尤其是在本国的服务贸易领域占有十分重要的地位。在全球化趋势不断加强的今天，很多学

---

① 杰弗里·肖特，美国在多哈回合谈判中应该怎样做？http：//www.iie.com/publications/pb/pb11-08.pdf.2014 年 11 月 10 日访问。

② Birger Fredriksen，"Education Aid Effectiveness：The Need to Rethink the Allocation of Education Aid to Enhance its Impact"，Journal of International Cooperation in Education，Vol.13 No.2，April 2010，p.5.

③ 俞建华：从马拉喀什到多哈——新一轮多边贸易谈判的现状和前景，载《WTO 经济导刊》，2003 年第 2 期，第 6 页。

④ WTO 第九届部长级会议闭幕，达成首个全球贸易协定。http：//news.xinhuanet.com/expo/2013-12/09/c_125829509.htm.2014 年 10 月 18 日访问。

者加强了对教育服务重要性的认识和研究，包括对改进和优化电子学习的研究，以及通过国际教育服务提供者举行会议来确保教育服务质量的重要性问题的探索。这些探索和研究都将会对教育服务产生重大影响。

在过去的几十年中，通过多边谈判的不断推进，货物贸易的各种障碍已被不断消除，包括各种“隐形”障碍已经逐渐在各成员国间消失。与货物贸易不同，服务的特殊性，使这一领域的贸易还存在很多的“隐形”障碍。因此，无论是在双边贸易协定中，还是在区域贸易协议中，各谈判方对服务的市场准入问题都特别重视，而在进行的WTO谈判进程中，对这一问题也进行了特别的关注。① 但目前GATS中的教育服务市场准入承诺还存在较多的局限。为了进一步推动教育服务的自由化，很多成员都试图通过进一步的谈判来消除教育服务市场准入承诺局限带来的障碍。这些障碍一直是教育服务领域研究的焦点。当然，对教育服务市场准入障碍研究的最新信息是比较少的，很多的研究都缺乏具体数据的支撑和佐证。②

在过去若干年里，教育服务部门的自由化进程在逐渐推进，世界各国都目睹了教育服务迅猛增长。显然，当前主要教育服务出口国仍然是欧美各国，而亚太、拉美等地区的发展中国家仍然是教育服务的主要进口国。要进一步促进教育服务贸易的自由化发展，教育服务市场准入还存在很多的障碍，主要是各成员之间还存在很多法律或规则的障碍，大多数是一些“软性的”或“隐形的”障碍。③ 比如，在高等教育服务市场准入方面，就存在很多的障碍，特别是商业存在（模式3）提供方式存在很多隐形的准入障碍（见表6-1）。尤其是发展中国家和最不发达国家在开放教育服务过程中，需要提高教育服务的标准，更多通过法律和规则体系的构建来承认彼此的标准，并消除教育服务市场准入障碍。此外，教育服务会直接与不同的教育体系、语言、文化相结合，也在一定程度上与种族、宗教有关。而这些因素在整个

---

① Suan L. Robertson, Xavier Bonal, Roger Dale, “GATS and the Education Service Industry: The Politics of Scale and Global Reterritorialization”, Comparative Education Review, Vol. 46, No. 4. November 2002. p. 475.

② Kurt Larsen, John P. Martin, and Rosemary Morri, “Trade in Educational Services: Trends and Emerging Issues”, Backgro-und Document prepared for the OECD/US Forum on “Trade in Educational Services”, May 2002, p. 5.

③ Ajitava Raychaudhuri and Prabir De, “Barriers to Trade in Higher Education Services: Empirical Evidence from Asia-Pacific Countries”, Asia-Pacific Trade and Investment Review, Vol. 3, No. 2, December 2007. p. 73.

国家的不对称性可能会对教育服务产生持续威胁。①

**表 6－1　　　　教育服务市场准入法规障碍②**

| 模式 | 障碍 | 障碍类型 |
| --- | --- | --- |
| 模式1：跨境提供 | 对进口电子形式的教育资料的限制<br>对传输电子课程资料的限制<br>对远程教育学历的不认可 | 隐形 |
| 模式2：境外消费 | 对基于学科或研究范围的旅行限制<br>对外汇的控制和限制<br>对相互承认学历事项的限制 | 隐形 |
| 模式3：商业存在 | 坚持当地合作伙伴<br>本地供应商的要求<br>坚持合作伙伴/合作者的正式的学术机构要求<br>坚持由外国和当地的合作伙伴平等参与学术<br>对特许经营权的限制<br>基于国家利益对某些学科/领域/方案的限制<br>对外国直接投资的教育机构的限制<br>对合资企业审批的严格限制 | 隐形 |
| 模式4：自然人存在 | 签证和入境限制<br>对国家和学科基础配额的限制<br>国籍、语言或居住要求限制<br>对盈利汇回的限制 | 隐形 |

① Birger Fredriksen, "Education Aid Effectiveness: The Need to Rethink the Allocation of Education Aid to Enhance its Impact", Journal of International Cooperation in Education, Vol. 13 No. 2, April 2010, p. 15.

② 资料源自：Jane Knight，"GATS带给跨境教育的启示指南"，给英联邦学习共同体和联合国教科文组织（温哥华和巴黎）的一份报告。

具体而言，从表6-1可以看出，当前的教育服务市场准入的法律障碍体现在很多的方面。从不同提供方式的角度来看，在商业存在（模式3）方面，存在着最多的市场准入障碍，其法律障碍涉及了当地成分、特许经营权、教育机构的审批、教育投资领域的限制等方面。不过，在当前的教育服务贸易的份额中，大部分教育服务还是通过境外消费（模式2）来完成的，因此，对学生流动和相互承认学位的限制性规定和措施可能更值得关注。

当前，由于教育服务的不断发展，各成员国之间的学生和教育服务相关专业人员的流动都在不断增加，相互承认学历成为一个非常重要的问题。目前，各国在双边、区域范围内有很多措施和机制来完善教育服务的质量保证、学历互认和资格认证等事项。如2004年中国大陆和香港之间签署的有关高等教育学历互认谅解备忘录，应该就是教育服务中学生和学术人员准入的一个很好例子。这个谅解备忘录的签订，不仅使香港和内地之间的学历可以互认，而且还成立了一个监管机构，以促进两地学生的更好流动。当教育服务市场进口国对外国教育服务提供者采取严格的市场准入措施，或对不同国家的教育服务提供者采取了不同的标准，学历的互认就会很困难，而相关监督机构的设立，恰恰会促进学生的跨境流动。[①] 当然，在模式4中也存在一些市场准入的障碍，应该值得关注。

为了尽量减少教育服务的市场准入壁垒，WTO中的发展中成员应对消除这些教育服务市场准入有更多的要求和发出更强的声音。WTO的作用固然是重要的，区域和双边贸易协定在加强教育服务自由化的多边进程中也发挥了积极作用。

### （三）主要成员国对教育服务市场准入法律障碍的阐释

非关税壁垒对教育服务市场准入产生了过多的影响，事实上，在所有服务部门中，教育服务不仅是监控最严厉的一个部门，也是政府管理者、立法者最谨慎的服务部门。有关教育服务市场准入法律障碍可以分为两种类型：第一种是国内法律障碍，涉及各成员国内涉外法律和机制对教育服务的提供条件和提供质量的规定。特别是对教育服务机构的规模、生源及收费标准的相关规定。第二类是外部性法律障碍，主要涉及具体教育服务领域市场准入的限制或禁止，如拒绝对文凭、学历的承认（见表6-1）。有关教育服务市场准入的法律障碍在很多国家都是存在的，而且通过GATS自身规则能在多大

① Ajitava Raychaudhuri and Prabir De, "Barriers to Trade in Higher Education Services: Empirical Evidence from Asia-Pacific Countries", Asia-Pacific Trade and Investment Review, Vol. 3, No. 2, December 2007, p. 74.

程度上克服这些障碍，是很难估计的。因此，我们可以对GATS进行一定程度的分析。

在教育服务谈判进程中，还存在各种阻碍，这些障碍在美国、澳大利亚、新西兰、日本等成员国提交的教育服务的提案中可以得到体现（见表6－2）。

**表6－2　美国、澳大利亚、新西兰、日本教育服务确定的市场准入障碍类型**[①]

| 教育服务市场准入障碍 | 有关实例和涉及的提供方式 |
| --- | --- |
| 1. 对外国教育服务提供者的禁止 | 不允许外国提供者来提供教育服务（涉及所有的提供方式） |
| 2. 行政管理和透明度缺乏 | 国内法律法规的不明确和不透明（涉及所有的提供方式）；<br>在对教育服务的市场准入进行审批的时候，程序复杂且时间太长，对于被拒绝的准入理由及未来改进信息太过模糊（涉及所有提供方式）；<br>拒绝许可的私营部门的教育服务提供商在自愿基础上从当地或非本地合作伙伴的合资企业进入和退出（涉及模式1和模式3） |
| 3. 财政歧视 | 收益汇回受到过度昂贵的费用和/或税收进行货币换算（涉及所有供应模式）过高的费用/强加的许可税或特许权使用费（涉及模式1和模式3） |
| 4. 认证/认可歧视 | 对外国教育服务提供者的资质不予承认（涉及所有提供方式）；<br>不承认外国文凭（涉及模式2）；<br>对外国教育服务提供者的提供区域进行限制（涉及模式1和模式3） |

① 本表源于美国、新西兰、澳大利亚和日本提交给WTO关于教育服务的提议。See USA（WTO Doc. S/CSS/W/23，December 18，2000），New Zealand（WTO Doc. S/CSS/W/93，June 26，2001），Australia（WTO Doc. S/CSS/W/110，October 1，2001），and Japan（WTO Doc. S/CSS/W/137，March 15，2002）。

在表6－2中，除了在认证/认可方面的障碍外，其他准入障碍涉及的范围很广，几乎涉及了所有教育服务提供方式。而模式1（跨境提供）是一个很好的例子，在该模式中的准入障碍，也会对未在GATS中作出教育服务承诺的WTO成员产生影响。而且表中几种类型的准入障碍也许不会有明确的区分，在现实中的影响可能会是一个综合形式的表现，而且不同的国家行政部门或质量监督机构可以采取任何一种准入障碍措施。①

很多成员将教育服务市场准入的关注点放在了模式2（境外消费），因其准入障碍只存在于教育服务进口国对外国教育服务提供者的资格不予承认。而个人境外消费方式的教育服务会存在不同形式的障碍，如在获得入境签证、获得资金的可能性、获得学生的相关工作证时的困难。而这些主要是教育服务出口国采取的准入障碍，阻碍了教育消费者的进入。由于这些类型的障碍都与国家安全、移民政策、劳动力市场问题相关联，因此很多属于GATS领域之外，要获得进一步的准入开放会更加困难。

有学者认为，在所有的教育服务提供方式中，教育服务的准入障碍影响最大的应该是模式3（商业存在），特别是对主要的教育服务出口成员而言，如美国、澳大利亚、欧盟等，这些成员在模式3中主要对建立海外分校或其他分支机构感兴趣，涉及教育服务的外资准入问题。② 就投资而言，GATS的宗旨是在WTO体制下进一步促进各成员国之间的投资自由化。尽管要求所有成员对教育服务部门的外资准入都作出承诺是不现实的，但目前还是有一些成员对教育服务外资准入作出了承诺。而且教育服务进一步自由化的可能性是存在的，如教材的出售和购买等。而且，有学者认为，教育服务准入限制中对教材的限制，应在GATT中的市场准入下谈判，而不是应在GATS中的市场准入下谈判。③

在模式4（自然人流动）中，成员国对移民和劳工市场调控仍然会对此种模式的教育服务构成一个强大的自由化障碍。然而，全球化背景下语言教学（特别是英语教学）服务可能会进一步扩大，如印度就对模式4的市场准

① Pierre Sauve "Trade, Education and the GATS: What's In, What's Out, What's All the Fuss About?", Paper prepared for the OECD/US Forum on Trade in Educational Services, May 2002, pp. 23－24, Washington, D. C. USA.

② Larsen, Kurt, John P. Martin and Rosemary Morris, "Trade in Educational Services: Trends and Emerging Issues", OECD Working Paper, Washington, D. C. 2002, p. 12.

③ Ajitava Raychaudhuri and Prabir De, "Barriers to Trade in Higher Education Services: Empirical Evidence from Asia－Pacific Countries", Asia－Pacific Trade and Investment Review, Vol. 3, No. 2, December 2007, p. 75.

入开放有强烈的兴趣。

上面提及的很多教育服务市场准入障碍涉及了公共教育服务，而不是市场为基础的教育服务。因此，很多属于政府特权的规定。从这一角度来看，很多教育服务市场准入障碍是源于国家主权下的政府政策。①

## 二、教育服务市场准入法律障碍的动因

### （一）不同利益群体间的分歧

不同利益群体在对待教育服务市场准入问题时会有不同的态度，这种意见分歧体现在了不同的国际组织、地区及不同发展水平的国家之间。在多哈回合谈判后，出现了一些国家和组织机构的不同意见联盟。

OECD 成员的大多数私立教育机构更多的关注模式 2（境外消费）的有关市场准入限制规则，其余部分则对模式 3（商业存在）的教育服务外资准入的限制条款比较关注。因此，私立教育机构的代表和对外直接投资教育服务的团体就极力游说和影响政府在教育服务中的谈判立场。表 6－3 就描述了一些主要国家或组织在 GATS 教育服务谈判中的态度与立场。主要从教育服务的自由主义和保守主义的角度来归类，显然，持保守主义态度的群体是很多的，而处于中间状态的国家一般也是更多地倾向于自由主义的，如挪威就在 GATS 磋商论坛中成立了一个非正式的利益“联络小组”，以此更好推动谈判的顺利进行。②

**表 6－3　　各缔约组织成员在教育服务市场准入中的态度③**

自由主义←————————————————→保守主义

| 美国 | 法国 | 中国 | 77 国集团/发展中国家 |
|---|---|---|---|
| 英国 | 挪威 | 印度 | 意大利 |
| 澳大利亚 | 西班牙 | | 比利时 |
| 新西兰 | 丹麦 | WTO/GATS | UNESCO |
| OECD | | | |

① Ajitava Raychaudhuri and Prabir De，“Barriers to Trade in Higher Education Services：Empirical Evidence from Asia－Pacific Countries”，Asia－Pacific Trade and Investment Review，Vol. 3，No. 2，December 2007，p. 76.

② Aik Hoe Lim and Raymond Saner，“Trade in education services：market opportunities and risks”，Lifelong Learning in Europe，Vol. 53，No. 1，Februery 2011，p. 20.

③ Nyahoho，“International Trade in Education Services：Its Scope and Challenges Associated with Liberalisation.”，Journal of Economic and Social Policy，Vol. 14：No. 1，Februery 2011，p. 23.

教育服务的国际化一直是一个政治性的争议主题，不同的利益相关者有不同的态度。[①] 绝大多数公立学校或大学是强烈反对GATS中教育服务的自由化开放。在2001年9月28日，欧洲大学协会（EUA）、加拿大大学与学院协会（AUCC）、美国教育委员会（ACE）和高等教育认证理事会（CHEA）的主席签署了一项联合声明，对高等教育和GATS中的教育服务表示强烈反对，并反对将高等教育服务纳入GATS的谈判。[②] 联合声明要求所有参与者都不要将教育服务的承诺放在GATS框架下谈判。同时，签署者还表达了一个意愿，即要在WTO贸易政策体制外通过公约和协定来减少高等教育国际交流的障碍。大多数私立教育机构[③]主张教育服务贸易自由化，更加关心的是有关法规对教育服务的潜在限制、外国的市场准入度和非歧视性待遇的执行条件。[④] 基于此状况，正如表6－4所示，教育服务谈判就在主张教育服务贸易自由化与反对将教育服务贸易纳入WTO体制的观点之间徘徊。不同的利益相关团体存在不同的意见，如政府各部委之间、政府和私人之间、专业团体和参与者之间。各国教育服务市场准入政策的选择也必须要考虑这些因素的影响。当然，为了确保实现高质量的教育、低成本的支出、公平的教育机会以及培养公民文化和价值观的总体教育目标，各国的教育部门需要在教育服务服务市场准入的选择中进行合理的平衡。

**表6－4　　利益相关者在教育服务市场准入中的态度**[⑤]

自由主义←——————————————→保守主义

| | | |
|---|---|---|
| 私立学校<br>部分澳大利亚公立学校<br>商业与贸易部门 | 教育部门 | 欧洲大陆的公立学校<br>教师工会<br>学生会<br>劳动与文化部 |

① 唐海涛：国际教育服务贸易的发展及面临的挑战，载《北京工业大学学报（社会科学版）》，2012年第6期，第63页。

② Aik Hoe Lim and Raymond Saner，“Trade in education services：market opportunities and risks”，Lifelong Learning in Europe，Vol. 53，No. 1，Februery 2011，p. 21.

③ 也包括向海外提供教育服务的公立大学，这些大学在国内提供公共教育，因对外出口它的教育服务而成为私立教育的提供者。

④ Aik Hoe Lim and Raymond Saner，“Trade in education services：market opportunities and risks”，Lifelong Learning in Europe，Vol. 53，No. 1，Februery 2011，p. 22.

⑤ Nyahoho，“International Trade in Education Services：Its Scope and Challenges Associated with Liberalisation.”，Journal of Economic and Social Policy，Vol. 14：No. 1，Februery 2011，p. 23.

（二）公立与私立教育服务提供者间的竞争

教育服务历来被认为是政府的职能，能为本国每一个不同背景的公民提供接受平等教育的机会，因此，教育服务的提供应是一项公共事业，而不应当是基于商业基础。因此，像教师和学生等很多利益相关者反对教育服务的市场准入承诺，一般是担心教育服务的自由化会产生教育服务的私有化和监管的松懈，从而导致公立教育服务的分解。[①] 如果一些成员，特别是发展教育资金不足的发展中成员，对外国教育服务提供者开放自己的教育服务市场，则存在很大的风险，在理论上就存在外国教育服务提供者对本国教育服务的冲击，甚至主导本国教育服务，从而使这些成员失去对本国教育服务的主权监管。[②] 而反对这种观点的人认为，GATS 所强调的教育服务已经将政府行使职权时提供的教育服务排除在外，因此开放本国的教育服务市场，不存在对公立教育产生根本影响。[③]

关于教育服务市场准入承诺带来的自由化和政府管制的冲突问题，政府会在 GATS 体制下保留自己对本国教育服务的管制权。虽然教育服务市场准入承诺会对这些政府的教育监管带来很大的影响和冲击，但很多成员还是选择接受 GATS 规则，开放教育服务市场。因为在全球化背景下，这些成员需要利用与他国的交流与合作，来促进本国教育服务水平的提高，为本国培养更多的优秀人才。当然，依据 GATS 规则，各成员对本国教育服务部门及五个分部门的市场准入可以进行自由的选择，成员可以选择在何时及如何开放自己的教育服务部门。但对于很多发展中国家而言，在不能够为本国公民提供充分的教育资源的时候，很多还是会选择开放自己的教育服务部门，特别是高等教育服务部门。这一点，可以从前面章节的分析看出，与发达成员相比，发展中国成员的教育服务市场准入承诺水平是差别不大的。并且可以看到，像美国、欧盟等很多 OECD 中的经济发达成员，在本国的初等教育服务、中等教育服务，甚至高等教育服务领域，对公立教育服务的市场准入承诺限制更加的严格，因为国内的利益相关者严厉批评教育服务市场开放会损害本国的公立教育体系。因此，由于发达成员在教育服务的资金提供方面没有更多的压力，所以在教育服务市场准入承诺中会比发展中成员有更大的回旋和选择

---

① Werner Zdouc，“WTO Dispute Settlement Practice Relating to the GATS”，Journal of International Economic Law ，Vol. 3，No. 2，August 2009，p. 324.

② Kurt Larsen and Stephan Vincent - Lancrin，“International Trade in Educational Services：Good or Bad?” HigherEducation Management and Policy，Vol. 14，No. 3，2008，p. 27.

③ GATS 第 1 条第 3 款（b）（c）。

的余地。当然，出于对更有效和更低成本来获得教育服务的因素考虑，一些OECD成员面临教育资金的压力，也在积极探索通过委托或外包给私立教育机构的形式。[①] 同时，为了保障本国或外国私立教育机构提供的教育服务质量，政府需要积极对其加强监管。

对于教育服务市场准入问题的考虑，专业法律知识的研究是必要的，但在作出准入开放之前，政府和教育服务利益相关者需要进行全面的衡量，特别是需要政府和利益相关者的代表在GATS教育服务开放准入谈判中进行战略评估。[②] 在成员国进行正式的谈判磋商之前，利益相关者需要了解需求，在GATS机制下对教育服务市场准入承诺带来的机遇和挑战进行分析，并制定相应的短期和长期的解决方案。有人认为，对外国教育服务提供者的市场准入开放带来的机遇和挑战分析，可能需要分析下列问题：[③] ①本国教育服务未来发展的战略考量；②对本国教育服务提供者出口教育服务的机会与外国教育服务提供者市场准入的对比分析；③国内教育服务市场应对外国教育服务提供者参与竞争的相应评估；④对政府作为教育服务监管者和提供者的区分和鉴别；⑤利益相关者在教育服务谈判中对教育主权界限的认识和评估。一旦教育服务利益相关者做足了相关的准备，那么，各成员国在教育服务谈判中达成一致观点和共同立场的可能性就大大增加。[④]

（三）教育服务的认证与质量保证分歧

在实践中，教育服务要根据政府的官方认可或主管教育机构的计划范围内来向消费者提供。对教育服务提供者的质量控制和认证，目的是保护消费者免受低质“文凭工厂”欺诈，这种保障的实现超越了简单的技能和知识获取的教育目标。然而，因为对教育服务提供者的质量保证和认证在一定程度上成为教育服务市场准入的障碍，两种措施也成为GATS教育服务谈判的争议焦点问题。如何在实现消费者合法的要求与成员国教育服务市场准入程度之间达到平衡，是十分关键的。在WTO中，对非关税类的质量控制有很多的条

---

① Kurt Larsen and Stephan Vincent - Lancrin, “International Trade in Educational Services: Good or Bad?” Higher Education Management and Policy, Vol. 14, No. 3, 2008, p. 29.

② Jane Kelsey, “Legal Fetishism and the Contradictions of the GATS”, Journal of International Economic Law, Vol. 1, No. 3, November 2008, p. 277.

③ Larsen, Kurt, John Martin, and Rosemary Morris, “Trade in Educational Services: Trends and Emerging Issues”, World Economy, Blackwell Publishers Ltd, Oxford, Vol. 25, No. 6, December 2002, p. 848.

④ Jane Kelsey, “Legal Fetishism and the Contradictions of the GATS”, Journal of International Economic Law, Vol. 1, No. 3, November 2008, p. 278.

款规定，如《实施动植物卫生检疫措施的协议》（SPS）中对农产品的规定。但教育服务中对教育服务提供者的质量认证，是一个复杂而有争议的问题。教育服务是带有母国语言和民族内容的文化产品，对外国提供者提供的服务教育，有时很难对这些教育服务的质量和价值进行评估，对廉价的“文凭工厂”的教育服务提供者更难有一个准确的标准来辨别。[①]

认证和质量保证已经在大多数发达国家开发和应用了相当长一段时间。例如，美国从20世纪初开始，学校的评审和规则的认可就已经成为一种普遍的程序。在大多数情况下，认证资格是由专业协会颁发，然后在各自的技能学科领域进行专家验证。在欧洲，这种评估已经发展了20多年。从20世纪90年代开始，一些东欧和北欧的国家在高等教育领域进行评估。经过10多年的发展，欧洲国家基本都建立了某种形式的认可或评估机构。而试图建立横跨欧洲大陆综合教育区的《博洛尼亚宣言》（1999）也成立了这样的认证机构，以确保参与承诺的国家可以提供有质量保证的教育服务。

多哈回合谈判中，教育服务的质量保证和认证问题已经成为WTO范围内的问题。然而，并没有在GATS中创建一个适用于教育服务质量保证的国际框架体系的意图，因为从事教育服务的大多数国家和利益攸关方不想在WTO/GATS中设置质量控制或认可程序。[②] 这样的观点和意图在后来相关的教育服务论坛和会议上被进一步明确加强。[③] 在联合国教科文组织论坛的最后一次会议上，一些与会者表示希望明确国内法规中质量保证的概念及目的。其他许多代表认为，应首先明确教育服务中“质量”的定义，联合国教科文组织决定采取行动以明确教育质量的作用和重要性，并尽可能谈判修订GATS第6条第4款。然而，因为大多数机构认可领域工作都有了自己的措施和质量认证的定义，完成这样的修改存在很多的困难。有人认为，尽管这一复杂而敏感的问题很难尽快解决，但教育服务的不断自由化也许是在国际框架范围内建立资格认证/质量保证体系的加速器。[④] 事实上，在教育服务第五个分部门——其他教育服务，由于对“其他”的界定很模糊，有人认为认证服务可

---

① Werner Zdouc, “WTO Dispute Settlement Practice Relating to the GATS”, Journal of International Economic Law , Vol. 3, No. 2, April 2009, p. 327.

② Aik Hoe Lim and Raymond Saner, “Trade in education services: market opportunities and risks”, Lifelong Learning in Europe, Vol. 53, No. 1, Februery 2011. p. 20.

③ 2002年在华盛顿举行的教育服务论坛（世界贸易组织代表以及认证/教育专业人员参与）及在巴黎举行的联合国教科文组织论坛。

④ Aik Hoe Lim and Raymond Saner, “Trade in education services: market opportunities and risks”, Lifelong Learning in Europe, Vol. 53, No. 1, Februery 2011. p. 20.

以纳入其中，作为其他教育服务的一部分。[①] 这种认证服务在国际认证机构已经存在，比如ABET（Accreditation Board for Engineering and Technology，美国工程与技术鉴定委员会）、EQUIS（European Quality Improvement System，欧洲质量改进体系）就具有国际认证服务的基础。只要政府接受并承认由外国认证机构提供这样的认证，理论上看，公共认证机构可以做同样的认证服务，并可将这种服务出口到国外。此外，全球化的不断发展，可能会进一步促使参与谈判的成员各方就质量保证和认证问题达成一个共同的框架。

## 第三节　教育服务市场准入法律的未来发展

### 一、教育服务市场准入法律未来发展应坚持的原则

（一）独立自主的原则

独立自主原则应当是当今国际社会交往的一个基本原则。目前世界各国的经济发展水平和经济规模差距明显，而教育服务水平、民族文化、传统习惯更是千差万别。因此，在教育服务市场准入法律方面，各国应当依据自身的发展需要，独立自主地作出自己的开放承诺。在维护自身经济主权、教育主权和文化安全的基础上，选择开放本国的教育服务市场，制定自己的教育服务市场准入法规和制度。其他国家也不应该利用自己在经济、政治和教育服务发展水平等优势地位，强迫其他国家在教育服务市场准入度的问题上作出开放承诺，甚至是存在双重标准。只有在坚持独立自主原则的大前提下，未来教育服务市场准入法律的发展才具有坚实的基础。

（二）多元化发展原则

教育服务不应该是教育服务提供者和消费者之间的简单交易关系，还应该在社会发展、文化传承和提升国家软实力方面发挥重要的作用。鉴于各国都有自己的发展历史，会呈现出不同的民族情结、历史传统、人文内涵及政治体制，因而每个国家都有符合自身特殊要求的教育体系和教育发展水平。因此，有学者认为："教育服务不仅仅是一个简单的向学生收费和提供服务的过程，还应具有社会公益性，因为学生后来到社区提供服务，而社区也会为教育提供资源和研究，教育对社会和谐具有核心作用，因此，必须把教育视

① Aik Hoe Lim and Raymond Saner，"Trade in education services：market opportunities and risks"，Lifelong Learning in Europe，Vol. 53，No. 1，Februery 2011，p21.

为一种投资，而不是成本。”[1] 政府需要通过教育来实现多个发展目标，包括知识与技能的传递、通过公民教育提高社会凝聚力、确保本国社会和经济的可持续发展。类似农产品贸易的多功能性的特征，GATS 中的教育服务规则可以在一个更大的框架范围内提供教育服务的基础性交易体系。

（三）合作与互利原则

当今世界各国的经济和教育发展水平千差万别，如果在世界教育服务交往中要求各国之间采取对等互惠的开放市场原则，那教育服务发展水平处于弱势地位的国家将因此承担巨大的风险，并因此可能会承担更多的开放义务而享有更少的发展权利。为实现权利义务的相对平衡，GATS 教育服务市场准入中采取了不同形式的清单方式，当然主要以发展中成员所主张的“肯定清单”方式为主，只有各成员在教育服务市场准入承诺中作出自己的肯定选择，才会对自己产生约束力，这样的选择既可以是一个教育服务分部门，也可以是就某种教育服务提供方式进行选择。这样的方式大大减轻了教育服务水平和经济水平相对落后国家的市场开放压力。因此，GATS 中教育服务的市场准入不是一种普遍的义务，而是一种选择性的义务。这让发展中成员在逐步开放教育服务市场、引进国外优秀教育资源的同时，也可以很好地维护自身的教育体系和民族文化等。对发达成员来讲，在输出本国教育服务的同时，获得了很大的经济收益。因此，教育服务市场准入的限制与开放的平衡选择，对各成员来讲都有共赢互利价值效果。面对全球经济不断融合和相互影响，无论是发达国家，还是欠发达国家，本国的教育服务市场已经不再是完全封闭的市场。在教育服务流动日益频繁的背景下，尽管各国存在教育体制、目标政策等方面的差异，但又面临一些共同和相似的问题。因此，服务市场准入法律的发展必须要坚持合作与互利的原则，在此前提下，才可取得一致性意见。

## 二、教育服务市场准入法律未来发展的可能方向

（一）WTO/GATS 框架内

如前所述，教育服务部门成为多哈回合中最有争议的问题之一，尽管在谈判中试图加快对这一部门的解决速度，但还是大大落后于其他行业的谈判进程。而且在当前多边贸易法律发展的大背景下，在未来的谈判中可能会继

---

① Werner Zdouc，“WTO Dispute Settlement Practice Relating to the GATS”，Journal of International Economic Law，Vol. 3，No. 2，August 2009，p. 323.

续停滞。因此，有学者也对WTO框架内的教育服务市场自由化磋商进行设想，认为有两种可能的情形来进行教育服务的谈判。第一种是在当前的WTO回合中继续谈判，将教育服务部门与其他部门一起进行谈判。这种假设的方案要取决于多边贸易谈判的进展情况，而当前的僵局似乎让这种可能的方案很难实现。此外，即使多边回合的谈判出现转机，进展顺利，但是鉴于教育服务部门本身的特殊性，在谈判进程中争议很大，要想进一步达成教育服务市场准入的开放承诺，也是很艰难的。第二种是创建一个类似于公共采购和信息技术贸易领域的多边解决方案。由倾向于教育服务自由化的国家进行谈判，然后提出一个解决方案，只要参与谈判的国家占到世界教育服务市场份额的70%就可以签订协议，其他WTO成员国将因最惠国待遇原则从达成的方案中得到好处。① 当然，这种解决方案对经济水平和教育服务水平较高的发达成员而言，是十分愿意接受的，但这肯定会遭到经济水平和教育服务水平较低的发展中成员的坚决反对，甚至对保护本国传统文化很是重视的部分发达成员也是很难接受的解决方案。

目前，尽管多边贸易体制下的谈判存在很大的困难，但作为调整教育服务的基本法律规则，GATS还是教育服务市场准入法律发展的基本路径。至少在逐步自由化的原则下，GATS为未来教育服务市场准入法律的发展提供了一个良好的平台。其一，应当在现有的教育服务市场准入承诺前提下，进一步明确各教育服务部门的内涵与外延，从而使教育服务市场准入承诺的适用范围更明确和具体。包括对教育服务本身的概念和内涵的明确、具体化。例如，目前对教育服务的统计通常不包括公司自办大学举办的一些教育和培训服务，此种教育培训主要针对本公司的员工，但发展到后来，社会其他人员也可以参加公司自办大学的教育培训。而美国及我国台湾都建议将教育培训纳入教育服务的范畴。② 其二，对已承诺开放的教育服务分部门进行具体细化和区分承诺。在当前的背景下，要求各成员开放更多的教育服务分部门的难度较大，而要在已承诺开放的分部门基础上，对分部门中所涉及的领域进一步细化，进一步明确各分部门的具体范围，并进行更有针对性的市场准入开放承诺，这是比较现实和可行的。比如各成员对教育服务中的初等教育部门的承诺十分谨慎，要么没有市场准入承诺，要么设置了严格的限制和监管。针对这种

---

① Aik Hoe Lim and Raymond Saner, "Trade in education services: market opportunities and risks", Lifelong Learning in Europe, Vol. 53, No. 1, February 2011, p. 22.

② Aik Hoe Lim and Raymond Saner, "Trade in education services: market opportunities and risks", Lifelong Learning in Europe, Vol. 53, No. 1, February 2011, p. 28.

情况，可以进行更加具体的承诺，如涉及基础教育部门中的单纯的语言培训服务、各种技能培训服务等，是否可以考虑进行专门的承诺，而日本等国的承诺给我们提供了有意义的借鉴。① 其三，对其他教育服务分部门的范围解读。目前对其他教育服务分部门的具体范围很难确定，似乎是前四个教育服务分部门以外的所有教育服务都已被涵盖进去。但以目前的解读很难来进行具体的阐释，各成员对此部门进行了自己的承诺限制。在所有58个对教育服务作出承诺的成员中，有9个对其他教育服务领域做出了具体的限定。② 这些成员基本都是发展中或最不发达成员，限定的范围主要集中在语言培训服务、技能培训服务、教育测试服务和课程外的辅导服务等方面。

（二）其他国际性公约和协议

与教育服务相关的全球性国际公约主要是由联合国教育科学及文化组织（UNESCO）制定并通过的。如《职业与技术教育公约》《汉堡成人学习宣言》《关于21世纪高等教育行动与目标的世界宣言》等，这些公约与宣言从教育服务的基本原则角度进行了规定。而在一些区域性的国际公约中，如《拉丁美洲和加勒比海高等教育学历、文凭和学位认可公约》《欧洲地区国家高等教育学历、文凭和学位认可公约》《关于非洲国家高等教育学历、文凭、学位及其他学术资格认可的区域公约》《亚洲和太平洋地区高等教育学历、文凭和学位认可的区域公约》等，也主要是对学位和文凭的相互承认、教育服务的质量保证进行了规定。特别是1997年的《欧洲地高等教育资格认可公约》（又称《里斯本公约》），欧洲一些主要教育服务输出国都签订了该公约，对推动整个欧洲地区的教育服务市场的自由化产生了重要影响。此外，1999年欧洲主要教育服务强国的教育部长签订的《欧洲教育部长联合申明》（又称《博洛尼亚宣言》），对欧洲各国间教育服务市场准入中的学历和学位的认可与转化、提高欧洲教育服务高等教育服务质量的评价机制的建立等问题进行了详细的规定，对欧洲教育服务市场的自由流动奠定了基础。而在双边协议中，如我国与俄罗斯、白俄罗斯、匈牙利、乌克兰、德国等签订的双边协议，也主要集中在学术资格的相互认可上。这些都对教育服务市场准入起到具体规范或指导作用。

但是，从目前来看，众多全球性、区域性公约和双边协议的内容主要是集中在学业资格，如证书、学历、学位的相互认可方面，对学生的流动有很

---

① 日本将初等教育中的幼儿园学前教育服务、儿童日托中心提供的服务与其他教育服务进行具体的区别承诺。See JAPAN Schedule of Specific Commitments, GATS/SC/46 15 April 1994, p. 21。

② 老挝、墨西哥、萨摩亚、特立尼达和多巴哥、塔吉克斯坦、约旦、越南、爱沙尼亚、黑山等。

大的促进作用。但这也仅仅是教育服务中的认证准入，是教育服务市场准入中很小的一部分，在教育服务市场准入的其他很多规定都未涉及。此外，很多协议的达成主要局限于有共同文化背景、相近政治体制和意识形态的国家之间，目前除了欧洲所达成的一些区域性公约比较成功外，其他公约的局限性还是难以避免。

但面对当前的教育服务市场准入法律发展状况，除了在GATS范围内加强磋商的可能性外，也必须发挥其他国际性、区域性公约和双边条约的作用，并以此制定更多有利于教育服务国际流动的行业规范或准则，并对教育服务质量的有效监管和控制发挥重要作用。通过国际社会的广泛合作，充分发挥国际组织的重要作用，加快制定有关教育服务市场准入的法律和制度，特别是对有关资格认可的国际标准和准则，以及关于教育服务行业和职业实务的共同国际准则的制定。[①]

（三）国内法

各国在不违背国际条约的前提下，依据各自的教育政策，通过制定国内法来对与本国教育服务市场相联系的教育服务提供者或教育服务机构进行调控或管制。在教育服务方面，国内法制定得相对完善的主要包括美、澳、英等教育服务水平较高的国家，这些国家都是在GATS中作出教育服务承诺的成员国。比如，澳大利亚的《留学生教育服务法》（1991年）、《留学生教育服务保证金交存法》（2000年）、《留学生教育服务年审收费法》（2000年）、《注册主管机构和留学生教育与培训服务提供者联邦行为规范》（2001年）、《关于高等教育服务审批的联邦议定书》（2001年）等涉外教育服务法律规范，全面、系统地对本国的教育服务相关领域进行了阐释和规制，这对推动澳大利亚的教育服务发展和保证教育服务质量有重要的意义。再如，英国也有较为完备的留学生教育制度，但与澳大利亚不同，英国对国内一些高等教育机构参与提供国际教育服务的系列活动是没有制定专门的法律来进行规制的，也没有类似《关于高等教育服务审批的联邦议定书》这样有强制约束力的协议。而英国对于国内教育服务机构与国外教育服务机构进行高等教育领域的合作办学活动，都完全取决于国内外教育服务机构的自愿参与，而合作办学的质量保证由独立的非政府机构——英国高等教育质量保证机构制定的行业规范来实现，包括《高等教育学术质量标准评估准则》（1999年）、《高等教育学术质量标准评估准则：合作办学》（2001年）等。而加拿大、马来

① GATS第7条第5款。

西亚、韩国、中国香港等未在GATS中作出教育服务承诺的成员，也在国内（或地区）立法中对教育服务市场准入进行了相关的规定。比如在1993年以前，我国的香港地区对学生到海外留学、海外教育机构到香港提供函授课程和海外机构在香港举办高等教育服务提供方式方面都没任何限制。但1994年生效的《非本地高等及专业教育（规管）条例》对涉及教育服务的系列问题进行了系统和详细的规定，这是未加入GATS教育服务承诺的成员的典型代表。

虽然不同发展水平和不同情况的成员国都在一定程度上通过制定相关国内法律或制度来调整本国的教育服务领域，但由于各国政策目标的差异，加上各国对开放本国教育服务市场的谨慎态度，所以纵观目前各国的教育服务国内立法，大多数国家的教育服务涉外法律还很零散，只有少数国家有比较成熟的法律、规章和其他措施。鉴于目前国际法中有约束力的只有GATS规则，而当GATS进一步发展面临困境时，调整教育服务市场准入的法律就主要由各国的国内法来进行。因此，国内法的发展应当是未来教育服务市场准入规则的一个重要的方向，在多边贸易法律体制不能够取得突破的情形下，国内法将会在规制教育服务市场准入的过程中起到更大的作用。

## 三、我国的应对之策

### （一）利用规则，适度开放

根据GATS的规定，为推动服务贸易的自由化，将连续进行服务贸易领域的自由化谈判。如前所述，美国、澳大利亚、日本、新西兰等对教育服务领域的自由化提出了各自的谈判意见，表明了自己的教育服务市场准入态度。尽管我国在GATS中对教育服务领域作出了广泛的承诺，在五个教育服务分部门中都作出了一定的开放承诺，但还是应在未来的磋商中明确和细化每个教育服务分部门的具体承诺。其一，我们应当在总的框架范围内认真研究多边规则，利用提交谈判建议书的机会积极阐释我们对教育服务市场准入法律发展的立场与态度；要阐明教育服务市场准入开放程度的选择必须要坚持独立自主和多元化的原则，坚持尊重每个成员对开放本国教育服务市场的态度与意愿，反对搞双重标准或利用自己的优势地位对其他成员施加压力。我国无论是在总体经济水平还是教育服务发展水平方面都处在发展中国家的层面，因此应当依据自身的经济发展水平、教育服务发展水平和自身的文化传统，来选择自己的教育服务市场准入开放程度。我们应当基于在GATS中的教育服务市场准入承诺，充分利用我国在WTO中的发展中国家身份，以国家教育主权和国家利益为基础，坚持在逐步和合理范围内的教育服务开放策略。其二，

我们要在教育服务市场的开放与限制之间找到符合我国教育发展实际情况和需要的平衡点。开放我国教育服务市场对于提升我国的教育服务水平、学习国际先进的教育理念和管理经验都有很大的帮助；但同时也会带来教育服务部门竞争的加剧、文化冲突、教育主权的让渡和教育服务质量的保障等问题。因此，我们既要大胆、准确地研究和利用WTO/GATS规则，又要依据自身的发展情况和现实需要对教育服务市场进行适度的准入限制；建立与国家的经济发展和教育发展需要相匹配的法规体系建设，以更有效的措施来促进教育服务的立法、商业化、投资多元化、现代化和专业化。①

（二）注重系统，完善立法

我国自加入WTO后，国内教育服务市场逐步开发，相关教育服务贸易立法取得较大发展，针对国内高校到国外开展合作办学及外国教育机构与我国国内高校或其他教育机构进行合作办学，都专门制定了相关的法律法规，对教育服务贸易的有序发展发挥了积极作用。② 但从教育服务法律体系的角度来看，还存在很多不完善的地方，甚至是空白。其一，现存法规的条文过于抽象，缺乏可操作性，总体而言，我国目前的教育服务立法远不能够满足全球化时代对教育部门的需要。我国的教育服务法规体系中尽管有较多法律、法规和各级地方教育行政管理部门的规章制度，但是面对教育服务市场的日益开放，我国的法律仍然不能有效的规制教育服务中的外资准入，也不能够很好的保护教育服务消费者和教育服务提供者的利益。③ 因此，我们需要从更加体系化和全球化的视角来完善教育服务相关法规和制度的建设，以适应教育服务不断加强的全球化和自由化的趋势。其二，在教育服务立法方面要注重加强对教育机构、学生利益保护、教育投资、公立资金教育和终生教育等领域的相关立法。教育服务市场的准入与开放运行是一个极为复杂和敏感的问题，涉及的利益层面和利益群体也是多面和复杂的，因此，应当完善或填补当前教育服务立法中还没有具体规定或没有涉及的领域，改变目前教育立法体系更多是原则指导而非具体规则适用的现状。其三，立法中也应当加入对教育服务质量保证、国际学历与文凭的认可规则以及其他涉外教育法规。我

---

① 金孝柏：《世界贸易组织体制下中国教育服务开放研究》，北京：对外经济贸易大学出版社，2009年版，第335页。

② 唐海涛：国际教育服务贸易的发展及面临的挑战，载《北京工业大学学报（社会科学版）》，2012年第6期，第65页。

③ 金孝柏：《世界贸易组织体制下中国教育服务开放研究》，北京：对外经济贸易大学出版社，2009年版，第341页。

国应当继续与其他国家加强教育服务市场开放方面的交流与合作，在双边和区域协议中加强教育服务市场准入规则的制定与完善，特别是在国际学历、学位的互认和教育服务质量保证制度的建立与完善，为我国教育服务的输出和外国优秀教育服务资源引进提供法律和制度支持，从而为我国的教育服务市场开放与发展提供和创造良好的法制环境。

（三）加强监管，保证质量

教育服务市场准入与开放必然会涉及教育服务本身的质量保证，目前，质量保证已经成为教育服务领域和市场准入非常关注和重视的一个问题，一些国家、国际组织或行业协会在教育服务质量保证的研究和探索中取得了一定的成果，并制定了一些参考标准，但总体上还处于对教育服务质量保证标准的摸索和形成阶段，目前得到广泛认可的主要有欧盟和 UNESCO 制定的《跨国教育服务良好行为准则》。当前各国都特别重视对教育服务质量保证准则或标准的研究与制定，特别是教育服务水平较高的国家或教育服务出口大国对这一问题更是十分重视。对此，我国在参与教育服务市场准入法律规则的讨论与制定的同时，也应当积极参与教育服务标准的制定。其一，要尽快建立和完善我国教育服务质量保证体系，并严格执行教育服务质量保证体系的标准，加强监管，充分发挥中介机构在教育机构评估、质量认证等方面的积极作用，这也是实现教育服务可持续发展和教育终极目标的需要。其二，进一步加强对我国境内合作办学机构的教育服务质量监管，确保学生的长远利益；同时加强我国境外办学的质量监管，发挥教育行业组织在质量保证和资质认证方面的专业作用。① 其三，教育服务质量标准必须考虑文化影响的参考标准。在教育服务开放过程中，国外的教育服务提供者可能会带来更多元化的思想观念和价值体系，也可能会侵蚀我国的主流价值观念和国家文化，特别是文化单边主义霸权的危害极大。因此，我国的教育服务市场准入政策一定要密切关注文化的影响，特别是对外国教育服务提供者的监管。其四，我们应当积极与 UNESCO 及其他有关教育服务的国际组织合作，争取利用国际组织的影响来反映发展中国家的要求，同时吸收发达国家建立质量标准的经验。

（四）注重建设，完善体系

在教育服务的全球化趋势不断加强及教育服务资源实现全球流通的今天，

---

① 唐海涛：国际教育服务贸易的发展及面临的挑战，载《北京工业大学学报（社会科学版）》，2012 年第 6 期，第 65 页。

如何应对当前教育服务市场发展趋势所带来的挑战，特别是教育服务市场准入不断开放带来的冲击和挑战，是一个十分棘手和重要的问题。我们应从自身的系统建设着手，完善相关配套的制度，主动求变，从全局出发，注重体系建设，不断提高我国的教育服务水平。其一，要建立面向世界的留学生制度。加强汉语教学研究，提高教学水平；完善留学生教育管理模式，使留学生教育系统化；建立来华留学生各种社会保障体制；加大资金投入，建立和完善留学生奖学金制度。其二，建立与国际接轨的课程体系和教学内容。建立和完善各个层次的教学课程和结构；加强新兴学科、交叉学科、特色学科的建设；与时俱进，注意课程内容的不断更新。其三，加强师资队伍建设。积极引进国外优秀学者专家，优化我国的师资队伍结构；注重提高师资队伍的进修和学习；深化人事制度改革，引入竞争机制。①

## 本章小结

教育服务在 GATS 中的发展、磋商进程与多边谈判的进行是密切相关的。从 WTO 成立以来，教育服务市场准入磋商主要经历了三个发展阶段，每一个阶段都有一定的进步。在达成 GATS 的初始阶段，主要是发达成员对教育服务市场准入进行了开放承诺，发展中成员参与很少，而最不发达成员没有作出任何的教育服务市场准入承诺。但在第二和第三个阶段，发展中成员对教育服务市场准入进行了很大的开放承诺，包括一些最不发达成员。而在多哈回合谈判进程中，为了进一步促进全球教育服务市场的自由化，一些发达成员的教育服务行业组织和论坛对推动教育服务的进一步谈判起到了积极的推动作用。美国、澳大利亚、新西兰和日本的谈判代表提出了有关教育服务市场开放的提议，这些提议的内容除了代表教育服务发达成员的利益取向外，也有很多促进教育服务市场准入开放的建设性意见。

目前，教育服务市场准入还面临很多的法律障碍，这些障碍和壁垒基本上都是“隐形”的。而障碍的表现形式多种多样，几乎涵盖了教育服务的每种提供方式，最主要的有两种。第一种是国内障碍，主要涉及教育服务的提供条件和提供质量。特别是对教育服务机构的规模、生源及收费标准的相关规定。第二种是外部性障碍，主要涉及具体教育服务领域市场准入的限制或禁止，如拒绝对文凭、学历的承认。有关教育服务市场准入的法律障碍在很

---

① 唐海涛：国际教育服务贸易的发展及面临的挑战，载《北京工业大学学报（社会科学版）》，2012 年第 6 期，第 65 页。

多国家都是存在的，而且通过 GATS 自身规则能在多大程度上克服这些障碍，是很难估计的。对造成这些障碍的分析不能仅仅局限于法律，而应当从更广、更深的层次来剖析障碍产生的动因。因此，从公私立教育服务提供者利益冲突、教育服务的质量保证与认证的分歧及国际和国内不同群体的利益分歧等方面来解释当前教育服务市场准入法律障碍的根本动因。

面对多边贸易法律体制下继续谈判磋商的存在的诸多困难，要在多边框架下继续对教育服务的市场开放问题进行磋商，解决各利益团体和各类成员之间的分歧，希望是很渺茫的。要进一步推动各成员达成新的教育服务市场准入开放承诺，进一步开放自己的教育服务市场，从而全面提高教育服务市场准入的开放程度，这种可能性也是很小的。而要真正有所突破，应坚持独立自主、多元化发展、合作与互利原则。充分利用 GATS 已有的良好平台，继续对教育服务本身的含义和范围进行研究、界定，以争取在现有承诺基础上对各教育服务分部门的承诺进行细化，做到更加具体和明确的承诺。除了在 GATS 范围内加强磋商的可能性外，也必须发挥其他国际性、区域性公约和双边条约的作用，加快有关教育服务市场准入的法律制定，特别是有关资格认可的国际标准和准则，以及关于教育服务行业和职业实务的共同国际准则的制定。最后，各成员国应继续完善国内教育服务法律与制度，选择与自身教育服务市场和社会经济发展相匹配的教育服务涉外立法。

我国应当充分考量自身的教育服务实际情况，准确定位，能以国家教育主权和国家利益为基础，坚持逐步和合理范围内的教育服务市场准入开放策略。同时，需要加强教育服务立法的建设与完善，以适应教育服务特别是高等教育服务的全球化趋势。应当考虑对教育机构、保护学生利益、教育投资、公立资金教育和终生教育等相关立法。再有，应加强对国际文凭、学历相互认证的体系的建立和完善，也应积极制定符合我国教育服务实际发展需要的质量保证体系。

# 参考文献


[1] 石静霞. WTO 服务贸易法专论［M］. 北京：法律出版社，2006.

[2] 金孝柏. 世界贸易组织体制下的中国教育服务开放研究［M］. 北京：对外经济贸易大学出版社，2009.

[3] 大卫・科伯. 高等教育市场化的底线［M］. 晓征，译. 北京：北京大学出版社，2008.

[4] 李萍. 世界贸易组织（WTO）的制度演进分析［M］. 北京：中国社会科学出版社，2009.

[5] 胡焰初. 国际教育服务贸易法律问题研究［M］. 武汉：华中师范大学出版社，2007.

[6] 房东.《服务贸易总协定》法律约束力研究［M］. 北京：北京大学出版社，2006.

[7] 石静霞，陈卫东. WTO 国际服务贸易成案研究（1996—2005）［M］. 北京：北京大学出版社，2005.

[8] 靳希斌. 国际教育服务贸易研究——理论、规则与行动［M］. 福州：福建教育出版社，2005.

[9] 宋才发. WTO 规则与中国法律制度改革［M］. 北京：人民法院出版社，2005.

[10] 刘志云. 国际经济法律自由化原理研究［M］. 厦门：厦门大学出版社，2005.

[11] 王建波. 跨国高等教育与中外合作办学［M］. 济南：山东教育出版社，2005.

[12] 戴晓霞. 高等教育市场化［M］. 北京：北京大学出版社，2004.

[13] 高如峰. 义务教育投资国际比较［M］. 北京：人民教育出版社，2003.

[14] 李双元，李先波. 世界贸易组织（WTO）法律问题专题研究［M］. 北京：中国方正出版社，2003.

[15] 李浩培. 条约法概论［M］. 北京：法律出版社，2003.

[16] 杨国华. 中国加入 WTO 法律问题专论［M］. 北京：法律出版

社，2002.
［17］世界银行，联合国教科文组织高等教育与社会特别工作组．发展中国家的高等教育：危机与出路［M］．蒋凯，译．北京：教育科学出版社，2001.
［18］陶凯元．国际服务贸易法律的多边化与中国对外服务贸易法制［M］．北京：法律出版社，2000.
［19］刘文华．WTO与中国贸易法律制度的冲突与规避［M］．北京：中国城市出版社，2001.
［20］余劲松．中国涉外经济法律问题新探［M］．武汉：武汉大学出版社，1999.
［21］吴志攀．经济法学家［M］．北京：北京大学出版社，2005.
［22］李昌麒．经济法学［M］．北京：中国政法大学出版社，2002.
［23］李金洋．跨国银行市场准入法律制度［M］．北京：法律出版社，2003.
［24］赵维田．世界贸易组织的法律制度［M］．长春：吉林人民出版社，2000.
［25］陈安，刘智中．国际经济法资料选编［M］．北京：法律出版社，1991.
［26］曾华群．国际经济法导论［M］．北京：法律出版社，1997.
［27］陈已昕．国际服务贸易法［M］．上海：复旦大学出版社，1997.
［28］张玉卿．WTO新回合法律问题研究［M］．北京：中国商务出版社，2004.
［29］张维平，马立武．美国教育法研究［M］．北京：中国法制出版社，2004.
［30］范明．高等教育与经济协调发展［M］．北京：社会科学文献出版社，2006.
［31］屠新泉．中国在WTO中的定位、作用和策略［M］．北京：对外经济贸易大学出版社，2005.
［32］程方平．中国教育问题报告：入世背景下中国教育的现实问题和基本对策［M］．北京：中国社会科学出版社，2002.
［33］对外贸易经济合作部国际经贸关系司．世界贸易组织乌拉圭回合多边贸易谈判结果法律文本［M］．北京：法律出版社，2000.
［34］孙南申．国际投资法［M］．北京：中国人民大学出版社，2008.
［35］姚梅镇．国际投资法［M］．武汉：武汉大学出版社，2011.
［36］李晓慧，杨丹丹．法律承诺框架下我国高等教育服务贸易的立法完善

［J］. 新西部，2010（24）：56－57.

［37］朱秋. 关于我国教育服务贸易立法原则及法律体系的构建［J］. 长春大学学报，2003，13（4）：45－44.

［38］胡焰初. 略论欧盟国际教育服务立法［J］. 法学评论，2004，16（6）：65－69.

［39］吴志功. 欧盟的高等教育与 WTO［J］. 比较教育研究，2003，24（12）：32－36.

［40］李秀立. GATS 与高等教育服务及对澳大利亚教育的影响［J］. 比较教育研究，2003，24（5）：41－45.

［41］静炜. 中国—澳大利亚自由贸易协定谈判中的教育服务［J］. 全球教育展望，2007，36（6）：49－54.

［42］洪成文. 新西兰教育服务研究［J］. 外国教育研究，2006，32（4）：51－55.

［43］陈鹏. 加入 WTO 对我国教育主权的影响［J］. 中国教育学刊，2003（4）：25－28.

［44］王建香. 如何在开放教育市场中维护教育主权［J］. 开放教育研究，2002（5）：41－44.

［45］茹志宗. 教育主权让渡问题研究［J］. 教育评论，2008（8）：58－62.

［46］毛亚庆. 全球主义对高等教育的影响［J］. 教育发展研究，2009（19）：45－48.

［47］胡焰初，黄进. 中国教育服务贸易市场准入承诺评析［J］. 经济评论，2003（3）：32－35.

［48］周满生. 国际教育服务的新趋向及对策思考［J］. 教育研究，2003，24（1）：19－22.

［49］夏人青. 高等教育国际化：从政治影响到服务［J］. 中国教育发展研究，2004，26（2）：31－32.

［50］熊庆年，王修娥. 高等教育国际贸易市场的形成与分割［J］. 教育发展研究，2001（9）：88－92.

［51］蔡贤榜. 发达国家高等教育服务特点及其启示［J］. 高教探索，2004，12（2）：91.

［52］王亚飞. 发达国家境外消费教育服务及其启示［J］. 河北经贸大学学报，2006，39（1）：63.

［53］郑海东. 市场准入下国民待遇原则的理解和应用［J］. 财经研究，

2001，32（3）：54－57.

[54] 盛世豪．试论我国市场准入制度的现状与改革的取向［J］．中共浙江省委党校学报，2001，15（3）：25－26.

[55] 车丕照．“市场准入”、“市场准出”与贸易权利［J］．清华大学学报，2004，45（4）：89.

[56] 刘笋．对GATS主要缺陷的剖析［J］．法学评论，2001，15（1）：26－29.

[57] 刘艳．法国高等教育的开放与法语危机探析［J］．武汉科技大学学报（社会科学版），2008，24（3）：45－50.

[58] 王文新．法国政府对私立学校的管理［J］．教育发展研究，2013（11）：59－62.

[59] 张铤．论日本教育法制及其对我国的启示［J］．现代教育科学，2010，33（1）：45.

[60] 周满生．WTO框架下的教育输入与输出和中国政府的教育立法与政策调整［J］．集美大学学报，2006，22（6）：48－53.

[61] 徐崇利．外资准入的晚近发展趋势与我国的立法实践［J］．中国法学，1996，16（5）：61－65.

[62] 徐泉．略论外资准入与投资自由化［J］．现代法学，2003，20（2）：56－60.

[63] 魏艳茹．国际法视野中的高等教育服务贸易自由化［J］．广西大学学报（哲学社会科学版），2008，16（4）：25－29.

[64] 金孝柏．WTO体制下的海峡两岸高等教育服务贸易若干法律问题［J］．国际商务研究，2010，21（5）：25－29.

[65] 张银静．韩国教育服务贸易市场开放的法律问题研究［J］．科技创业，2011，46（3）：45－47.

[66] 孔峰，李志文．浅析中外合作办学机构的法律性质［J］．山西大学学报（哲学社会科学版），2009，14（4）：89－92.

[67] 万可佳．教育服务贸易相关法律问题探析［J］．湖南城建高等专科学校学报，2003，12（4）：55－60.

[68] 胡焰初．英国合作办学的行业规范与新加坡对外来教育服务的管理［J］．河北法学，2010，28（4）：17－24.

[69] 李牧．我国高校法律地位之检讨——兼评我国相关立法的缺陷［J］．法学杂志，2006（1）：45－50.

[70] 陈大立．以质量保证为主轴制定跨境教育服务法规和政策［J］．教育

发展研究，2007，29（5）：56－60.
［71］刘文.GATS与中国高等教育服务贸易［J］.山西财经大学学报（高等教育版），2006，9（1）：56－60.
［72］曾文革，黄艳，陈渝.WTO规则与中国高等教育发展［J］.黑龙江高教研究，2003（1）：19－23.
［73］叶勇玲，张立军.WTO框架下高等教育服务贸易的思考［J］.高教论坛，2005（5）：89－93.
［74］胥青山.WTO与我国高等教育的改革［J］.武汉大学学报（社会科学版），2002，8（1）：45－48.
［75］张铁明.澳、新发展教育贸易的理念和制度考略［J］.广州大学学报（社会科学版），2005，15（2）：33－36.
［76］张若琼.澳大利亚国际教育服务贸易发展模式研究［J］.高教发展与评估，2009，12（3）：78－80.
［77］高立平.策略与启示：对国外大学招收国际学生的考察［J］.黑龙江高教研究，2010（4）：67.
［78］高云，闫温乐，张民选.从教育服务贸易到跨境教育［J］.全球教育展望，2006，35（7）：89－93.
［79］李从浩.从各国教育承诺现状看我国教育承诺［J］.教育科学，2003，11（3）：23.
［80］刘晓琴.从国际教育服务贸易的特点看我国教育服务贸易的应对措施［J］.陕西青年管理干部学院学报，2005，23（4）：65－67.
［81］代明.从粤台高校发展比较看两岸教育服务贸易开放［J］.高教探索，2006，15（2）：19－22.
［82］杨树雨.从中国的《教育服务贸易减让表》看高等教育改革方向［J］.现代传播，2002，9（4）：56－60.
［83］蔡贤榜.发达国家高等教育服务贸易特点及其启示［J］.高教探索，2004，13（2）：44－47.
［84］肖海，刘芳.发达国家高等教育服务贸易现状、优势及中国对策［J］.江西教育科学，2007，12（6）：54－57.
［85］孙雅玲.发展中的国际教育服务贸易［J］.浙江万里学院学报，2005，21（3）：45－50.
［86］杨肖敏.改革开放30年来我国教育服务贸易的发展状况及政策探讨［J］.中北大学学报（社会科学版），2009，18（4）：23－27.

[87] 杨菊先．高等教育服务承诺与政府规制改革［J］．现代大学教育，2004，24（3）：55－59.

[88] 王哲．高等教育服务贸易的现状及发展趋势［J］．产业经济，2011，33（3）：67－68.

[89] 姚震祥，陈世瑛．高等教育服务贸易模式论［J］．现代教育科学，2005，27（1）：45－48.

[90] 娄南平．高等教育服务贸易与我国成人高等教育的国际化［J］．牡丹江师范学院学报（哲社版），2010，23（3）：66－68.

[91] 田曼．关于我国高等教育服务贸易逆差的分析［J］．黑龙江高教研究，2006（8）：66－70.

[92] 张树峰，李雁玲．国际高等教育贸易壁垒研究［J］．商场现代化，2008（5）：19－23.

[93] 邓世荣，梁若冰．国际高等教育服务贸易市场构成状况［J］．教育与经济，2004，23（2）：24－25.

[94] 胡焰初．国际教育服务贸易的演变”［J］．武汉大学学报（人文科学版），2006，12（4）：41－44.

[95] 国际教育服务贸易专题研究组．国际教育服务贸易的最新进展［J］．教育发展研究，2002，24（4）：34－37.

[96] 姚军，郝智慧．国际教育服务贸易发展现状分析［J］．天津电大学报，2008，24（3）：67－69.

[97] 靳希斌．国际教育服务贸易研究——规则解读与我国的承诺［J］．北京师范大学学报（社会科学版），2004，24（1）：51－56.

[98] 刘薇．后危机时代我国教育服务贸易逆差分析［J］．北方经贸，2011（2）：23－25.

[99] 章新胜．加入世贸组织与我国高等教育的对策［J］．国家高级教育行政学院学报，2002，22（1）：12－15.

[100] 吕晓炜，张淑芬．简析澳大利亚国际教育服务贸易发展状况及对我国的启示［J］．河北大学成人教育学院学报，2007，21（1）：76－79.

[101] 田汉族．教育服务的经济学阐释［J］．大学教育科学，2008，24（4）：41－44.

[102] 程晋宽．教育服务贸易中高等教育境外消费政策的比较研究［J］．教育与现代化，2008（1）：34－36.

[103] 余华，李莉．教育服务贸易自由化与中国教育发展［J］．嘉应大学学

报（哲学社会科学），2003，12（5）：56－60.

[104] 兰军．近现代中外高等教育跨境合作办学的历史考察［J］．高校教育管理，2010（3）：23－25.

[105] 肖海，刘芳．经合组织发展跨境高等教育的策略及我国的对策［J］．中国高教研究，2007，25（11）：34－36.

[106] 张慧洁．跨境教育服务贸易中质量认证：进展与趋势［J］．复旦教育论坛，2005（6）：45－50.

[107] 崔丽丽．论发展中国家适度保护本国教育服务市场的必要性［J］．辽宁大学学报（自然科学版），2010，18（4）：43－46.

[108] 孔峰，李志文．论国际教育服务贸易下的国家教育主权维护［J］．大连理工大学学报（社会科学版），2009，22（2）：34－37.

[109] 程迪．论全球化时代国家教育公共产品的消解与建构［J］．教育与职业，2006（5）：65－68.

[110] 赵育琴．浅谈我国高等教育服务贸易的现状及对策［J］．吉林工程技术师范学院学报，2011，22（5）：32－36.

[111] 李江红．浅析 GATS 框架下高等教育服务贸易的影响［J］．经济研究导刊，2010（6）：45－47.

[112] 燕凌，洪成文．入世后的澳大利亚高等教育服务贸易［J］．比较教育研究，2005，25（2）：34－36.

[113] 屠新泉．入世与我国高等教育服务业的发展［J］．国际贸易问题，2001，8（7）：22－25.

[114] 阎宏斌．我国高等教育服务贸易开放与发展分析［J］．河南师范大学学报（哲学社会科学版），2005，14（3）：50－54.

[115] 刘欣，康曼红．我国高等教育服务贸易国际竞争力现状及对策研究［J］．当代教育论坛，2007（8）：21－25.

[116] 刘慕仁．我国加入 WTO 后高等学校面临的机遇、挑战和应对策略［J］．广西社会主义学院学报，2002，16（2）：53－56.

[117] 李敬献，曲绍卫．我国高等教育境外消费服务出口贸易研究——问题、归因与对策［J］．现代教育科学，2007，30（2）：34－36.

[118] 程清钧，冯滨鲁，栾信杰．我国入世后教育服务市场开放规则研究［J］．潍坊学院学报，2002，11（3）：12－16.

[119] 栗晓红，姜风云．西方关于跨国高等教育的研究：概念与问题［J］．北京大学教育评论，2007，21（2）：12－16.

[120] 程会强．应对 WTO 挑战，积极发展国际教育服务贸易［J］．湖北广播电视大学学报，2002，8（4）：30－34.

[121] 谢安邦，焦磊．中国高等教育服务贸易的发展对策研究［J］．复旦教育论坛，2010（6）：21－25.

[122] 孙西河，郑小娟，吴庭万．中国高等教育服务贸易发展研究［J］．华南理工大学学报（社会科学版），2007，17（3）：53－56.

[123] 陈伟，赵晓霞．中国国际教育服务贸易发展论析［J］．南昌航空大学学报，2009，15（3）：34－36.

[124] 冯发明．中国教育服务承诺与中外合作办学［J］．长江大学学报（社会科学版），2007，19（1）：22－25.

[125] 覃壮才．中国教育服务贸易承诺减让表解读［J］．比较教育研究，2002，23（2）：23－26.

[126] 陈爱娟，弋敏．中国教育服务贸易的发展趋势与对策［J］．开放教育研究，2006（6）：44－47.

[127] 张向丽．中国教育服务贸易竞争力提升的对策研究［J］．河南社会科学，2003（6）：34－37.

[128] 劳凯声．中国教育如何应对 WTO 的挑战［J］．北京师范大学学报（人文社会科学版），2002，19（2）：45－48.

[129] 傅松涛，杨晓锋．中美教育服务贸易现状的比较分析及对策［J］．河北大学学报（哲学社会科学版），2005，20（5）：51－55.

[130] 覃壮才．专业服务：教育服务贸易永恒的比较优势［J］．比较教育研究，2003，24（4）：44－48.

[131] MALEE BASSETT ROBERTA. The WTO and the University：Globalization，Gats，and American Higher Education ［M］．London：Publisher Routledge，2009.

[132] SUSAN ROBERTSON. WTO/GATS and the global educationservices industry ［M］．London：Publisher Routledge，2010.

[133] ALEXANDER KERN，ANDENæS M TONNESSON. World Trade Organization and trade in services ［M］．Boston：Martinus Nijhoff Publishers，2008.

[134] SUSAN ROBERTSON，MARIO NOVELLI. Globalisation，Education and Development：Ideas，Actors and Dynamics ［M］．Bristol：University of Bristol Press，2007.

[135] WALLACE H，WALLACE W. Policy－Making in the European Union

[M]. Oxford: Oxford University Press. 2000.

[136] COSEPH ZAJDA. International Handbook on Globalisation, Education and Policy Research [M]. Melbourn: Australian Catholic University, 2005.

[137] KAREN J JONES. Liberalisation of Trade in Education Services [M]. Wellington: Victoria University of Wellington, 2004.

[138] MAIDENHEAD, BERKSHIRE. The Society for Research into Higher Education [M]. Chicago: University of Chicago Press, 2006.

[139] CHRISTOPHER ARUP. The New World Trade Organization Agreements - Globalizing Law Through Services and Intellectual Property [M]. Cambridge: Cambridge University Press, 2000.

[140] GEZA FEKETEKUTY. Assessing and Improving the Architecture of GATS, in Pierre Sauve and Robert M. Stern ed., GATS 2000: New Directions in Services Trade Liberalization [M]. New York: Brooking Institution Press, 2000.

[141] EDITORSANTONY STELLA, SUDHANSHU BHUSHAN. Quality assurance of transnational higher education: the experiences of Australia and India [M]. New Delhi: Delhi University publication, 2011.

[142] WERNER ZDOUC. WTO Dispute Settlement Practice Relating to the GATS [J]. Journal of International Economic Law, 2009, 3 (2): 452-453.

[143] AIK HOE LIM, RAYMOND SANER. Trade in education services: market opportunities and risks [J]. Lifelong Learning in Europe, 2011, 53 (1): 341.

[144] J R SHACKLETON. Opening up trade in higher education: a role for GATS [J]. World Economics, 2003, 4 (4): 45-50.

[145] JANE KELSEY. Legal Fetishism and the Contradictions of the GATS [J]. Journal of International Economic Law, 2008, 23 (3): 35-50.

[146] KURT LARSEN, STEPHAN VINCENT - LANCRIN. International Trade in Educational Services: Good or Bad? [J]. Higher Education Management and Policy, 2008, 14 (3): 456-460.

[147] AJITAVA RAYCHAUDHURI, PRABIR DE. Barriers to Trade in Higher Education Services: Empirical Evidence from Asia - Pacific Countries [J]. Asia - Pacific Trade and Investment Review, 2007, 3 (2): 231-239.

[148] SUAN L ROBERTSON, XAVIER BONAL, ROGER DALE. GATS and the

Education Service Industry: The Politics of Scale and Global Reterritorialization [J]. Comparative Education Review, 2002, 46 (4): 432 - 439.

[149] VAN DER WENDE, M. Internationalization Policies: About New Trends and ContrastingParadigms [J]. Higher Education Policy, 2001, 14 (3): 89 - 100.

[150] KUPPUSAMY, S. Higher Education in India: an Overview [J]. International Journal of Educational, Administration, 2009, 24 (1): 360 - 373.

[151] SOLOMON ARULRAJ DAVID, DANNY WILDEMEERSCH. Dealing with cross - border higher education. Comparing the Chinese and the Indian ways [J]. The observatory on borderless higher education, 2006, 12 (2): 453 - 3600.

[152] KD RAJU. Indian Education Sector: Growth and Challenges [J]. International Journal of Educational, 2011, 23 (4): 23 - 34.

[153] STROMQUIST, N P. Internationalization as a Response to Globalization: Radical Shifts inUniversity Environments [J]. Higher Education, 2009, 53 (1): 45 - 60.

[154] LUCAS, ROBERT E. Higher Education in India and GATS: An Opportunity [J]. International Journal of Educational, 2008, 20 (4): 68 - 80.

[155] ANA MIHEI. Impact of trade in higher education services on Central and Eastern European countries´economic development [J]. Higher Education Quarterly, 2006, 60 (3): 54 - 68.

[156] PICK, DAVID. The Re - framing of Australian Higher Education [J]. Higher Education Quarterly, 2006, 60 (3): 34 - 50.

[157] YANG, KERUI. American Higher Education and the Leap Forward of Economy [J]. Journal of Inner Mongolia Normal University (educationa science), 2009, 18 (3): 66 - 88.

[158] PIERRE, SAUVE. Assessing the General Agreement on Trade in Services: Half - Full or Half - Empty? [J]. Journal of World Trade, 1995, 29 (4): 54 - 67.

[159] JOHN CROOME. Reshaping the World Trading System: A History of the Uruguay Round [J]. Kluwer Law International, 1999, 12 (5): 321 - 348.

[160] H TUSEMANN. The Mutilateral Agreement on Investment: the Case for a Multi - speed Convergence Liberalization [J]. Transnationa Corporations, 1996, 16 (3): 78 - 109.

[161] SCOTT SINCLAIR, JIM GRIESHABER – OTTO. Facing the Facts: Aguide to the GATS Debate [J]. Canadian Centre for Policy Alternatives, 2002, 23 (4): 34 –65.

[162] MCMURTRY J. Education and the market model [J]. Journal of the Philosophy of Education, 1998, 25 (2): 199 –234.

[163] R GRONDINE. Foreign Law Firms in Japan Thwarted [J]. International Law Review, 1994, 7 (2): 34 –67.

[164] JOEL P RACHTMAN. Trade in Financial Services under GATs, NAFTA and the EC: A Regulatory Jurisdiction Analysis [J]. Columbia Journal of Transnational Law, 1995, 34 (2): 782 –802.

[165] P SAUVE. Assessing the General Agreement on Trade in Services: Half – Full or Half – Empty? [J]. Journal of World Trade, 1995, 29 (5): 234 –266.

[166] HEY – KEUNG KOH. Trends in International – student Flows to the United States [J]. International Higher Education, 2002, 28 (2): 451 –480.

[167] PHLIP G ALBACH. Comparative Perspective on Higher Education for the Twenty – firstcentury [J]. Higher Education Policy, 1998, 19 (2): 66 –102.

[168] FRANK NAERT. Higher Education As An International Public Good And GATS: A Paradox? [J]. International Education Studies, 2009, 23 (2): 234 –266.

[169] GUSTAVO FERREIRA RIBEIRO. Please Enlighten Me: What Does the World Trade Organization Have to Do With the Liberalization of Higher Education? [J]. Comparative Education Review, 2011, 46 (4): 771 –810.

[170] EMMANUEL NYAHOHO. International Trade in Education Services: ItsScope and Challenges Associated withLiberalisation [J]. Journal of Economic and Social Policy, 2008, 14 (6): 342 –377.

[171] ANA CRISTINA PAULO PEREIRA. The Liberalization of Education Under The WTO Servicesagreement (GATS): A Threat to Public Educational Policy [J]. European Educational Research Journal, 2003, 13 (5): 324 –361.

[172] DAVE HILL. Education Services Liberalization [J]. Educational Management and Administration, 2006, 28 (1): 67 –107.

[173] ARUNDHATI SARKAR. Liberalization of education services and education Quality Assurance [J]. Higher Education Managem – entand Policy, 2010, 26 (1): 34 –88.

[174] JANE KNIGHT. The Impact of Trade Liberalization on Higher Education: Policy Implications [J]. Journal for Critical Education Policy Studies, 2009, 29 (1): 435-490.

[175] RAYMOND SANERA, SYLVIE FASELB. Negotiating Trade in Educational Services within the WTO/GATS Context [J]. Akron Law Review, 2003, 3 (4): 46-99.

[176] CHEN AIJUAN, YI MIN. China's Contemporary Trends of Trade in Educational Services and It's Countermeasures under the Opening Environment [J]. Canadian Social Science, 2006, 12 (6): 343-388.